跨越会计的门槛

王 军 著

内 容 简 介

本书从会计账户的形成、复式记账法的起源和会计等式铺开叙述，以掌握记载企业财务状况的资产负债表和记载经营情况的利润表为宗旨，让缺少会计背景的读者在掌握账户的记账方法和用复式记账法记载会计事项的基础上，清楚会计报表中的数据是怎么来的。本书尽量包含重要的会计基础内容，并保持阐述的逻辑性，让读者顺畅地理解和接受会计准则的相关规定。本书对于会计实务中的一些疑难问题，如商誉、摊余成本法、股份支付、设定受益计划、增值税的出口免退税、所得税费用和应纳所得税额的差异、现金流量套期会计等也做了细致的阐述，能够帮助读者在这些问题上和专业人士对话。

本书可供参加会计类考试的考生、企业投资人、公司管理者、法律工作者和会计学专业的师生阅读。

图书在版编目(CIP)数据

跨越会计的门槛/王军著. —哈尔滨：哈尔滨工业大学出版社，2023.6
ISBN 978-7-5603-9112-0

Ⅰ.①跨… Ⅱ.①王… Ⅲ.①会计学 Ⅳ.①F230

中国版本图书馆 CIP 数据核字(2020)第 195978 号

跨越会计的门槛
KUAYUE KUAIJI DE MENKAN

策划编辑	李艳文 范业婷
责任编辑	马 媛
封面设计	屈 佳
封面题字	李 力
出版发行	哈尔滨工业大学出版社
社　　址	哈尔滨市南岗区复华四道街 10 号　邮编 150006
传　　真	0451-86414749
网　　址	http://hitpress.hit.edu.cn
印　　刷	哈尔滨久利印刷有限公司
开　　本	787 mm×1 092 mm　1/16　印张 18　字数 270 千字
版　　次	2023 年 6 月第 1 版　2023 年 6 月第 1 次印刷
书　　号	ISBN 978-7-5603-9112-0
定　　价	58.00 元

(如因印装质量问题影响阅读，我社负责调换)

序

作为工学学士和经济学硕士的王军律师,虽不是会计学专业毕业,也未从事过会计工作,但在工作期间先后考取了注册会计师、注册税务师和注册资产评估师,对会计学情有独钟,撰写了这本颇具新意的《跨越会计的门槛》。

本书通过展示会计的逻辑和因果关系,引导读者产生阅读兴趣,跨越理解的障碍,降低学习会计的难度。

作者在文字表达上追求简明扼要,将"基础会计"和"财务会计"两门会计学专业主干课程的基本内容融合在一起,形成了有特色的框架结构体系。

书中不但阐述了会计的科学性,还对会计账务处理的艺术性有较深入的解读,对会计政策的选择和会计要素的计量方法有独到的见解,追求会计在科学性和艺术性上的统一。

在阅读本书的过程中,能够感受到作者对会计知识的长期积累和对会计方法的深入思考。我相信,参加会计类资格考试的考生、企业投资人、公司管理者、法律工作者和会计学专业的师生,都能够通过阅读本书受益。即使是那些随意翻阅的读者,也能够对会计产生兴趣,并加深对会计方法的认识。

当然,本书也有值得商榷之处。

首先,本书所称"会计"包括初级财务会计与中级财务会计的内容,然而,会计包含了财务会计、税务会计、管理会计等多个分支。当然,这个问题不是本书独有,目前很多高校非会计学专业所开设的"会计"课程,也是这样处理的。

其次,借贷记账法并非复式记账法的代名词,我们曾经采用过的收付记账法、增减记账法都是复式记账法。借贷记账法、收付记账法都经历了从单式记账到复式记账的发展演变过程。现在,采用借贷记账法不过是约定俗成,当然也符合成本效益原则。

再次,"前言"中写到"'会稽'就是'会计稽核'的意思,大禹对诸侯们的功绩做会计稽核,这项工作太累人了,可能是禹崩的原因之一"。当年"禹会诸侯江南",即在茅山(后更名为"会稽山")召开的各路诸侯参加的大会,应是治水取得阶段性胜利后的总结大会,要论功行赏。但大禹不是会计人,其驾崩可能并非是因"做会计稽核""太累人",而是多年的治水劳心劳力、积劳成疾,即综合因素(包括安排劳工、筹措物资等)所致。

总之,本书以会计要素为主线,以会计事项的账务处理为主要内容,用通俗的语言讲解专业问题,以阐述会计方法的逻辑性为核心,对传统的体例有所突破,降低了会计学习的门槛。但本书在章节结构的设计上存在畸轻畸重的问题,例如第三章"资产",其比重超过了全书的三分之一,显得"一章独大"。

上述问题瑕不掩瑜,作者对会计的挚爱和执着才是令人欣慰和感动的。衷心希望作者在探索会计的道路上,不断有新的成果和进步!

作者在"前言"中提出"会计是什么",在"结束语"中提出会计是"更多科学还是更多艺术"。这些问题可以说是会计的千年之问、千年之辩。仁者见仁,智者见智。"一千个读者,就有一千个哈姆雷特。"会计的魅力正在于此,它给了我们更大的想象空间、更多的探寻余地,也引导着越来越多的有识之士共同开创会计学专业的光明前景!

乐之为序。

盖 地
2020年7月8日
于天津财经大学

前　言

会计是什么

《史记·夏本纪》记载:"或言禹会诸侯江南,计功而崩,因葬焉,命曰会稽,会稽者,会计也。"

"会稽"就是"会计稽核"的意思。大禹对诸侯们的功绩做会计稽核,这项工作太累人了,可能是禹崩的原因之一。

周朝设"司会"官职,掌管官府的收入和支出,其职责之一是"月计岁会"。月计是指每月进行的零星计算,岁会是指每年进行的总合计算。《孟子正义》对会计做过解释:"零星算之为计,总合算之为会。"[①]

《孟子·万章下》记载:"孔子尝为委吏矣,曰:'会计当而已矣。'"[②]说的是孔子曾经做过管理粮仓的小官,孔子曰:"算账计数要准确才行啊!"

既然是算账计数,那么,会计就是一份静悄悄的职业,一屋足矣。历史上鲜有凭借会计实务操作而声名鹊起的人。

会计反映过去的事项。"非常明显,对经济学来说,在许多时候,过去是死的;可是,对于会计学来说,将来是不存在的。"[③]可见,经济学的功力在于预测未来,预测要准;会计的业绩则是记载

[①]《孟子正义》的作者是清代焦循,于道光五年印行,共三十卷。
[②]《孟子·万章下》由战国中期孟子及其弟子万章、公孙丑等著。
[③] 埃德加·O. 爱德华兹(Edgar O Edwards, 1919—2001)、菲利普·W. 贝尔(Philip W Bell, 1924—2007)所著《企业收益的理论与计量》(The Theory and Measurement of Business Income),1961 年由加利福尼亚大学出版社出版。

过去,记载也要准。

哈特菲尔德于1919年担任美国会计学会(American Accounting Association, AAA)会长。他认为:"会计的本质在于首先是表现某一时点的财务状况,其次是表现某一时期的经营成果。"财务状况是指会计期末的资产和负债各是多少,是时点指标;经营成果是指会计期间的收入、费用和利润各是多少,是时期指标。

如果要了解一个企业,可以听人介绍,看场地;但是,要形成准确的认识和掌握全貌,还是要看会计报表提供的数据。会计工作就是通过专门的会计方法,把企业的财务状况和经营成果展现在会计报表中。

本书将以轻松愉快的方式,阐述会计报表各个项目的含义,以及会计报表中的数据是怎样产生的,并力求对会计方法的逻辑及合理性做出描述,使之成为读者对会计产生持久兴趣的推动力。

写作本书是为了帮助读者,尤其是那些没有会计专业背景的读者,跨越会计的门槛,感受会计的妙趣。本书虽然是一本入门读物,但也尽量追求阅读本书之后就能够和会计专业人士对话以及阅读会计专业文献之宗旨。

看懂会计报表是学习会计的主要目的之一。会计理论研究也是为了让报表项目能够更准确和更简洁地展现企业的财务状况和经营成果。所以,本书以报表项目为主线,从报表项目涉及的相关账户切入,讲解账户应用和报表项目。

本书围绕如何理解会计报表展开叙述。第一章介绍复式记账的发展路径和作为会计报表逻辑基础的会计等式。第二章介绍账户的分类和复式记账规则。第一章是基础,第二章是全书的核心。看懂了这两章,会计就入了门。从第三章开始,为掌握会计事项(影响会计要素变化的经营活动)的账务处理,对资产、负债、出资所有者权益、利润、经营所有者权益等会计要素涉及的会计科目如何登记增加和减少做了深入的阐述。其中第三章讲资产,第四章讲负债,第五章和第七章讲所有者权益。因为本书按来源的不同把所有者权益分为出资所有者权益(第五章)和经营所有者权益(第七章),又因为经营所有者权益和利润密切相关,所以,在第五章和第七章之间插入了第六章利润。

用复式记账法记载每一个会计事项的时候,要同时登记两个或两个以上的账户,涉及多个会计要素。例如,第三章讲资产,登记资产账户的时候,也涉及记载负债、所有者权益、收入和费用——这些是在后面的章节才能够正式阐述的会计要素。而且,以后每一章的讲解,例如,讲负债、讲所有者权益、讲利润都面临类似的问题。

资产负债表和利润表实际上难以割裂开来分别叙述。例如,资产负债表中的所有者权益和利润表中的利润,要理解前者,就要先理解后者;要理解后者,也得先知晓前者。只有在把二者作为一个整体,而不是两个独立内容的情况下,才能避开逻辑上的困扰。再如,递延所得税资产虽是资产,但如若脱离了所得税费用,也就无法弄明白什么是递延所得税资产。类似的问题存在于会计的各个角落,这制造了学习会计的困难。

内容上的交叉和账户间的关联贯穿始终,使得循序渐进或步步为营式的学习方法难以奏效。不过,这并不会影响读者阅读本书的信心,只需要往下读,"关联效应"便会在后面的某一段落的阅读中乍现,会计段位会瞬间提升。

鉴于本书是对会计的基础解释,因此,对于某些很有学术研究价值的问题只能一笔带过。当然,了解一些颇具研究价值的内容,其实是有助于深刻理解会计的基础知识的,对此,本书也就不厌其烦地多做了些阐述。

会计很有趣味,很多会计问题能够轻易触发深度的思考。例如,各类资产的不同计量属性的比较、金融工具的计量等。这些问题足以陪伴一名优秀的学者度过漫长的岁月。但是,对这样的问题本书并未做深入的阐述,以保持其基础读物的特征。

欢迎读者进入会计的世界。

作　者
2020 年 6 月

目 录

第一章　复式记账的发展路径和会计等式 ················· 1
第一节　13—15 世纪意大利商人的记账方法 ············· 1
一、钱商的人名账户 ································· 1
二、贸易商人的物名账户 ····························· 4
三、结算盈亏的"损益"账户 ·························· 5
四、记载资产耗费的费用账户 ························· 7
五、一统全局的"资本"账户 ·························· 8
第二节　会计等式 ···································· 10
一、复式簿记第一方程式 ····························· 10
二、帕乔利之后的会计等式 ··························· 11
（一）复式簿记第一等式和第二等式 ·············· 11
（二）财产及所有权两大关键要素说 ·············· 12
三、会计恒等式 ····································· 12
第三节　资产负债表的逻辑 ···························· 14

第二章　复式记账规则 ································· 18
第一节　账户分类 ···································· 19
第二节　资产负债表科目 ······························ 20
一、资产类科目 ····································· 20
二、负债类科目 ····································· 22
三、所有者权益类科目 ······························· 23
第三节　利润表科目 ·································· 24
一、收入类科目 ····································· 24
二、营业成本及费用类科目 ··························· 25
（一）营业成本 ································ 26
（二）费用 ···································· 26

1

三、税金及附加和所得税费用……………………………… 27
　　四、利得和损失类科目……………………………………… 27
　　　（一）直接计入利润的利得和损失……………………… 28
　　　（二）直接计入所有者权益的利得和损失……………… 29
　　五、利润科目………………………………………………… 30
　第四节　账户的试算平衡……………………………………… 32

第三章　资产………………………………………………………… 34
　第一节　资产的一般问题……………………………………… 34
　　一、定义……………………………………………………… 34
　　二、确认条件………………………………………………… 35
　　三、账面价值………………………………………………… 36
　　　（一）资产的计量属性…………………………………… 37
　　　（二）初始计量和后续计量……………………………… 41
　　四、分类……………………………………………………… 42
　　　（一）按流动性分类……………………………………… 42
　　　（二）按形态分类………………………………………… 44
　第二节　货币资金……………………………………………… 44
　　一、库存现金………………………………………………… 45
　　二、银行存款………………………………………………… 46
　　　案例：银行对账单的学问………………………………… 46
　　三、其他货币资金…………………………………………… 48
　第三节　实物资产……………………………………………… 48
　　一、存货……………………………………………………… 49
　　　（一）在途物资和原材料………………………………… 49
　　　（二）生产成本和制造费用……………………………… 49
　　　案例：账实相对的困难…………………………………… 50
　　　（三）库存商品…………………………………………… 51
　　　案例：实物盘查审计的起源……………………………… 52
　　　（四）合同履约成本……………………………………… 53
　　　（五）存货的减值………………………………………… 53
　　　案例：减值准备的"储备"……………………………… 55

（六）盘亏和盘盈 …………………………………… 56
二、固定资产 ………………………………………………… 58
　　（一）计量 ………………………………………… 58
　　　案例：从"黄金"到"垃圾" ……………………… 61
　　（二）盘亏和盘盈 ………………………………… 62
　　（三）清理 ………………………………………… 65
三、在建工程和工程物资 …………………………………… 66
　　　案例：利息支出资本化的一箭双雕 ……………… 67
四、投资性房地产 …………………………………………… 68
　　（一）初始计量 …………………………………… 68
　　（二）后续计量 …………………………………… 69
　　（三）投资性房地产转为固定资产 ……………… 71
　　（四）固定资产转为投资性房地产 ……………… 72
　　（五）处置 ………………………………………… 73

第四节　金融资产 ……………………………………………… 74
一、分类和重分类 …………………………………………… 74
　　（一）分类 ………………………………………… 74
　　（二）重分类 ……………………………………… 76
二、交易性金融资产 ………………………………………… 76
　　（一）初始计量 …………………………………… 76
　　（二）后续计量 …………………………………… 77
　　（三）处置 ………………………………………… 77
三、债权投资 ………………………………………………… 78
　　（一）初始计量 …………………………………… 78
　　（二）摊余成本 …………………………………… 79
　　（三）减值 ………………………………………… 81
　　（四）处置 ………………………………………… 82
四、其他债权投资 …………………………………………… 82
　　（一）初始计量 …………………………………… 83
　　（二）后续计量 …………………………………… 83
　　（三）处置 ………………………………………… 86

五、长期股权投资 ……………………………………… 86
　（一）分类 ………………………………………… 86
　（二）初始计量 …………………………………… 88
　案例：换股和借壳上市 …………………………… 90
　（三）后续计量 …………………………………… 93
　（四）减值 ………………………………………… 95
　（五）处置 ………………………………………… 96

六、其他权益工具投资 ………………………………… 96
　（一）初始计量 …………………………………… 97
　（二）公允价值变动 ……………………………… 97
　（三）股利 ………………………………………… 97
　（四）处置 ………………………………………… 97

第五节　应收款项 ……………………………………… 98

一、应收账款 …………………………………………… 99
　（一）初始计量 …………………………………… 99
　（二）应收账款的预计损失 ……………………… 99
　案例：少提准备，扭亏为盈 ……………………… 100
　（三）应收账款的实际损失 ……………………… 100
　案例："点石成金" ………………………………… 101

二、应收票据 …………………………………………… 103

三、应收款项融资 ……………………………………… 103
　（一）应收票据融资 ……………………………… 103
　（二）应收账款融资 ……………………………… 105
　（三）公允价值计量 ……………………………… 105

四、预付款项 …………………………………………… 105

五、其他应收款 ………………………………………… 106
　（一）"其他应收款"科目 ………………………… 106
　案例：惹不起的股东借款 ………………………… 107
　（二）"应收利息"科目 …………………………… 107
　（三）"应收股利"科目 …………………………… 108

六、合同资产 …………………………………………… 108

七、长期应收款 ·· 109
　（一）初始计量 ······································ 109
　（二）确认融资收益 ································ 110
第六节　无形资产、开发支出和商誉 ·············· 112
一、无形资产 ·· 112
　（一）定义的问题 ··································· 112
　（二）初始计量 ······································ 114
　（三）后续计量 ······································ 114
　（四）处置 ·· 115
二、开发支出 ·· 115
　（一）研究阶段 ······································ 116
　（二）开发阶段 ······································ 116
三、商誉 ··· 116
　（一）吸收合并商誉 ······························· 117
　案例：新设合并商誉归零的瞬间 ············· 120
　（二）控股合并商誉 ······························· 122
　（三）商誉核算的国际动态 ······················ 124
第七节　其他资产 ······································· 125
一、持有待售资产 ······································ 125
　（一）初始计量 ······································ 125
　（二）后续计量 ······································ 126
　（三）处置 ·· 126
二、递延资产 ·· 126
　（一）费用的资产属性 ···························· 126
　（二）合同取得成本 ······························· 127
　（三）使用权资产 ··································· 128
　（四）长期待摊费用 ······························· 132
　（五）递延所得税资产 ···························· 132

第四章　负债 ·· 134
　第一节　负债的一般问题 ························· 134
　一、现时义务 ··· 134

二、确认条件 ………………………………………… 135
　　三、负债分类 ………………………………………… 135
　　四、计量属性 ………………………………………… 136
　　　（一）历史成本 …………………………………… 136
　　　（二）重置成本 …………………………………… 136
　　　（三）现值 ………………………………………… 136
　　　（四）公允价值 …………………………………… 136
第二节　融资性负债 ……………………………………… 137
　　一、短期借款 ………………………………………… 137
　　二、交易性金融负债 ………………………………… 138
　　　（一）初始计量 …………………………………… 138
　　　（二）公允价值 …………………………………… 138
　　　（三）应付利息 …………………………………… 139
　　　（四）到期偿付 …………………………………… 139
　　三、其他应付款 ……………………………………… 139
　　　（一）"其他应付款"科目 ………………………… 139
　　　（二）"应付利息"科目 …………………………… 140
　　　（三）"应付股利"科目 …………………………… 141
　　四、长期借款 ………………………………………… 141
　　五、应付债券 ………………………………………… 141
　　　（一）应付一般债 ………………………………… 142
　　　案例：AAH 和 AAI 回购债券 …………………… 145
　　　（二）应付可转债 ………………………………… 146
　　　（三）作为债务工具的优先股和永续债 ………… 149
第三节　经营性负债 ……………………………………… 150
　　一、应付账款 ………………………………………… 150
　　二、应付票据 ………………………………………… 150
　　三、合同负债 ………………………………………… 151
　　四、预收款项 ………………………………………… 151
　　五、应付职工薪酬 …………………………………… 152
　　　（一）现金支付 …………………………………… 152

（二）股份支付 ………………………………………… 153
　　　案例：倒填股票期权授予日 …………………………… 154
　　（三）设定受益计划 ……………………………………… 157
　六、应交税费 …………………………………………………… 168
　　（一）一般纳税人的应交增值税 ………………………… 168
　　（二）出口货物的增值税免抵退税 ……………………… 174
　七、持有待售负债 ……………………………………………… 180
　八、长期应付款 ………………………………………………… 180
　　（一）初始计量 …………………………………………… 180
　　（二）确认融资费用 ……………………………………… 181
　九、预计负债 …………………………………………………… 183
　　（一）源于或有负债 ……………………………………… 183
　　（二）计量 ………………………………………………… 184
　十、递延收益 …………………………………………………… 184
　　（一）两种核算方法：总额法和净额法 ………………… 185
　　（二）政府补助的分类和计量 …………………………… 185
　　（三）返还补助款给政府 ………………………………… 187
　十一、递延所得税负债 ………………………………………… 188

第五章　出资所有者权益 …………………………………… 190

第一节　所有者权益、净资产和股权 ……………………… 190
　一、所有者权益 ………………………………………………… 190
　二、净资产 ……………………………………………………… 191
　三、股权 ………………………………………………………… 192
　　（一）资产是公司的还是股东的 ………………………… 192
　　（二）股权评估值和净资产评估值 ……………………… 193

第二节　实收资本和资本公积 ……………………………… 195
　一、出资方式和实收资本 ……………………………………… 195
　二、资本公积 …………………………………………………… 197
　　（一）资本溢价 …………………………………………… 197
　　（二）其他资本公积 ……………………………………… 199
　三、库存股 ……………………………………………………… 200

　　　　(一)回购股份的法定情形 …………………………… 200
　　　　(二)库存股的账务处理 ……………………………… 202
　　　　(三)库存股的性质 …………………………………… 204
　　第三节　其他权益工具 ………………………………………… 205
　第六章　利润 …………………………………………………………… 206
　　第一节　利润表 ………………………………………………… 206
　　　一、利润表的减式结构 ……………………………………… 206
　　　二、净额利润 ………………………………………………… 208
　　　　(一)营业收入 ……………………………………………… 208
　　　　案例:填塞分销渠道 ……………………………………… 209
　　　　(二)营业成本 ……………………………………………… 210
　　　　(三)税金及附加 …………………………………………… 210
　　　　(四)费用 …………………………………………………… 210
　　　　案例:支出费用化还是资本化 …………………………… 211
　　　三、直接计入利润的利得和损失 …………………………… 212
　　　四、利润表的逻辑 …………………………………………… 212
　　　五、利润表和资产负债表的关系 …………………………… 213
　　第二节　所得税费用 …………………………………………… 214
　　　一、暂时性差异:应税经营成果和所得额的差异………… 215
　　　　(一)为什么称为暂时性差异 …………………………… 215
　　　　(二)暂时性差异的计量 ………………………………… 217
　　　　(三)只能用时期指标表达的暂时性差异 ……………… 225
　　　　(四)两种暂时性差异的汇总计算 ……………………… 230
　　　二、所得税费用的核算方法 ………………………………… 230
　　　　(一)归纳推理 …………………………………………… 230
　　　　(二)当期所得税费用 …………………………………… 231
　　　　(三)递延所得税费用 …………………………………… 232
　　　三、直接影响所有者权益的暂时性差异 …………………… 235
　第七章　经营所有者权益 ……………………………………………… 237
　　第一节　来自净利润的所有者权益 …………………………… 237
　　第二节　其他综合收益 ………………………………………… 239

一、含义及属性 ·· 239
　　二、分类 ·· 240
　　　（一）不能重分类进损益的其他综合收益 ················ 240
　　　（二）将重分类进损益的其他综合收益 ···················· 241
　　三、其他综合收益的税后净额 ································ 247
第三节　利润分配 ·· 248
　　一、盈余公积 ·· 249
　　　（一）提取盈余公积 ·· 249
　　　（二）使用盈余公积 ·· 250
　　二、调整年初未分配利润 ····································· 252
　　三、利润分配的方式 ·· 253
　　　（一）分配现金利润 ·· 254
　　　（二）发放股票股利 ·· 254
　　　（三）利润转增资本 ·· 255
　　四、利润分配侵蚀资本的路径 ································ 255
　　　（一）对权责发生制的忽视 ································ 256
　　　（二）未实现损失的影响 ··································· 258
　　　（三）现金净利润和非现金净利润 ························ 260
　　　（四）现金法定公积金和非现金法定公积金 ············· 262
　　　（五）另一个对策 ··· 262
结束语：更多科学还是更多艺术 ································ 264
参考文献 ·· 267
后记 ··· 268

第一章 复式记账的发展路径和会计等式

会计核算的内容就是会计对象,例如大量的发票等原始凭证。但会计对象过于繁杂,所以要进行分类,基本分类就是把会计对象分为资产、负债、所有者权益、收入、费用和利润这六个会计要素。

引起会计要素变化的事项称为会计事项。会计工作就是把购买原材料、发放工资、生产加工、销售商品等一个个的会计事项,用会计方法整理加工,最终将所有的会计事项转换成会计报表中的数据。其中最为核心的会计方法就是复式记账法。

"复式"是指对于一个会计事项同时登记两个账户,其中一个账户的数据能够和另一个账户的数据相互印证。复式记账之精巧就在于其对账功能,通过对账能够发现哪个账户记错了。但复式记账只是会计的微观部分,其功能是建立一个账户和另一个账户的关联;而会计等式则展现了会计要素层面的关联,是会计的宏观部分。

第一节 13—15 世纪意大利商人的记账方法

意大利是现代会计的发源地,因此复式记账法又被称为意大利式借贷记账法。早期的诸多介绍复式记账的著作,介绍的都是意大利式的账户和记账方法。

一、钱商的人名账户

德国经济史学家西夫金(Sieveking)发现了 1211 年佛罗伦萨钱商记载的两套账簿,羊皮纸材质,43 cm×28 cm 大小。这两套账簿由一张张的账页组成,一张账页或者连续的几张账页就是对一个账户的完整记载。

在意大利城邦时代(1454—1494),不同的城邦政府甚至同一城邦政府在不同时期所发行的铸币都不一样。那些垄断了检验铸币成色和真伪技术的人被称为钱商(图1.1),钱商在铸币的袋子上面加上印封来证明铸币的价值。后来,钱商把商人的钱集中起来,开始从事高利贷。到了15世纪后半叶,佛罗伦萨人开设的钱庄遍布欧洲,就连罗马教廷征收的贡赋也要存放其中。

图1.1 荷兰马西斯的《钱商和他的妻子》,创作于1514年。画框上有文字:"你是正确的天平,必须使用正确的砝码。"

给谁记账,谁就是会计主体。上述羊皮纸账户的会计主体就是钱商。羊皮纸账户以钱商的客户姓名来命名,这就是著名的人名账户。意大利热那亚市政厅1340年的账簿中有"财务官""征税官"和"公证人"等人名账户。

人名账户是如何记账的呢?

例如,意大利羊毛商人保罗1月份卖羊毛,得钱1 000,就把这1 000钱存在钱商处;到了10月份,保罗要去英国收购羊毛,手头紧,就向钱商借款800钱。钱商就开设"保罗"这个人名账户,记载他和客户保罗之间的钱款往来(图1.2)。

图1.2 保罗存款800,钱商出借1 000

人名账户的上栏记钱商出借数(钱商应收数),下栏记客户保罗存入数(钱商应付数),所记数额称为人名账户的发生额(账户增加额和减少额)。

"保罗"账户中的"我"是指会计主体钱商,"彼"是指客户保罗。

在会计期末,"保罗"账户的上、下栏发生额相抵之余额就是账户的期末余额。期末余额可能是上栏余额,也可能是下栏余额,分别表示钱商(我)净应收或净应付客户保罗(彼)多少钱。

人名账户:上栏应收,下栏应付

对钱商来说,保罗存入 1 000 是一个会计事项,出借 800 给保罗是另一个会计事项。钱商对于每一个会计事项只登记"保罗"账户,并不同时登记其他账户,所以这还不是复式记账。到了钱商经营委托付款业务的时候,才开始对一个会计事项同时登记两个账户。

例如,"公元 1211 年 5 月 8 日,保罗委托钱商把 40 钱的运费支付给胡安"。对于委托付款,钱商能不能在"保罗"账户里记减少 40,同时在"胡安"账户里记增加 40 呢?

人名账户的发生额表示钱商应收或应付客户款项有怎样的变化,即钱商对保罗和胡安的应收数和应付数在本期有什么变化;人名账户的余额则表示在会计期末,钱商净应收或净应付客户多少钱。

因此,钱商对委托付款的记账方法是先在"保罗"账户上栏记40,他和保罗说:"你要我给胡安 40,你得先欠我 40。"同时,钱商在"胡安"账户下栏记 40,他又和胡安说:"保罗要我给你 40,我就不给你现钱了,我欠你 40 吧。"(图 1.3)

复式记账法就是对一个会计事项同时登记两个(也可能是三个或更多)账户;一个账户记上栏,另一个账户记下栏;一上一下,金额相等。

当时把人名账户的上栏称为"借主"栏,把下栏称为"贷主"栏。复式记账规则就可以表述为"有借必有贷,借贷必相等"。

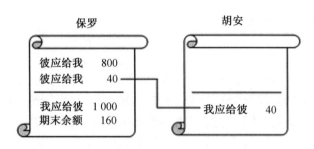

图 1.3　保罗委托钱商支付 40 给胡安的复式记账

二、贸易商人的物名账户

1296—1305 年间,佛罗伦萨的里纳里奥·巴尔多·菲尼兄弟商店的簿记中,有"被服""靴帽""杂货"等账户,称为物名账户。

物名账户是贸易商人的主要账户,记载货物的买进、卖出和结余。物名账户的上、下栏不再称为"借主"栏和"贷主"栏,而是改称为"借方"栏和"贷方"栏。其中,"借方"栏记买进的金额,"贷方"栏记卖出的金额。

物名账户:借方买进,贷方卖出

例如,商人当月买进胡椒 500 钱,卖出 400 钱,"胡椒"账户的月末余额就是借方余额 100 钱(假设月初余额为 0),表示当月亏损为 100 钱。对于卖出胡椒这个会计事项,复式记账就登记"胡椒"账户卖出 400(贷记),对应登记"现金"账户增加 400(借记)。现金是特殊的物,现金账户的记账方法遵从物名账户的记账规则(图 1.4)。

相反,若是当月买进胡椒 500 钱,却卖出了 600 钱,则"胡椒"账户的期末余额就是贷方余额 100 钱,表示当月盈利 100 钱。

买进即增加,卖出即减少。物名账户的记账规则就可以表述为"借记增加,贷记减少"。

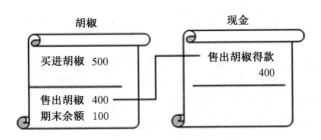

图 1.4　卖出胡椒的复式记账

三、结算盈亏的"损益"账户

贸易商人通常经营很多种货物,想知道生意上总的盈亏,就要把所有的物名账户的期末余额(有亏有盈)进行加总。这项工作由"损益"账户承担。佛罗伦萨的菲尼兄弟商店 1296—1305 年间的账簿就有"损益"账户。

复式记账法下,"损益"账户接收每一个物名账户的余额,也就是收纳所有物名账户的盈亏。物名账户将余额转给"损益"账户之后,物名账户的余额为 0,这称为结平物名账户。

对所有商品账户和其他账户,不论其结果好坏,均按上述方式编制分录转入损益账户。这样,你的分类账簿中的有关账户总会结平,即借方总额等于贷方总额。(《簿记论》第 27 章)①

《簿记论》所说的借方总额是借方期初余额和借方本期发生额的合计数,贷方总额也是同样的含义,即贷方期初余额和贷方本期发生额的合计数。

例如,"胡椒"账户的月初余额为 50,当月借方(表示买进)发生额为 500,贷方(表示售出)发生额为 400,当月的经营成果为亏损 100。如果在"胡椒"账户贷方再记 150,那么,"胡椒"账户的借方总额(借方期初余额和借方本期发生额的合计数)就等于贷方

---

① 《簿记论》只有区区 100 页左右,其声名之巨,将在下一节开篇介绍。

总额(贷方期初余额和贷方本期发生额的合计数),"胡椒"账户就结平了。

"有借必有贷,借贷必相等",根据复式记账规则,贷记"胡椒"账户150的同时,在"损益"账户借方对应登记150。就把"胡椒"账户的期末余额即借方余额150转至"损益"账户,成为"损益"账户借方发生额150。这样,"胡椒"账户的借方总额和贷方总额都是550,"胡椒"账户就结平了,接力棒传给了"损益"账户(图1.5)。

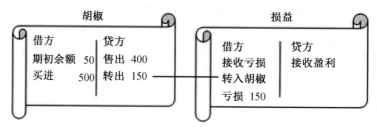

图1.5 结转胡椒的亏损

为更好地展示复式记账的效果,上下栏式账户为两侧型账户所替代。两侧型账户是14世纪中叶的热那亚商人发明的,左边为借方栏,右边为贷方栏。

热那亚市政厅1340年的账簿使用的就是两侧型账户。1382年意大利托斯坎尼商人帕利亚尼的账簿也使用了两侧型账户。大约从1395年开始,两侧型账户全面替代了上下栏式账户。

两侧型账户的记账规则:

● 所有账户的左边都称借方,所有账户的右边都称贷方。
● 如果账户的左边记增加,右边就要记减少;反之,左边记减少,右边就记增加。

上下栏式账户的下列记账规则为两侧型账户所承继:

● 期初余额+本期发生额(增加额和减少额)= 期末余额
● 上期期末余额 = 本期期初余额

有一种简易的、常常用于教学的复式记账叫作会计分录,它是按"有借必有贷,借贷必相等"的记账规则,左右交错地排列账户名称及金额,以此表明"借"是账户左边,"贷"是账户右边。也可以仅交错排列而不写"借"和"贷"(图1.6)。

借:损益　150
　　贷:胡椒　150
损益　150
　　胡椒　150

图1.6　会计分录

会计分录综合了上下栏式账户和两侧型账户的优点,极简地表达了会计事项,合理地布置了空间。

四、记载资产耗费的费用账户

费用是对资产耗费的记载。

1406—1434年威尼斯共和国的多兰多·索兰佐(Donado Soranzo)兄弟商店的簿记有"手续费""工资""家事费用""私用"等费用账户。

大部分费用是对现金耗费的记载。例如,用现金支付工资、手续费和差旅费等,也有的费用是对其他资产的耗费的记载。

但是,并非所有的现金支出都是耗费,也就是说,并非所有的现金支出都能计入费用。例如,花钱添置机器设备,虽然也是现金的支出,但只是资产在具体形态上的转换,由现金转换为固定资产,转换金额相等,企业的资产总额并没有因此而减少。因而,不属于现金的耗费。

而用现金支付工资、手续费和差旅费之后,并没有换回来任何资产,支出的现金无法转换为任何其他形态的资产,彻底地失去了,企业的资产总额因此减少。又因为负债没有变动,所以净资产(=资产总额−负债总额)也减少了。导致净资产减少的现金耗费才能记作费用(图1.7)。

另一种情况,例如,用现金归还借款或欠款,付出去的现金同

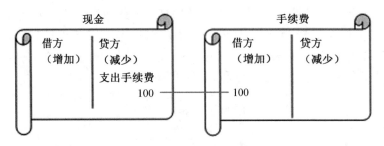

图1.7 用现金支付手续费

样无法转换为别的资产,有去没有回。但这也不是现金的耗费,不能计入费用。因为支出去的现金就是当初借进来的,用现金还款只是把别人的钱再"物归原主",并没有动用自己的钱,也就没有增加企业的负担。资产总额虽因还款而减少了,但负债也同步减少,净资产并没有减少。正是因为没有减少净资产,所以,用现金偿还借款本金和欠款不属于现金的耗费,不能计入费用。

现金的耗费是指现金花掉了,没有换回资产,也没有减轻负债,而是减少了净资产。

把现金的耗费数额计入费用,是会计核算上对现金耗费的承认,是对现金历史贡献的记载。

不妨把现金看作费用的前身,那么,费用账户的记账规则就和物名账户相一致:借记增加,贷记减少。

费用账户和"损益"账户中的"损"具有相同的效果,记账方向也一致。现代会计把费用账户归入损益类账户。

"损益"账户也要结平,并将其余额转入列在分类账簿最后面的"资本"账户。结果,"资本"账户就成了所有其他账户的最终归宿。(《簿记论》第27章)

五、一统全局的"资本"账户

威尼斯共和国的安德烈亚·巴尔巴里戈(Andrea Barbarigo)父子商店的账簿分为3册。其中,第3册是小巴尔巴里戈记载的

1456—1482 年的账簿,该册账簿除了人名账户外,还有"手续费""工资""家事费用""私用""利润"等损益账户,此外还有"资本"账户。

水流千遭归大海。贸易商人使用的物名账户的余额转入"损益"账户后,就取得了自身的平衡;进而,"损益"账户的余额再转入"资本"账户,也取得了自身的平衡。这样,"资本"账户就拿到了"账户余额接力赛"的最后一棒(图1.8)。

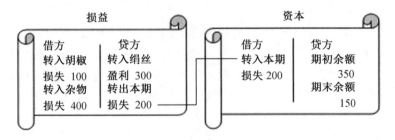

图 1.8　结转损益

1406—1434 年威尼斯共和国的索兰佐兄弟商店的账簿中有"资本"账户,但记账方法是将物名账户的余额直接转入"资本"账户,并不通过"损益"账户中转。

"资本"账户最初记载商人的原始出资,然后汇集商人在生意上的盈亏。前者直接记入"资本"账户,后者先由"物名"账户转入"损益"账户,再转入"资本"账户。

美国现代会计学的开拓者利特尔顿(Littleton,图1.9)认为:"随着费用账户、损益账户和资本账户加入了账户体系,复式簿记的形成终告完成。"①

图 1.9　利特尔顿

---

① A. C. 利特尔顿(Ananias Charles Littleton,1886—1974)的《会计理论结构》(*Structure of Accounting Theory*),由林志军等译,中国商业出版社,1989 年,第 33 页。利特尔顿于 1943 年出任美国会计学会会长。《会计理论结构》最早在 1953 年由美国会计学会作为第 5 号研究报告发表,1958 年再版,之后又多次重印,并被译成多国文字。

复式记账法在账户之间的印证功能展现了会计科学性最基础的一面。但是,将若干账户放在一起,虽然每一个个体都是精致的,在整体上却缺少了清晰感,甚至会觉得有些凌乱。然而,会计的科学性并未止步于账户之间的相互印证。会计等式作为一条主线串起了所有的账户,就像站在高处能够俯瞰微观的一切。

第二节 会计等式

账户一旦多起来,容易使人感到眼花缭乱;把账户分类,就可以改善视觉效果。例如,把原材料、库存商品、机器设备都归为资产,然后把资产上升为一个会计要素。会计要素还包括负债、所有者权益、收入、费用和利润。把会计要素串起来的等式就是会计等式。

一、复式簿记第一方程式

1494年,意大利人帕乔利(Pacioli,图1.10)出版了5卷本的《算术、几何、比及比例概要》。其中,第3卷《簿记》的第9部第11篇名为《计算和记录详论》,该篇还有一个更加响亮的名字,就是著名的《簿记论》。

图1.10 帕乔利

利特尔顿认为"帕乔利的会计著作几乎影响了一个世纪的终结"。《簿记论》的出版年份——1494年也因此被尊称为"会计元年"。

《簿记论》揭示出商人"所拥有之财物"与商人的"财产所有权"是财物的两个面:看得到的一面,是财物的具体形态,如厂房、设备、交通工具、原材料、产品、现金等;看不到的一面,是商人的财产所有权——资本。

将你的财产目录中的第一项,即你所拥有的货币数量登记到分录账中去。为了理解如何将财产目录中的内容记入分录账和分类账,你必须学会另外两个术语。一个称为"现金",另一个称为"资本"。现金指的是你手头现有的货币,而资本则表示你现在拥有的全部财产的总金额。(《簿记论》第12章)

财物本身具有两面性。你的房子既是实物,也对应着你的所有权,二者价值相等。帕乔利把商人投入生意中的具体形态的财物和商人的财产所有权都用金额表示,就建立了复式簿记第一方程式(又可称为"帕乔利等式"):

一人所拥有之财物 = 其人财产所有权之总值

这个简易的等式成为现代会计理论的思想源泉。在帕乔利等式之后,一些著名的会计等式陆续登场。

二、帕乔利之后的会计等式

(一)复式簿记第一等式和第二等式

1736年,英国人约翰·梅尔(John Mair)出版了《簿记法》[①],该著作被誉为"最完美的意大利簿记的典型"。《簿记法》中提出了复式记账第一等式和第二等式:

- 第一等式:资产 = 资本
- 第二等式:资产 – 负债 = 纯资本

[①] 《簿记法》又译为《意大利式商业会计》,该著作的英文名字较长,为 *Book-keeping modernized*; *or, merchant-accounts by double entry, according to the Italian form*。1736年在爱丁堡印第1版,1807年印第9版,后来又印到第14版。

第一等式适用于全部投入都是商人自己出资的情况,这种情况下,商人投入的财产和经营中取得的财产,都归商人所有。第二等式则适用于商人在生意中存在举债的情况,因为有的资产是借来的,所以,资产扣除负债之后的余额才是商人的自有资本,称为纯资本。

(二)财产及所有权两大关键要素说

1830年,出现了一个很有影响力的会计等式。在这一年,被誉为"现代会计教科书之父"的美国人托马斯·琼斯(Thomas Jones)出版了著作《簿记原理与实务》,他提出了"财产及所有权两大关键要素说",并在这个理论基础上贡献了新的会计等式——"资产=产权",后来演变为"资产=业主权益"。

托马斯·琼斯在其会计等式(资产=产权)中所使用的概念更加接近想要表达的事物本质(股东的权益是多少),但该等式也有一个前提,就是假设商人没有负债。

不过,无论是约翰·梅尔,还是托马斯·琼斯,以及其他学者提出的会计等式,例如,1822年,英国人福斯特(Foster)提出"积极财产(资产)-消极财产(负债)=财产(资本)",基本上都是在完成同一项工作:发展和规范了帕乔利等式(一人所拥有之财物=其人财产所有权之总值)。

可见,会计等式的发展路径不但越来越彰显出股东的影响力,而且,都在为发扬帕乔利等式做着贡献。一直到会计恒等式的出现,帕乔利等式的光芒才被稍稍分走了一些。

三、会计恒等式

1880年,美国杰出的会计学家,被誉为现代会计理论研究的开拓者和奠基人之一的C. E. 斯普拉格(Charles Ezra Sprague),在《簿记员》杂志上发表了题目为《账户代数学》(*Algebra of Accounts*)的连载文章,提出了会计恒等式:

$$资产=负债+所有者权益$$

会计恒等式源于斯普拉格在更早时期建立的初期方程式：拥有的+应收的＝应付的+权益（What Belongs to Me+What is Owing to Me＝What is Claimed from to Me+What is Unclaimed）。二十几年后，1907年，斯普拉格出版了《账户原理》（The Philosophy of Accounting，又译为《账户的哲学》），在该著作中他提到了这个初期会计方程式。

会计恒等式出现之前的会计等式之所以未能称为恒等式，是因为它们都只有在一定条件下才能成立，例如，托马斯·琼斯的会计等式在没有负债的情况下才能成立。约翰·梅尔提出的复式簿记第二等式已经和会计恒等式非常接近了，但该第二等式除了在会计要素上未能规范之外，重要的是未能就财物的两个面（资产和权益）建立联系，而是在"资产-负债"与纯资本之间建立等式。

创立所有者权益的概念是会计恒等式的巨大成就，所有者权益把"资本""纯资本""产权"这些概念统一起来。继会计恒等式之后，20世纪20年代，德国人派顿（W. A. Paton）和凯斯特（R. B. Kester）又共同提出了新的会计等式：资产之形态＝资产之来源。其中，资产之来源有三个渠道：第一个来源是商人自己投入的资产；第二个来源是商人从银行等债权人那里借来的资产；第三个来源是商人在经营中增值的资产。如果在该会计等式中再细分资产的来源，那就又回到了会计恒等式。

后来，派顿又单独提出"资产＝权益（包括股东权益和债权人权益，或者说该等式在没有负债的情况下成立）"；凯斯特又单独提出"资产＝负债+资本"；之后凯斯特又提出了"资产＝负债+资本+（收入-费用）"。这些著名的会计等式各有千秋，但均未能动摇会计恒等式的统领地位。

研究会计史的学者G. J. 普雷维茨（Gary John Previts）和B. D. 莫里诺（Barbara Dubis Merino）在二人合著的《美国会计史：会计的文化意义》中是这样描述会计恒等式的："斯普拉格的会计恒等式（资产＝负债+所有者权益）注定要成为今天会计学教育发展的起点，并且是会计学教育以后修订的焦点。在这方面，斯普拉格的公理已经被公认为是美国会计理论前古典学派的精髓。他的著作是这种独一无二的、实质上完整的理论的见证,这种理论是现代美国会计发展的基础。"

"权益"是一个复杂的概念。在会计准则中,"所有者权益"有时候会简称为"权益"。在法律中,"权益"通常是指受法律保护的权利和利益。但何谓权利,何谓利益,法律并没有再做深入的解释,"权益"是法律中一个被直接使用的基本概念。

第三节　资产负债表的逻辑

"和兄弟编制资产负债表",这句流行于16世纪德国商人之间的话,意思是合伙人之间开始清算债权债务,终止合伙关系。

资产负债表可以追溯到意大利钱商编制的借主、贷主对照表和借贷试算平衡表,但已难寻踪迹。1531年,德国纽伦堡商人约翰·戈特里布(Johann Gottlieb)出版了德国最早的会计教科书——《简明德国簿记》,书中提出了资产负债表的基本格式和平衡原理(表1.1)。①

表1.1　戈特里布资产负债表

	英镑	先令	便士
现金	2 229	10	3
应收款②	20		
存货	16		
资产合计:	2 265	10	3
我戈特里布自有资本	2 000		
外来资本	44	16	
资本合计:	2 044	16	
两方对比所得纯利	220	14	3

(1英镑=20先令;1先令=12便士)

---

① 王军.世界上最早的资产负债表[J].财会月刊,1994(7):32-33.

② 在《世界上最早的资产负债表》一文中,此处不是"应收款"而是"债务"。但成圣树、郭亚雄认为此处为"应收款",见:成圣树,郭亚雄.关于财务报表的历史演进(上)[J].财会月刊,1998(1):50.

戈特里布资产负债表比会计恒等式早了大约350年，其逻辑基础是："资产−资本=纯利"。表中的"外来资本"，应是指其他合伙人的出资。

戈特里布资产负债表包含了应属于现代利润表的内容（计算纯利）。那个时代还没有将利润表从资产负债表中分离出来。

清光绪二十三年（1897年）终，中国通商银行的第一届帐略[①]（帐略中的日期指农历月）是我国引进复式记账法后的第一张资产负债表（单位：规银两）。

自光绪二十三年七月初一日起至十二月二十九日止，经结：

该股本	2 500 000.00	存现	119 362.12
该户部长存	1 000 000.00	存金银条	166 640.00
该各存项	1 618 659.00	存应收汇票	1 104 485.41
该应付汇票	49 542.06	存押款放帐	3 948 976.75
该各分行往来存	44 299.02	存房产	19 610.51
该采结各款	157 074.02	在各行家私纸张	10 499.31
共计结该	5 369 574.10	共计结存	5 369 574.10

中国通商银行是中国人自办的第一家银行。帐略中的"该"就是负债，是欠别人的，"该户部长存"就是欠户部（财政部门）的款项，也就是户部的长期存款。"该股本"是指股东的出资额，也就是欠股东的。"共计结该"是指负债总额加股本以及股本增值额。

"共计结存=共计结该"，换一句话说，就是"资产=负债+所有者权益"。

没有会计恒等式就没有现代资产负债表。资产负债表是会计恒等式的明细展示。只有借助资产负债表，方能一览企业财务状况之全貌（表1.2）。

---

① 郑效祖.我国第一张资产负债表[J].财会通讯,1988(5):58.

表 1.2　资产负债表

年　月　日　　　　　　　　　　　　　　　　　单位:元

资　产	期末余额	年初余额	负债和所有者权益	期末余额	年初余额
流动资产：			流动负债：		
货币资金			短期借款		
交易性金融资产			交易性金融负债		
应收票据			应付票据		
应收账款			应付账款		
应收款项融资			预收款项		
预付款项			合同负债		
其他应收款			应付职工薪酬		
存货			应交税费		
合同资产			其他应付款		
持有待售资产			持有待售负债		
一年内到期的非流动资产			一年内到期的非流动负债		
其他流动资产			其他流动负债		
流动资产合计			流动负债合计		
非流动资产：			非流动负债：		
债权投资			长期借款		
其他债权投资			应付债券		
长期应收款			其中:优先股		
长期股权投资			永续债		
其他权益工具投资			租赁负债		
投资性房地产			长期应付款		
固定资产			预计负债		
在建工程			递延收益		
使用权资产			递延所得税负债		
无形资产			其他非流动负债		
开发支出			非流动负债合计		
商誉			负债合计		
长期待摊费用			所有者权益：		
递延所得税资产			实收资本(股本)		

续表1.2

资　产	期末余额	年初余额	负债和所有者权益	期末余额	年初余额
其他非流动资产			其他权益工具		
非流动资产合计			其中:优先股		
			永续债		
			资本公积		
			减:库存股		
			其他综合收益		
			盈余公积		
			未分配利润		
			所有者权益合计		
资产总计			负债和所有者权益总计		

会计恒等式是现代会计的起点。本章列举的其他著名会计等式均有其独特的价值。然而，要成为会计的思想基础，不在于等式之复杂或包容更多的内容，例如，凯斯特提出的会计等式"资产＝负债+资本+(收入－费用)"，而在于等式能否清晰、直观和简约地展示会计要素之间的逻辑关系。

资产负债表列示了本期(通常以一个月为一个会计期间)期末余额和年初余额,把年初余额作为本期期末财务状况的参照。《德国商法典》①第265条规定:"在资产负债表中,以及在损益表中,对于任何一个项目,均应当注明前一个营业年度的相应数额。"

---

① 德意志帝国国会. 德国商法典[M]. 杜景林,卢谌,译. 北京:法律出版社, 2010.

第二章 复式记账规则

账户的出现,终结了文字叙述式的记账方法,将以前使用大量文字来记录会计事项,转变为借记和贷记账户。在账户出现之后,会计工作就只需解决两个关键问题:第一,如何把会计事项记载于账户;第二,如何把账户的金额记入会计报表。解决这两个关键问题的核心会计方法就是复式记账法(我国《企业会计准则——基本准则》称之为"借贷记账法")。

复式记账法自产生以来,其科学性就备受推崇。19世纪的英国数学家,矩阵论的创立者阿瑟·凯莱(Arthur Cayley)就曾说过:"复式记账原理像欧几里得比例理论一样,是绝对完善的。"20世纪初的德国经济学家和社会学家维尔纳·桑巴特(Werner Sombart)也说过:"复式记账的诞生,其意义可以与伽利略和牛顿的发现齐名。"但是,利特尔顿却对复式记账法提出了不同的看法。

复式记账法唯留下一个令人困惑的特征:某些账户的左边代表增加,而在其他账户,增加额却记右边。这种安排实在太复杂了,以至于试图将它合理化成为徒劳无益的事。迄今为止,这种借贷规则(记左边或右边)仍然属于复式记账的一个基本部分。我们别无他法,只好接受它并且记住它的下述加减规则①:

资产账户		负债与资本账户	
加	减	减	加

费用与损失账户		收入与利得账户	
加	减	减	加

---

① 利特尔顿的《会计理论结构》的第53页。

利特尔顿所指的账户的复杂安排,是说就登记账户增加而言,有的账户记左边,有的账户记右边;就登记账户减少而言,仍然是有的账户记左边,有的账户记右边。这看似让人困惑不堪,其实正是复式记账的科学性的体现。

在认识复式记账法之前,首先要掌握账户的分类。

第一节　账户分类

商人之间的贸易往来和相互投资越来越多,这就要求一个商人能够看懂另一个商人的账,要求一个商人的会计能够流动到另一个商人那里记账。渐渐地,就形成了统一和规范的账户。会计科目就是规范的账户名称。会计科目也是资产、负债、所有者权益和收入、费用、利润等会计要素的最小分类单元。

会计科目分为资产负债表科目和利润表科目(损益类科目)两个大类。资产负债表科目记载资产、负债和所有者权益等财务状况,反映静态指标;利润表科目记载收入、营业成本及费用、利润等经营成果,反映动态指标。

历史上,账户还分为实账户和虚账户。资产负债表账户是实账户。实账户有期末余额,反映期末的财务状况。利润表账户是虚账户,虚账户的发生额(账户的增加额和减少额)要在期末如数转至实账户,所以虚账户没有期末余额,或者说,期末余额为0。

关于虚账户和实账户的关系,利特尔顿说:"虚账户和实账户的对应,就好像本票和银行存款的对应。"例如,复式记账法下登记收入(虚账户)就是关于销售商品取得的银行存款(实账户)的对应登记;登记营业成本和费用(虚账户),就是关于所耗费资产(实账户)的对应登记。利特尔顿还认为:"会计的奥秘表现在虚账户和实账户的区分、资产负债表和收益表之间的勾稽关系,以及寓于每笔交易的借贷恒等式。"(《会计理论结构》第57页)

收入、费用等虚账户的发生额,在会计期末要如数转入"本年利润"账户,在"本年利润"账户中核算经营成果。"本年利润"账户也是虚账户,其借贷方发生额,即收入减除费用后的差额,也就是本期净利润,在期末要转入所有者权益类的"利润分配"账户,成为"利润分配"账户(实账户)的本期发生额。可见,经营成果(虚账户)最终还是要落实为对所有者权益(实账户)的影响,这能够解释为什么虚账户又称为过渡性账户。

第二节 资产负债表科目

资产负债表科目包括资产类科目、负债类科目和所有者权益类科目,下面讲述这些科目是怎样登记增加和减少的,也就是账户的记账规则。

一、资产类科目

下面列示了主要的资产类科目。其中,准备类科目和其主科目是错开排列的,表明准备类科目是主科目的抵减科目。例如,"坏账准备"科目就是"应收账款"科目的抵减科目,应收账款余额减坏账准备余额等于应收账款净值。

《中华人民共和国企业所得税法实施条例》(2008年1月1日起施行)第七十四条 企业所得税法第十六条所称资产的净值和第十九条所称财产净值,是指有关资产、财产的计税基础减除已经按照规定扣除的折旧、折耗、摊销、准备金等后的余额。

资产负债表反映资产项目的净值。

库存现金　　　　　　　其他债权投资
银行存款　　　　　　　长期股权投资
其他货币资金　　　　　　长期股权投资减值准备
交易性金融资产　　　　其他权益工具投资
应收票据　　　　　　　投资性房地产
应收账款　　　　　　　　投资性房地产累计折旧
　坏账准备　　　　　　　投资性房地产减值准备

预付账款	长期应收款
应收股利	未实现融资收益
应收利息	固定资产
其他应收款	累计折旧
原材料	固定资产减值准备
生产成本	固定资产清理
制造费用	在建工程
库存商品	使用权资产
存货跌价准备	使用权资产减值准备
合同资产	无形资产
合同资产减值准备	累计摊销
持有待售资产	无形资产减值准备
持有待售资产减值准备	商誉
合同取得成本	商誉减值准备
合同履约成本	开发支出
合同履约成本减值准备	递延所得税资产
债权投资	待处理财产损溢
债权投资减值准备	设定受益计划资产

　　意大利商人使用的物名账户,其记账规则是"借记增加,贷记减少"。物即资产。物名账户的记账规则为资产类科目所用。例如,买进原材料时,借记"原材料"科目,贷记"银行存款"科目,表示原材料增加和银行存款减少(图2.1)。

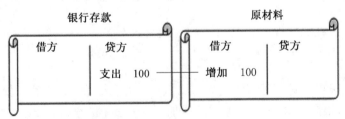

图 2.1　购入原材料

　　"借记增加,贷记减少"不但是资产类科目的记账规则,而且是推理其他类科目记账规则的基础。

任何账户的借方都是指账户左边,所有账户的贷方都是指账户右边。其实,也可以用左和右来表示账户的记账方向,但是,历史传承决定了会计人员在谈起账户时,只言"借"和"贷",不说左边和右边。"借"和"贷"就成为账户的记账符号。

你应该注意登记分录账所必需的两个表达符号。这两个符号是根据威尼斯城的习惯使用而来的(《簿记论》第 10 章)。尽管你可以使用各种符号和标记,但你仍需尽量使用其他商人常用的符号和标记。这样,你就不至于与通常的商业习惯相悖而显得有所欠缺(《簿记论》第 12 章)。

二、负债类科目

主要的负债类科目如下:

短期借款	其他应付款
交易性金融负债	持有待售负债
应付票据	长期借款
应付账款	应付债券
预收账款	租赁负债
合同负债	长期应付款
应付职工薪酬	未确认融资费用
应交税费	预计负债
应付股利	递延收益
应付利息	递延所得税负债

根据会计恒等式,负债增加,资产也增加。例如,贷到了款,短期借款增加,银行存款也同步增加。有的负债,例如,未支付水电费形成的欠款,看似没有新增资产,但是,因为保住了当前的资产(银行存款)暂时不流出企业,也就相对地增加了资产。

● 根据会计恒等式,负债增加,是因为资产增加。

- 有借必有贷,借贷必相等(一左一右,左右相等)。
- 资产增加记左边(借),负债增加就记右边(贷)。

负债要在未来期间用资产偿还。所以,负债要想减少,只能减少资产。资产和负债同步减少。资产减少记右边(贷),负债减少就记左边(借)。例如,偿还银行贷款时,登记"银行存款"科目减少(贷记),对应登记"短期借款"科目减少(借记)。

三、所有者权益类科目

主要的所有者权益类科目如下:

实收资本(股本)　　　　盈余公积
　库存股　　　　　　　其他综合收益
资本公积　　　　　　　利润分配
其他权益工具

所有者权益是资产总额减负债总额后的余额(股份公司称为"股东权益")。

斯普拉格把所有者权益和负债看作不同的会计要素。他在《账户原理》中解释了为什么要这样划分:"企业对它的所有者或资本家,和对它的'其他'债务的立场并不相同。企业是所有者'拥有的'这种说法比企业'欠'所有者的说法更为恰当。"

企业在设立之初并没有负债,所有的资产均来自股东投入,资产完全对应所有者权益,会计恒等式中的负债为0。

所有者权益和负债有相似之处。负债是企业欠债权人的,要用资产来偿还;所有者权益是企业"欠"股东的,也要用资产(红利)来偿还。光绪二十三年年末中国通商银行帐略中的"该股本",就把资本描述为银行欠股东的。这样,所有者权益的记账方向就和负债相同。

- 根据会计恒等式,所有者权益增加,是因为资产增加。

- 有借必有贷,借贷必相等(一左一右,左右相等)。
- 资产增加记左边,所有者权益增加就记右边。

例如,企业收到股东出资时,资产增加,所有者权益也增加。复式记账是登记"银行存款"科目增加(借记),对应登记"实收资本"科目增加(贷记)。

第三节 利润表科目

利润表科目(损益类科目)可细分为收入类科目、营业成本及费用类科目、税金及附加和所得税费用科目、利得和损失类科目,还有利润科目等几个小类。利润表科目都是虚账户,都是过渡性科目。

一、收入类科目

收入类科目有两个:

主营业务收入　　　　其他业务收入

会计期间(通常是指一个月)因销售产品取得现金或应收账款的,登记"银行存款"或"应收账款"等资产类账户增加(借记);复式记账法下,对应登记"主营业务收入"科目增加(贷记)。

销售商品是用商品换回银行存款,但账务处理为什么不视为资产具体形态的转换,例如,登记"库存商品"科目减少(贷记)和"银行存款"科目增加(借记)呢?

销售商品的账务处理必须登记收入是基于两个现实问题。

其一,商人需要知道自己的经营规模是多大。13—15世纪意大利商人时代的会计核算,只核算了利润,也就是资本的增加额。但两个利润水平一模一样的企业,经营情况会完全不同,也就是收入水平和费用水平是不一样的。

其二,国家要按销售收入计征增值税等流转税。

收入的对应账户是资产。可以说,先有资产的增加,后有收入的登记。收入是对资产增加额的重新记载,费用是对资产耗费额的重新记载。因此,收入和费用仅仅是资产的数字表现而已,从收入中无法看出其对应的资产增加是现金增加还是应收账款增加。收入类账户是虚账户,其在复式记账中的对应账户,即资产类账户,才是实账户。

- 销售商品,从外部取得资产,资产增加,收入也增加。
- 有借必有贷,借贷必相等(一左一右,左右相等)。
- 资产增加记借方,收入增加就记贷方。

会计期末(月末),应当把收入类科目结平,把收入类科目的贷方发生额(收入增加额)转入"本年利润"科目(图2.2),完成其作为虚账户的中转过渡使命。

```
   本年利润         收入类科目
        | 1 000 —— 1 000 | 1 000
```

图 2.2 结转收入

收入类科目的借方(左边)登记收入的转出,转至"本年利润"科目贷方。收入类科目借方还登记销货退回的金额(收入减少额)。

二、营业成本及费用类科目

营业成本及费用类科目如下:

| 主营业务成本 | 其他业务成本 | 销售费用 |
| 管理费用 | 财务费用 | |

营业成本及费用类科目登记资产的耗费,资产耗费是为取得收入而必须付出的代价。其中,营业成本反映付出的直接代价,费用反映间接代价。

（一）营业成本

营业成本包括"主营业务成本"科目和"其他业务成本"科目。

取得收入的直接代价是发出商品，发出商品的账面价值就是主营业务成本；而销售多余原材料的收入属于其他业务收入，相应地，其直接代价就是所售原材料的账面价值，计入其他业务成本。

- 资产耗费，营业成本增加；
- 有借必有贷，借贷必相等（一左一右，左右相等）；
- 资产减少记贷方，营业成本增加就记借方。

发出商品时登记"库存商品"科目减少（贷记），对应登记"主营业务成本"科目增加（借记），这个账务处理能否理解为将资产转换为营业成本呢？

营业成本是虚账户，反映所耗费资产的数额；而所耗费的库存商品是实账户，把实的物品转换为虚的数额，这在逻辑上说不通。发出商品的账务处理表示把耗费资产（库存商品）的数额计入主营业务成本，而不是把库存商品转换为主营业务成本。

（二）费用

费用是为取得收入而付出的间接代价，包括销售费用、管理费用和财务费用等。

费用增加，是因为银行存款或现金等资产耗费掉了，"有借必有贷，借贷必相等"，资产减少记贷方，所以，费用的增加记借方。

有的费用在发生时并未实际支付款项，而是形成了欠款，即增加了企业的负债。费用的确认原则是权责发生制，只要产生了支付义务，无论是否实际支付款项，均要确认费用。负债增加，费用也增加；负债的增加记贷方，所以，费用增加自然就记借方。

在会计期末（月末），要把营业成本和费用类科目的借方发生额如数转入"本年利润"科目，结平营业成本及费用类科目，在"本年利润"科目中汇集核算经营成果（图2.3）。

```
营业成本及费用        本年利润
   1 000 | 1 000 —— 1 000
```

图 2.3　结平营业成本及费用

三、税金及附加和所得税费用

"税金及附加"科目记载企业负担的消费税、城镇维护建设税、资源税、教育费附加、房产税、城镇土地使用税、车船使用税、印花税等税收。这些税负完全由企业自己负担，无法转嫁给产品的购买者。这些税负是资产的耗费，导致所有者权益减少。所以，"税金及附加"科目的记账方向和费用类科目相同，借记增加。

税金及附加和费用有一定的区别，这使得二者无法归入同一类。费用的尺度可以由企业自行掌握，税收的标准则由税法做出规定。费用是为取得收入而付出的间接代价，税金及附加是因取得收入、生产产品和使用资源而同步产生的纳税义务。

"所得税费用"科目并不是记载所得税的应纳税额，而是记载依据权责发生制确认的所得税的纳税责任，该纳税责任和应纳税额有差异（详见第六章第二节的阐述）。所得税费用的产生导致所有者权益减少，所以，"所得税费用"科目的记账方向和费用类科目相同，借记增加。

在核算利润总额时，税金及附加可以抵减营业收入。利润总额扣除所得税费用后的余额就是净利润。在会计期末，"税金及附加"科目和"所得税费用"科目的借方发生额要如数转至"本年利润"科目，在"本年利润"科目中核算净利润。

四、利得和损失类科目

企业持有的金融资产升值了，升值数额是利得，不归入营业收入。因为获取资产升值不需要付出代价。相应地，仓库意外失火所遭受的损失也不能计入营业成本或费用，因为该损失对营业收入既无直接贡献，也无间接贡献。这就是利得和损失的特征。

从能否影响损益的角度来划分，利得和损失又分为两种，影响损益的利得和损失属于经营成果,称为直接计入利润的利得和损失,在期末转入所有者权益;另一种利得和损失不计入损益,而是直接计入所有者权益。

(一) 直接计入利润的利得和损失

1. 利得

营业外收入　　　　　　其他收益

企业收到的捐赠款、政府补助,以及债务豁免等,获取这些利益均不需要付出代价,就计入利得。复式记账法下,登记资产增加(借记),对应登记"营业外收入"或"其他收益"科目增加(贷记)。

资产增加,利得也增加。利得科目的记账方向和收入类科目一致。

2. 损失

资产减值损失　　　信用减值损失　　　营业外支出

损失是资产的减少额,但损失并未贡献于收入,而且也和利得无关。例如,捐赠支出、缴纳的税收滞纳金、自然灾害造成的损失等。

复式记账法下,对于直接计入利润的损失,登记资产科目减少(贷记),对应登记损失科目增加(借记)。损失科目的记账方向就和费用类科目一致。

3. 利得或损失

公允价值变动损益　　　投资收益　　　资产处置损益

前面讲的利得科目只登记利得,损失科目也是只登记损失。而"利得或损失"是指那些既能登记利得,也能登记损失的会计科目。包括"公允价值变动损益""投资收益""资产处置损益"等科目。

投资收益和投资损失都记入"投资收益"科目;资产公允价值

变动产生的收益和损失,都记入"公允价值变动损益"科目;资产处置收益和处置损失都记入"资产处置损益"科目。但"资产处置损益"科目并没有囊括所有资产的处置损益。金融资产的处置损益,就记入"投资收益"科目;投资性房地产的处置损益则通过其他业务收入和其他业务成本的对比来反映。

"投资收益"科目似乎命名为"投资损益"更加符合该科目记载的内容,但或许是因为习惯这个名称了,更换名称的意义就不大了。德国经济学家弗里德里希·李斯特(Friedrich List,1789—1846)说过:"对于一种事物,用什么字眼来表示,并没有多大关系,但是所选择的字眼,表示的必须始终是同一事物,不多也不少,尤其是关于科学研究,这一点更加重要。"(《政治经济学的国民体系》①,第193页)

虽然利得和损失都记在同一个账户里,但并不产生新的记账方法,是利得就按利得科目走,是损失就按损失科目来;利得增加记贷方,损失增加记借方。

利得或损失科目为什么没有再进行细分,例如,从"投资收益"科目中再分离出一个投资损失科目来,让科目的含义更加清晰?在会计核算的漫长历史中,一直没有这么做,这或许是受到"奥卡姆剃刀"定律的约束:"如无必要,勿增实体。"

(二)直接计入所有者权益的利得和损失

其他综合收益　　　　　　以前年度损益调整

还有一类利得和损失,不计入损益,而是直接计入所有者权

---

① 李斯特的《政治经济学的国民体系》(The National System of Political Economy),1961年1月商务印书馆印第1版,中文版是根据朗文公司1928年版翻译的。

益,记入"其他综合收益"科目和"以前年度损益调整"科目。这两个科目均属于既能登记利得也能登记损失的科目,其记账方向也是遇着利得按利得科目来,遇到损失就跟着损失科目走。

五、利润科目

"本年利润"科目用来核算会计期间的净利润(=利润总额-所得税费用)。

在会计期末,所有的利润表科目(损益类科目),包括收入类科目、营业成本科目和费用类科目,以及直接计入利润的利得和损失科目,其发生额均要结转至"本年利润"科目,成为"本年利润"科目的发生额。结转之后,损益类科目就没有余额了,结平了。会计期间的损益就汇集在"本年利润"科目里。

利润表科目是过渡性科目,是虚账户。既然"本年利润"科目是用来核算利润的,那么,能否从一开始就把收入类科目、营业成本及费用类科目、利得和损失类科目的发生额直接登记在"本年利润"科目中,从而省去"不必要"的过渡呢?

这样做,虽然不影响利润核算的准确性,但是,就无法知道主营业务收入、其他业务收入、营业成本及费用,以及直接计入利润的利得和损失各是多少,无法计算因取得收入而应该交多少流转税,利润表中的数据也就只剩下净利润了;而且,从财务管理的角度考虑,要筹划费用开支,就要记载费用,并观察费用和收入之间的相关关系。因而,收入、费用等损益类科目尽管是过渡性科目,却是必不可少的。

在复式记账中,损益类科目的对应科目通常是资产类科目和负债类科目,之所以产生"损"和"益",完全是因为资产和负债发生了变化,所以,荷兰数学家西蒙·斯蒂文(Simon Stevin,1608)把损益类账户称为"财产的验证"(转引自《会计理论结构》第116页)①。

"本年利润"科目接收的损益类科目发生额,"本年利润"科目借贷方发生额相抵后的余额,就是会计期间取得的净利润。该余额(净利润)的性质仍然是时期指标,而且是时期指标和时期指标的差额,当它在"本年利润"账户中作为余额出现的时候,并没有因为自己的余额身份而变成时点指标,所以,称其为"本年利润"科目借贷方发生额的差额,比称其为账户余额更加贴近金额的实质。

所有者权益类科目的期末余额是时点指标,所以,将"本年利润"科目归入所有者权益类科目并不合适。在会计期末,"本年利润"科目借贷方发生额的差额要转入"利润分配"科目,也借此由时期指标转换为时点指标。后者即"利润分配"科目才是所有者权益类科目。

"本年利润"科目自身也是过渡性科目,是虚账户,应属于利润表科目(损益类科目)。

会计科目的复式记账规则如图2.4所示。

---

① 西蒙·斯蒂文于1608年出版的《数学惯例法》被誉为近代会计史上继《簿记论》之后的第二座里程碑式的著作,该著作第二部分讲簿记,题为"意大利式的奥莱西公的账户记录"。利特尔顿认为:"19世纪以前的会计理论的发展都是建立在帕乔利和斯蒂文的著作之上的。"

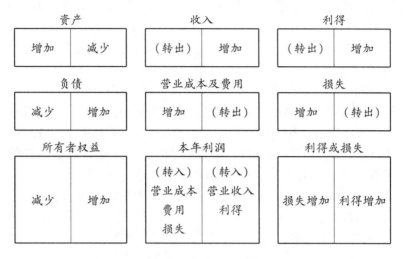

图 2.4　复式记账规则

第四节　账户的试算平衡

既然复式记账法下的每一笔账务处理都是按照"有借必有贷,借贷必相等"的记账规则同时登记两个或两个以上的账户,那么,所有账户的借方发生额之和必然等于所有账户的贷方发生额之和,这就是账户发生额的试算平衡。

只有借项合计等于贷项合计,账簿才能结算。换言之,如果将所有借方账项都在一页纸上加总(即使有一万笔也是如此);同时也将所有贷方账项加总,那么,借项合计应等于贷项合计。否则,就表明分类账中出现了差错。(《簿记论》第 14 章)

1406—1430 年威尼斯共和国索兰佐兄弟商店的账簿,就是通过账户发生额的试算平衡来发现记账中的错误(表 2.1)。

表 2.1　账户发生额的试算平衡

账户	借方发生额	贷方发生额
鞋帽	10	8
杂货		
⋮		
负债		
合计	800	800

1430—1480 年威尼斯共和国的巴尔巴里戈父子商店的账簿中有"余额"账户，其实这并不是会计账户，而是账户余额的试算平衡表。

在账户发生额试算平衡的基础上，可以推理出账户余额的试算平衡。

在上面的账户发生额的试算平衡表中，如果把"鞋帽"账户的借贷方发生额各减去 8，就得出"鞋帽"账户的期末余额，如果对所有账户都执行这样的操作，就得到了账户余额的试算平衡（表 2.2）。

表 2.2　账户余额的试算平衡

账户	借方余额	贷方余额
鞋帽	2	
杂货		
⋮		
合计	80	80

如果账户发生额和余额不能试算平衡，足以说明存在记账错误。

账户试算平衡是复式记账规则的副产品，体现了复式记账法的科学性。但是，试算平衡也绝非万能，它不能发现所有的错误，例如，把应记"应收账款"账户的数额计入了"其他应收款"账户，或者把借贷方发生额 8 000 都记成了 800，这样的错误是账户试算平衡无法感知到的。

第三章 资 产

资产是账务处理中出镜率最高的会计要素。在复式记账法下,与资产有关的账务处理,常常要对应登记负债、所有者权益、收入和费用等会计要素。本章在遇到其他会计科目时,尽可能做出必要的解释,以减少理解上的障碍。

第一节 资产的一般问题

所有的资产都面临的问题称为资产的一般问题。

一、定义

我国《企业会计准则——基本准则》(2014年7月23日修改版)第二十条规定:"资产是企业过去的交易或者事项形成的、由企业拥有或者控制的、预期会给企业带来经济利益的资源。"

会计准则的前身是会计原则。1940年,W. A. 佩顿(William Andrew Paton)与 A. C. 利特尔顿(Ananias Charles Littleton)合著的《公司会计准则导论》(*An Introduction to Corporate Accounting Standards*)一书中,首次提出用会计准则代替以前的会计原则。

企业的人力资源和客户资源无疑都能带来经济利益。美国的钢铁大王安德鲁·卡内基就曾说过:"把我的厂房、设备、材料全部夺去,只要保住我的全班人马,几年以后,我仍将是一个钢铁大王。"但是,人力资源和客户资源远不像银行存款和机器设备那样能够为企业所拥有和控制,所以不符合会计准则关于资产的定义,无法成为会计核算意义上的资产。

但人力资源和客户资源的重要性毕竟是不言而喻的。如果一个企业的出售价格（准确地说，是股权转让价格）高于其净资产（=资产总额-负债总额），原因之一就是收购方能够"得到"那些未列入会计报表的科研团队和客户等重要资源。

二、确认条件

能够给企业带来经济利益的资源要想列入资产负债表，不但要符合资产的定义，还要符合资产的确认条件：

- 与该资源有关的经济利益很可能流入企业；
- 该资源的成本或者价值能够可靠地计量。

国际会计准则委员会（IASC）于1989年发布的《编制和呈报会计报表的框架》指出，满足会计要素定义的项目，如果满足了以下标准，就应当加以确认：(1)与该项目有关的任何未来经济利益很可能会流入或者流出企业。(2)该项目具有能够可靠计量的成本或者价值。

美国财务会计准则委员会（FASB）1984年第5号财务会计概念公告《企业会计报表的确认和计量》（SFAC No. 5）也指出："确认是将某一项目，作为一项资产、负债、营业收入、费用等正式列入某一个体的会计报表的过程。它包括同时用文字和数字描述某一项目，其金额包括在报表总计之中。"

如果和资源有关的经济利益流入企业的可能性很小，或者该资源的价值无法可靠地计量，那么，该项资源即使符合资产的定义，也不能成为判断企业财务状况的客观依据，所以其不符合资产的确认条件，不能列入会计报表。

怎样判断一项资源是否满足资产的确认条件呢？

第一个确认条件是"可能性条件"：与该资源有关的经济利益很可能流入企业。

我国《〈企业会计准则第13号——或有事项〉应用指南》（财会〔2006〕18号）第二点规定，"很可能"的认定标准是可能性在50%和95%之间。这是一个量化指标。但这样的规定，其实是把不能量化的事物给量化了。正是因为不能量化,才使得"很可能"这样的词语扎根在确认条件的表述中。但即使是"很可能"发生,也终究不是现实本身。现实中,最可能的事情往往并没有发生,最不可能的事情却又常常呈现在面前。对于一项资产应否出现在资产负债表中,会因为在"可能性"的量化标准上的见仁见智而导致不同的判断,这种状况也影响了会计的科学性。

第二个确认条件是"可靠性条件":该资源的成本或者价值能够可靠地计量。

国际会计准则委员会对可靠性的判断标准为:"当信息没有重要错误或偏向,并且能够如实反映其拟反映或理当反映的情况供使用者作为依据时,信息就具备了可靠性。"

美国财务会计准则委员会对可靠性的定义为:"可靠性是指信息使用者可以信任所提供的信息。只有当会计信息反映了其所打算反映的内容,不偏不倚地表现了实际的经济活动和结果,既不倾向于事先预定的结果,也不迎合某一特定利益集团的需要,能够经得起验证核实,才能认为是具有可靠性的。"

解释可靠性比解释可能性更加困难。解释可靠性需要借助更多的形容词,例如,真实、客观、确定、中立等词语。资产负债表中有一项资产是"使用权资产",例如,因预付了 5 年的房租而取得的承租权。承租权是能够带来经济利益的资源,符合资产的定义,但是,如果租赁合同是这样约定的:"承租人预付 5 年租金,但如果出租人要出售房产,则自出租人书面通知承租人之日起的第 30 日,双方的租赁关系即刻解除,租金按承租人的实际租用期间据实结算。"依据这样的约定,虽然预付了 5 年的房租,但是,承租权究竟体现为几年的权利,却是不确定的。因而,该项承租权的成本或者价值就不具有"可靠性",不能确认为资产。

三、账面价值

资产的账面价值就是资产在会计报表中的价值表现。不同的资产,其账面价值的计量方法也不相同。用会计语言说,就是不同的资产的计量属性不同。美国财务会计准则委员会认为:"每一个会计报表要素都有多种属性可以计量,而在编制会计报表之前,必须先确定应予以计量的属性。"

(一)资产的计量属性

属性是事物所固有的某种性质。为了确定资产的账面价值,就要赋予资产计量属性。实际上,资产的计量属性完全由会计准则规定,有的资产(例如,投资性房地产)可以选择不同的计量属性,也因此形成了不同的账面价值。但是,企业又不能任意选择计量属性,或者说,可选择的余地非常小。

1. 历史成本

《企业会计准则——基本准则》规定:"在历史成本计量下,资产按照购置时支付的现金或者现金等价物的金额,或者按照购置资产时所付出的对价的公允价值计量。""资产按照取得时所付的代价来估价的计价原则叫作历史成本原则。"[1] 历史成本(historical cost)又称原始成本。大多数资产的计量属性都是历史成本。

会计记载过去的事项,历史成本也就顺理成章地成为资产的天然计量属性。经济学家萨缪尔森(Samuelson)认为:"会计人员之所以使用历史成本,是因为它反映的是客观的评价并且容易证实。"[2] 英国《1985 年公司法》把历史成本计量原则写入法律,规定会计工作必须遵循历史成本计价原则。[3]

按历史成本计量的资产,如果其市场价格进入了上升通道,会计报表就会低估资产的实际价值。

---

[1] 罗伯特·N. 安东尼(Robert N. Anthony,1916—2006)的《会计基础》(*Essential of Accountings*),第 2 版,美国艾迪生-韦斯利出版公司 1978 年 12 月出版,由孙耀君、孟守毅译,黑龙江人民出版社,1985 年,第 12 页。罗伯特·N. 安东尼是哈佛大学研究管理控制的教授。

[2] 萨缪尔森,诺德豪斯. 经济学[M]. 16 版. 北京:华夏出版社,1999:100.

[3] 张鸣. 英国《公司法》的若干会计规定[J]. 外国经济与管理,1989(1):40. 英国《1985 年公司法》规定的会计原则除了历史成本计价原则,还包括持续经营原则、会计方法的一致性原则、稳健性原则、权责发生制原则和资产负债具体项目分别确认和报告的原则。

2. 重置成本

重置成本(replacement cost)又称现时成本(current cost)或现时投入成本(current input cost)。在财产清查中盘盈的固定资产，往往没有历史记载，就用重置成本来计量其账面价值。重置成本是指当期购置相同或相似资产所付出的代价，就是以现时购进全新固定资产的成本，减去按该盘盈固定资产新旧程度估计的耗费后的余额。

3. 可变现净值

可变现净值(net realizable value)计量是指资产按照其正常对外销售所能收到的款项扣减该资产至完工时估计将要发生的成本、估计的销售费用以及相关税费后的金额计量。可变现净值，又称预期脱手价值(expected exit value)。

资产负债表日，存货要按"成本和可变现净值孰低"的计量原则调整账面价值，这是会计计量的稳健性原则(又称为谨慎性原则)的要求。稳健性原则就是对资产的账面价值选择保守的计价。

4. 现值

现值计量是指资产按照预计从其持续使用开始至最终处置的过程中所产生的未来净现金流入量的折现金额计量。

有的观点认为"现值"是不可理喻的：如果连"现在值多少钱"都不清楚，又如何知道未来现金流量是多少呢？然而，确实有这样的事情发生，例如，对于政府债券，把握不好它现在值多少钱，但能确定未来现金流量是多少。其实，现值并不是指资产当前的价值，而是资产未来现金流量的折现值。

如果有人向你借1 000，一年后又还给你1 000，说和你两清了，你肯定是不乐意的。因为这两个1 000的时点不同，同样数额的资金在不同时点的价值是不相等的，差了足足一年的利息。

企业持有资金是为了盈利的。没有风险和没有通货膨胀的社会平均利润率，常常成为权衡资产风险和报酬的重要标准。在没有风险和通货膨胀的情况下,持有资金的时间越长,资金带来的报酬也就越多。也就是说,随着时间段的延长,资金产生了越来越多的"时间价值"。资金在时间段起点的价值,称为现值(present value),就是本金;资金在时间段终点的价值,称为终值(future value),就是本利和。折现率通常使用无风险的政府债券利率。

在资产减值的情况下,就存在资产按现值计量的可能。《企业会计准则第8号——资产减值》(财会〔2006〕3号)第十五条规定:"资产的可收回金额低于其账面价值的,应当将资产的账面价值减记至可收回金额。"该准则第六条又规定:"可收回金额应当根据资产的公允价值减去处置费用后的净额与资产预计未来现金流量的现值两者之间较高者确定。"

如果企业为实现债权而获得了一项没有权利证书、不能合法交易的房产,因为能获取租金收益,就可以未来现金流量的现值作为该项资产的入账价值。

20世纪20年代的物价猛涨和30年代的大萧条导致了两次资产重估,这两次经历也表明,如果会计师试图使账户记录适应不断变化的外部条件,其结果不会有多大的真正用途。试图使会计报表数字反映价值只能导致会计丧失稳健性(因为价值具有主观性,不仅因人而异,而且因时而异)。这样的数据不用多久就会失去其重要性。

——利特尔顿:《会计理论结构》第264~265页

资产的账面价值毕竟只是记载当时的状况,时过境迁,也就失去了参考价值。过去的账面价值和现代数据的对比,只能是数据大小的对比,已经无法比较出你想要的效果。市场价格才是最基本的资产计量属性,其他计量属性皆源于市场价格。

5. 公允价值

《企业会计准则——基本准则》第四十二条规定:资产的公允价值"是指市场参与者在计量日发生的有序交易中,出售一项资产所能收到的价格。"会计准则在对历史成本定义时,其实已经使用了公允价值的概念。

葛家澍和徐跃(2006)在《会计计量属性的探讨:市场价格、历史成本、现行成本与公允价值》一文中介绍了公允价值的9个定义,提出公允价值的估计可以采用市场法、收益法或成本法,认为公允价值估计可分为三个层次(Ⅰ级估计、Ⅱ级估计、Ⅲ级估计),最后指出"公允价值的研究,对于财务会计模式的改进与改革将具有深远的意义"。[①]

实践中,常常把资产的评估值作为资产的公允价值,非常巧合的是,资产评估的方法和公允价值的估计方法竟然是一样的。《资产评估执业准则——资产评估方法》也规定使用市场法、收益法和成本法3种基本评估方法。

《中华人民共和国企业所得税法实施条例》对公允价值使用了简约的表达,说"公允价值,是指按照市场价格确定的价值"。事实上,会计人员在确定资产的公允价值时,最先映入脑海的就是市场价格。

10年前花多少钱买的房子,是历史成本;它现在值多少钱,就是公允价值。资产计量属性的公允价值和历史成本之争,也说明绝大多数人还是只能通过会计报表来认识企业,没有其他更好的途径。真正了解企业财务状况的人,并不在乎资产的账面价值是历史成本还是公允价值。

在1997年的东南亚金融危机中,公允价值被认为是"最相关"和"最恰当",甚至是"唯一的"金融工具计量方法。在2000年2月,美国财务会计准则委员会发表的第7号财务会计概念公告(SFAC No.7)《在会计计量中使用现金流量信息和现值》[②]中甚至提出:"在初始确认和后续期间进行新起点计量时,公允价值是绝大多数计量的目标。"

虽然公允价值避免了历史成本不能反映当前实际价值的缺

---

① 葛家澍,徐跃.会计计量属性的探讨:市场价格、历史成本、现行成本与公允价值[J].会计研究,2006(9):14.
② *Using Cash Flow Information and Present Value in Accounting Measurements.*

陷,但是,一个又一个重大事件的出现,又改变了人们的看法。例如,在有着 158 年历史的雷曼兄弟控股公司(Lehman Brothers Holding Inc.)因无法偿还 6 130 亿美元的负债而于 2008 年 9 月申请破产之后,公允价值又开始被很多人视为事件的"罪魁祸首"。美国银行家协会(American Bankers Association,ABA)甚至认为,正是公允价值计量属性导致了银行几十亿资本的损失。法国银行业联合会(French Banking Federation,FBF)也认为,用公允价值计量资产其实是"在泡沫期间增加幸福感,在危机期间使恐慌情绪不断上升"。

在美国经济大萧条(The Great Depression)之前,市场价格是资产的计量属性。在大萧条之后,美国的金融监管机构和联邦存款保险公司(Federal Deposit Insurance Corporation,FDIC)开始支持历史成本计量属性。

历史成本计量虽能保持资产账面价值的稳定,但是,面对公允价值的剧烈波动,这种稳定作用就像给伤口打了麻醉剂,只是感知不到痛而已。

德勤亚太区金融服务领导人菲利普·哥特(Philip Goeth,2008)认为:"公允价值只是把情况表现出来,市场波动的影响被公允价值准则捕获,但经济危机并不是由公允价值准则引起的。会计准则尽其所能做到信息透明,这样的信息可能有点刺耳,但正是其目的之所在,通过市场不断调整,让大家正确对待这个问题。而改变会计准则,比如停止使用公允价值计量,正如起火后,关掉火警警报那样,火不会自己灭掉。"

(二)初始计量和后续计量

资产的初始取得包括外购和自制两个来源。确定资产的初始账面价值又称为初始计量。

外购资产的初始计量不需要区分是历史成本还是公允价值。因为初始账面价值(通常等于购买价格)是历史成本,也是公允价值。

初始计量之后的每个资产负债表日(月末),要调整资产的账面价值,这就是资产的后续计量。后续计量包括资产的新起点计量(fresh-start measurement)和对资产耗费的计量两种情形。例如,金融资产的计量属性是公允价值,每个资产负债表日的账面价值要按公允价值反映,这就是重新确定金融资产的账面价值,新的账面价值和上一个资产负债表日的账面价值没有直接关系,这样的后续计量就是资产的新起点计量。

资产耗费的计量则有别于新起点计量,它是以上一个资产负债表日的账面价值为基础进行的后续计量,例如,对固定资产耗费的计量。

四、分类

资产的分类原则是在资产和资产之间设立明确的界限,把相同属性的资产归为相同的类,把不同属性的资产归为不同的类。

(一)按流动性分类

按流动性强弱的标准,资产划分为流动资产和非流动资产,这是会计核算中传统的分类方法。

帕乔利要求商人们登记财产时"总是应先记录那些价值高且易丢失的东西,诸如现金、珠宝和银器等。至于不动产,诸如房屋、土地、湖泊、草地以及池塘等,则不像个人动产那样容易丢失。然后,必须按照适当的顺序将所有其他事项填入财产目录"。(《簿记论》第2章)

英国《1929年公司法》规定公司应当在资产负债表中划分流动资产和固定资产。那个时代把非流动资产称为固定资产。

流动资产有一个早期的代表性定义(1938),即流动资产是"那些将要在经常性经营过程中转化为现金的资产和那些可用于转化为现金的资产"。这个代表性定义出自桑德斯(Sanders,1885—1953)、哈特菲尔德(Hatfield,1866—1945)、摩尔(Moore,

1879—1949)合著的《会计原则研究报告》①。事实上,流动资产和非流动资产都可以转换为现金,但非流动资产转换为现金不属于经常性经营活动。

罗伯特·N. 安东尼(Robert N Anthony,1978)认为:"流动资产这个词指的是现金或者能在短期(通常是一年)内转换成现金的那些资产。"②

一项资产往往要经历几次具体形态的转换才能最终变现。例如,原材料转换为在制品(正在生产线上加工的产品),再转换为库存商品,最后转换为现金。中间的转换都是为了最终取得现金而必不可少的环节。生产设备、厂房等大型资产虽然也能够出售变现,但是,这绝不是企业的经常性经营活动。大型资产的存在价值是构建长期生产经营能力,并非为了在短期内变现,所以属于"非流动资产"。

通常把一项资产是否计划在一年或超过一年的一个经营周期(轮船、飞机的经营周期都会超过一年)内转换成现金,作为流动资产与非流动资产的划分标准。流动资产又因此被称为短期资产,体现企业的短期变现能力;非流动资产又被称为长期资产,体现企业的长期经营能力。

所谓流动资产在"短期内转换成现金"指的是企业决定在短期内变现。如果库存商品积压了多年还是没有卖掉,它们仍然属于流动资产。因为企业一直想变现,只不过事与愿违罢了。非流动资产虽然也要被消耗掉和最终变现,但是,这并不是企业的短期经营目标。所以,非流动资产并非不能流动,只是企业决定让它在一年(或更长的时间)之后再流动。

非流动资产,例如固定资产,是在其寿命周期内逐渐耗费的;而流动资产的耗费,例如原材料,则是一次性耗费的。

---

① *A statement of Accounting Principles*,又译为《论会计原则》,由美国会计师协会(AIA)于 1938 年出版。
② 安东尼. 会计基础[M]. 2 版. 孙耀君,孟守毅,译. 哈尔滨:黑龙江人民出版社,1985:15.

流动资产列在资产负债表的上方,而且,按流动性由强到弱的顺序自上而下地排列。

(二)按形态分类

资产形态是资产的外在表现,对资产的直接认识往往是从形态开始的。资产按形态的不同,可分为货币资金、实物资产、金融资产、应收款项、无形资产(包括开发支出和商誉)以及其他资产(图3.1)。每一类资产形态下,又有不同的具体形态。每一个具体形态对应着一个账户或会计科目。形态相似的资产,在所属会计科目和计量方法上也极为相似。

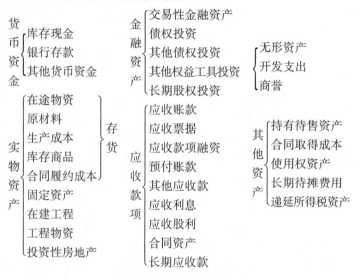

图 3.1 资产按形态分类

第二节 货币资金

从本节开始,讲述不同具体形态资产的账务处理。

货币资金具有最强的流动性,是资产负债表的第一个资产项目。货币资金是库存现金、银行存款和其他货币资金三个具体形态资产的统称。本章介绍"库存现金""银行存款"和"其他货币资金"科目。

一、库存现金

会计岗位包括会计和出纳两个岗位。其中,会计负责按复式记账法登记账户和制作会计报表;出纳负责现金的收支和银行存款的收付并做好记载。

出纳根据现金收支的原始凭证逐笔登记现金收支的发生时间、摘要和金额,称为登记现金日记账,就是记现金流水账。出纳在登记完当天的现金日记账之后,应当把现金收支的原始凭证传递给会计。会计在对原始凭证进行分类、汇总的基础上,按复式记账法登记"库存现金"科目,并对应登记其他科目。

库存现金的收支和结余经过出纳和会计的两重独立登记,就产生了两个账:一个是由出纳记载的现金日记账;另一个是由会计按复式记账法记载的"库存现金"账户。"库存现金"账户和现金日记账的发生额、余额均应核对相符。

出纳当天收取的现金应于当天存入银行,如果直接用于当天的支付,就是"坐支现金"。坐支就是把收到的现金直接用于支付,坐着不动就完成了现金支出。我国《现金管理暂行条例》(2011年修订)第十一条规定:"开户单位支付现金,可以从本单位库存现金限额中支付或者从开户银行提取,不得从本单位的现金收入中直接支付(即坐支)。"

禁止坐支现金,是为了把企业的现金收支纳入银行的监管,也是为了在银行的记录中保留收支的痕迹。

出纳当天要支出的现金,应当从库存现金限额中支付或者从开户银行提取。《现金管理暂行条例》规定的库存现金的限额通常是3天至5天的日常零星开支;库存现金用得差不多了,可以按限额补充提取,称为补足库存现金限额;除了向个人收购农副产品和其他物资以及出差人员必须随身携带的差旅费外,支付给个人的款项超过使用库存现金限额的部分,应当以支票或者银行本票支付。

如果出纳漏记现金收入,那么,漏记的现金收入凭证当然不会传递给会计,所以,会计的"库存现金"账户也不会有记载。在漏记情况下,会计登记的"库存现金"账户和出纳登记的现金日记账在发生额和余额上仍然是一致的。

想要发现漏记现金收入只能借助对账的方法,通过核对另一个记载才能发现。例如,出纳收取产品销售款的收款流程可以这样设计:销售商收款是基于买卖合同,因此,先由销售商的合同部门确认现金收款金额是多少,并填写一式三联的现金收款单,传递给出纳;出纳收款后,在现金收款单上签字确认,将其中一联作为登记现金日记账的依据,并传回另两联至合同部门;合同部门把其中的一联交给付款人,作为其付款的依据,自己留一联,作为存根。这样,出纳的现金收款就有了合同部门的存根作为对账的依据。对账是重要的会计方法,对账的理论依据就是"自己不能发现自己的错误"。

二、银行存款

出纳依据银行存款收付的原始凭证逐笔登记银行存款日记账,然后,把原始凭证传递给会计,会计按复式记账法记账,登记"银行存款"科目,对应登记相关其他科目。

出纳登记的银行存款日记账和会计登记的"银行存款"账户,二者在余额和发生额上均应核对相符。如果出纳漏记了一笔银行存款,会计可以通过核对另一个记录——银行对账单(开户银行对企业收付款的逐笔记载)来发现,这就是银行存款的"账实相对"。

案例:银行对账单的学问

1999年8月至2003年1月期间,某基金委员会财务局的一名会计贪污和挪用了银行存款2.28亿元。财务局出纳的工作量很大,常常需要会计帮忙才能完成。那位会计不但负责将财务专用章盖在支票上,还顺便在支票上填上了他自己的公司的名称,款项就这么付出去了。但历年的审计却从未发现银行存款的短少。原来,该基金委员会的银行账号非常之多,那位会计每次都选择银行快下班最忙的时候去取对账单,银行的工作人员根本忙不过来,就从窗口把银行章和厚厚的银行对账单递给他,让他自己盖章,这位会计就抓住这个机会偷梁换柱,把银行章盖在了自己提前制作好的"银行对账单"上,假单真章。直到有一天,财务局新来了一位年轻人,他跑了一趟银行,结果见到了真的银行对账单。

根据职务分离原则,银行对账单应当由会计(而不是出纳)从开户银行取回。如果会计登记的"银行存款"账户和出纳登记的银行存款日记账能够核对相符,但却与银行对账单不符,是否必然发生了舞弊呢?

企业和开户银行之间还存在互不知晓对方收付款的情况。例如,银行代支了水电费,但尚未把付款凭证传递至企业,银行登记的该笔付款就是企业的未达账项;如果企业开出了支票,但持票人还没去银行办理兑付,那么,企业登记的该笔支出就是银行的未达账项。只有在消除未达账项的影响之后,才能确定是否存在银行存款的舞弊。

通过编制银行存款余额调节表(表 3.1),可以消除未达账项的影响。

表 3.1　银行存款余额调节表

年　月　日

企业"银行存款"账户余额:_____	银行对账单余额:_____
加:银行已收,企业未收:_____	加:企业已收,银行未收:_____
减:银行已付,企业未付:_____	减:企业已付,银行未付:_____
调节后余额:_____	调节后余额:_____

如果在月初支出款项,又在月底如数收回,或者相反的情况,先收后支,例如,企业出借账户给他人使用,当月以某种名义收款后又以另一个名义转出,这样的行为就是银行存款余额调节表所不能发现的。

出借账户给别人走账还可能涉嫌洗钱。20 世纪初期,美国旧金山一家饭店的老板,怕硬币上的油污弄脏顾客的白手套,就用苛性碱液清洗硬币,这是最早的洗钱。20 世纪 20—30 年代,芝加哥的黑帮通过走私、贩卖酒、开设地下赌场所获取的收入基本上都是小额款项,不敢拿着整袋的硬币去存银行,就买了投币式洗衣机,然后就大模大样地把整袋的硬币以洗衣费的名义存入银行。

如果存在发生额的舞弊,银行对账单的发生额就比企业"银行存款"账户的发生额更大,这可以通过编制银行存款发生额对照表(表3.2)来发现。

表 3.2　银行存款发生额对照表

年　月

	支出额	收入额
银行对账单	1 000 000	1 200 000
"银行存款"账户	900 000	1 100 000

三、其他货币资金

其他货币资金主要包括银行汇票存款、信用卡存款、信用证保证金存款、企业已存入证券公司但尚未进行短期投资的款项。

其他货币资金的来源有两个渠道:其一是从外部获取的,例如销售产品或接受债务人偿还而取得的;其二是由银行存款转换来的。后者是资产的具体形态由银行存款转换为其他货币资金,账务处理是登记"其他货币资金—银行汇票"等明细科目增加(借记),对应登记"银行存款"科目减少(贷记)。

第三节　实物资产

实物资产是看得见、摸得着的资产。但实物资产不是资产负债表的资产项目,也不是会计科目和账户名称,而是资产负债表中的存货、固定资产、在建工程和投资性房地产等资产项目的统称。其中,除了存货以外,固定资产、在建工程和投资性房地产均有同名的账户。存货是流动资产,后三者是非流动资产。

一、存货

存货不是账户或会计科目名称。存货项目的期末余额是"在途物资""原材料""生产成本""库存商品"以及"合同履约成本"共 5 个科目的期末余额之合计数。

资产负债表对于存货项目的设计,是防止资产项目过多、表格过于长,所以,就将同类别的科目合并为一个资产项目。

(一)在途物资和原材料

如果企业所采购的原材料已经由供应商发出,但月末尚未到达企业,这些还在运输途中的原材料就是在途物资。账务处理是登记"在途物资"科目增加(借记),对应登记"银行存款"科目减少(贷记),资产的具体形态由银行存款转换为在途物资。

在途物资到达企业并经过验收合格的,就转入原材料库,登记"原材料"科目增加(借记),对应登记"在途物资"科目减少(贷记)。

(二)生产成本和制造费用

"生产成本"科目和"制造费用"科目虽然名为成本、费用,实际上却是资产。这两个科目记载生产车间在生产制造环节中的投入,包括投入的原材料、人工费用、水电费支出,以及机器设备的耗费和生产厂房租金等。生产制造环节的投入形成了在制品(正在加工的产品)的账面价值。

1. 生产成本

"生产成本"科目按产品品种设立明细科目,记载生产制造环节对个别品种的直接投入,包括投入的原材料和生产工人的工资等,直接投入构成了在制品账面价值的主要部分。

例如,领用原材料时,登记"生产成本—书桌"明细科目增加(借记),对应登记"原材料—木材"明细科目减少(贷记),资产的具体形态由原材料转换为在制品。

生产工人的当月工资通常到下个月才发放。当月月末,按应付生产工人的工资,登记"生产成本—书桌"明细科目增加(借记),对应登记"应付职工薪酬—生产工人"明细科目增加(贷记),

资产和负债同步增加。负债要用资产来偿还,所以,账务处理是把未来(也就是下个月)流出的资产(银行存款)转移到本期的在制品账面价值中。

"生产成本"听起来和"营业成本"差不多,但前者是资产,后者是损益。看到"生产成本"科目余额,就应联想到处于流水生产线上的在制品的账面价值。

2. 制造费用

"制造费用"科目记载生产制造环节对所有品种的共同投入,例如,车间管理人员的工资、水电费支出、机器设备的耗费,以及生产厂房的租金等。"制造费用"科目按费用类别设立明细科目。

在月末,按应付车间管理人员的工资,登记"制造费用—管理人员工资"明细科目增加(借记),对应登记"应付职工薪酬—车间管理人员"明细科目增加(贷记);按应付水电费和厂房租金分别登记"制造费用—水电费"和"制造费用—生产用房租金"明细科目增加(借记),对应登记"其他应付款"科目增加(贷记)。

"制造费用"科目月末不留余额,其发生额全部分配给各个品种负担,把共同投入转换为个别投入。

3. 制造费用转生产成本

资产负债表日,为了准确核算每种在制品的账面价值,应把当月归集的制造费用分配至各个品种,就是把共同投入转为个别投入。

通常按不同品种的当月生产工时占总生产工时的比重,或按不同品种的当月产量占总产量的比重来分配制造费用。这样,当月生产制造环节的全部投入(包括个别投入和共同投入)就最终体现为"生产成本"科目的当月发生额(图3.2)。

"生产成本"科目的期末余额就是当月未完工产品(在制品)的账面价值,构成存货的一部分。

案例:账实相对的困难

某上市公司 2000 年 12 月 31 日的资产负债表显示存货余额为 279 344 857.29 元。其中,存货的主体是在制品,"生产成本"科目的账面余额为 229 742 603.02 元。该上市公司和审计人员

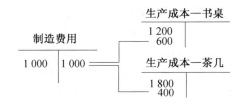

图 3.2　结转制造费用

说,在制品都在鱼塘里,就是游来游去的鱼儿,而且,该上市公司的精养鱼塘推行高密度鱼鸭配套养殖技术,每亩平均产成鱼由 350 千克提高到了 1 000 千克,加上养鸭收入,每亩平均收入由 1 400 元提高到近万元。而同样是在该省份养鱼,另一家上市公司拥有 6.5 万亩鱼塘,养殖收入每年五六千万元,算下来,每亩鱼塘的平均收入还不到 1 000 元。

实际上,存货的账实相对是很困难的,监盘人员很难确定所见存货的权属、质量、体积究竟怎样,也就很难判断其账面价值是否正确。

(三)库存商品

在制品当月完工入库的,就转为库存商品,登记"库存商品"科目增加(借记),对应登记"生产成本"科目减少(贷记)。

销售库存商品的,在发出库存商品期间,登记"库存商品"科目减少(贷记),对应登记"主营业务成本"科目增加(借记),把发出商品的账面价值计入营业成本,这是获取收入所付出的直接代价。

既然销售商品是把库存商品变现,那么,为什么账务处理不是把库存商品转换成银行存款?为什么不是资产具体形态的转换?账户不是跟着资产走吗?

销售商品固然是用库存商品换回银行存款,但是,在销售环节要按取得的银行存款核算收入,要按发出商品的账面价值核算营业成本,还要核算费用,涉及几个虚账户,因此,不能按资产具体形态的转换进行账务处理。

案例：实物盘查审计的起源

美国的朱利安·汤普森公司融资给麦克森－罗宾斯（McKesson & Robbins）药材公司，也因此监管着后者的财务。在审查药材公司1937年的会计报表时发现了两个重大问题：(1)虽然会计报表显示经营制药原料的部门盈利很好，但该部门却没有现金积累，反而要从其他部门调集资金来维持经营。(2)药材公司董事会一再要求减少存货，结果，存货反而增加了100万美元。汤普森公司请求美国证券交易委员会介入调查。

调查发现，药材公司1937年12月31日的合并资产负债表的资产总额8 700万美元中，有1 907.5万美元是虚构的。其中，虚构制药原料1 000万美元，虚构了提供制药原料的加拿大卖主；虚构应收账款900万美元，虚构银行存款7.5万美元，还虚构了由蒙特利尔银行代收。在1937年12月的合并利润表中虚构销售收入1 820万美元，虚构了天然药的销售代理商Smith有限公司，虚构毛利180万美元。

药材公司制药原料部门的盈利能力是虚构的，当然不会有现金积累；而存货是最容易虚构的资产，所以，存货就不减反增了。

药材公司每年都聘请著名的普赖斯·沃特豪斯会计师事务所做审计。汤普森公司提出因信赖其审计报告而融资给药材公司，要求该会计师事务所赔偿其融资损失。会计师事务所则认为审计已经遵循了美国注册会计师协会1936年颁布的《财务报表检查》（Examination of Financial Statement）的各项规则，审计失败是药材公司内部人员合谋导致的，会计师事务所无法查出这样的舞弊，不愿意承担赔偿责任。

当时的审计程序重账册凭证审计，轻实物监盘审核；重视企业内部证据，忽视外部审计证据。在药材公司破产案件的听证会上，专家们提供的证词均指出了审计程序上的这些不足之处。美国证券交易委员会就此颁布了新的审计程序规则：如果应收账款在流动资产中占较大比例，审计人员应向对方询证应收账款的真实性；在评价存货时，审计人员应当进行实物盘查。

(四) 合同履约成本

"合同履约成本"名为成本,其实是资产,是把履行销售合同过程中所发生的特定支出记作资产。例如,建筑施工企业每年都会签订很多合同,有采购合同、广告合同、劳务合同、咨询合同、委托合同、测绘合同、租赁合同、承包合同、分包和转包合同等。为了掌握每一份合同的履约情况,建筑施工企业开发了一套合同履约管理系统,这个管理系统能够长期使用,也就是说,"能够形成一项资源,且该资源能够为履行后续的合同义务提供帮助",并预期能够通过取得合同收入来收回所开发的管理系统的支出。于是,根据《企业会计准则第14号——收入》(财会〔2017〕22号)第二十六条的规定,这样的支出不计入费用,而是记作资产,命名为"合同履约成本"。

账务处理是按开发管理系统的支出登记"合同履约成本"科目增加(借记),对应登记"银行存款"科目减少或"应付账款"科目增加(贷记)。

合同履约成本的后续计量,主要是计量其日常耗费,又称为摊销。如果预计摊销期限不超过一年,就属于流动资产,归入存货;预计摊销期超过一年的,就作为非流动资产,填列在资产负债表的"其他非流动资产"项目中。

摊销的节奏是跟着合同收入的确认走。合同收入逐步确认,摊销也就逐步进行。在确认合同收入的期间,按归属该期间的摊销额登记"合同履约成本"科目减少(贷记),对建筑施工企业而言,"合同履约成本"的摊销(耗费)是为取得合同收入而付出的直接代价,所以对应登记"主营业务成本"科目增加(借记)。

(五) 存货的减值

《企业会计准则第1号——存货》(财会〔2006〕3号)第十五条规定:"资产负债表日,存货应当按照成本与可变现净值孰低计量。"

资产负债表日,如果存货的可变现净值低于账面价值(成本),应当确认减值,将存货账面价值调低至可变现净值。

存货减值的账务处理是按减值额登记"资产减值损失"科目

增加(借记),但对应不是登记存货账面价值的减少,而是登记"存货跌价准备"科目增加(贷记)(图3.3)。

```
资产减值损失
    存货跌价准备
```

图3.3　记载存货减值

"存货跌价准备"是存货的备抵账户,资产备抵账户的记账方向和资产账户相反。因为存货减值毕竟只是预计损失,存货实物尚在,如果直接减少存货的账面价值,就无法和存货毁损等实际损失相区别了。

准备是资产的预计损失数额。"对于不确定的债务,以及对于由不确定的行为产生的迫近的损失,应当提取准备金。"(《德国商法典》第249条)

存货中的合同履约成本,也存在减值的可能,按所开发的合同履约管理系统的减值额登记"合同履约成本减值准备"科目增加(贷记),对应登记"资产减值损失"科目增加(借记)。

存货净值=存货账面价值-存货跌价准备

资产负债表"存货"项目反映存货净值。
对资产提取减值准备是会计核算稳健性原则的要求。

巴苏(Basu,1997)认为:"稳健性原则对于会计实务的影响至少有500年的历史。"[①]布利斯(Bliss,1924)将早期的稳健性思想

---

① BASU S. The conservatism principle and the asymmetric timeliness of earnings[J]. Journal of Accounting and Economics, 1997(24):3-37.

表述为"不预计收益但预计所有的损失"①。罗伯特·R.斯特林（Robert R Sterling,1967）称之为"会计计量中最古老同时也可能是最普及的原则"②。巴苏（Basu,1997）则将稳健性原则表述为"会计师把好消息确认为收益时要比把坏消息确认为损失时有着更高的可证实度"③。但曾获得美国会计学会（AAA）会计学术文献重大贡献奖的瓦茨（Watts,2003）对此有不同的看法,他认为稳健性原则对利得和损失要求不同程度的可证实性,将导致对净资产的低估④。

准备类科目除了存货跌价准备、合同履约成本减值准备之外,还有后面将陆续出现的固定资产减值准备、投资性房地产减值准备、债权投资减值准备和坏账准备等。

减值准备反映预计减少的资产数额,可理解为负资产。负资产越多,资产净值就越少。提取减值准备的账务处理是负资产增加（即资产减少）,损失增加。

存货是流动资产。流动资产的减值在后期得以恢复的,已经记录的减值准备和资产减值损失可以转回,按转回数额登记"资产减值损失"科目减少（贷记）,对应登记"存货跌价准备"科目减少（借记）。负资产减少（即资产增加）,冲减损失。

如果存货减值后,其市场价格从底部回升得很快,以至于都高于存货的历史成本了,则存货的账面价值记到其历史成本为止,不能再往上记了。

---

① BLISS J H. Management through accounts[M]. New York: The Ronald Press Co, 1924.

② ROBERT R S. Conservatism: The fundamental principle of valuation in traditional accounting[J]. Abacus, 1967,3(2):110.

③ The accountant's tendency to require a higher degree of verification to recognize a good news as gains than to recognize bad news as losses.

④ WATTS R L. Conservatism in accounting part Ⅱ: Evidence and research opportunities[J]. Accounting Horizons,2003,17(4):287-301.

案例：减值准备的"储备"

泰科国际有限公司（Tyco International Ltd.，以下简称泰科公司）于 1973 年在纽约证券交易所上市，2004 年位列全球 500 强的第 91 名。泰科公司是借助兼并和收购发展壮大的，该公司对兼并收购的账务处理采用购买法（purchase method），即被兼并企业在购买日之后实现的利润才可并入购买方的合并会计报表。

AMP 公司在 1998 年 11 月成为泰科公司的收购对象。AMP 公司 1998 年第四季度的净利润为 8 500 万美元。但在 1999 年第一季度，AMP 公司计提了大量的存货跌价准备，导致该季度亏损 1 200 万美元。1999 年 4 月 2 日，泰科公司完成了对 AMP 公司的收购，这一天就是并购核算的购买日。自购买日开始，AMP 公司不仅不用再提取存货跌价准备了，而且还能把以前多计提的存货跌价准备予以转回。于是，AMP 公司 1999 年第二季度实现利润 24 500 万美元。在 1999—2001 年的 3 年时间里，泰科公司兼并了数百家企业，被兼并企业基本上都是在兼并之前使劲儿计提各类费用和资产减值准备。

（六）盘亏和盘盈

存货的盘亏、盘盈，是指在"账实相对"的财产清查中，发现存货的实存量比账面记载的更少或更多。

1. 盘亏

发现存货盘亏的，为了账实相符，账务处理是按盘亏存货的账面价值登记存货相关科目减少（贷记），对应登记"待处理财产损溢—存货"明细科目（借记），先把问题留给"待处理财产损溢"科目。

"待处理财产损溢—存货"是资产类科目，其借方发生额表示"虚拟存货"的增加额，盘亏的账务处理就成了资产具体形态的转换，把盘亏的存货转为虚拟存货，先不影响企业的资产总额。

到了月末，盘亏的原因仍未查清的，"待处理财产损溢—存货"明细科目的借方余额，即虚拟存货的余额，就反映在资产负债表的"其他流动资产"项目中。

存货盘亏的原因查清楚之后,就要把虚拟存货转入其他账户(图3.4),结平"待处理财产损溢—存货"明细科目。

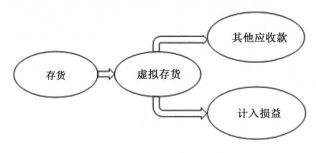

图 3.4　存货盘亏

- 存货盘亏由保管责任人赔偿的,把虚拟存货转为现实的资产(其他应收款);
- 存货盘亏属于自然灾害造成的损失,把虚拟存货归零,把虚拟存货的减少额计入营业外支出;资产灭失,损失增加;
- 存货盘亏属于其他原因的,虚拟存货也要归零,把虚拟存货的减少额计入管理费用;资产耗费,费用增加。

2. 盘盈

存货盘盈的,为账实相符,按盘盈存货的入账价值登记存货相关科目增加(借记),对应登记"待处理财产损溢—存货"明细科目(贷记)。先把问题留给"待处理财产损溢"科目。

"待处理财产损溢—存货"明细科目的贷方发生额表示虚拟存货的减少。因此,存货盘盈的账务处理表示实物存货增加,虚拟存货同步减少,资产总额不变。

到了月末,盘盈原因仍未查清的,"待处理财产损溢—存货"明细科目就有贷方余额,该贷方余额的性质是负资产,就是"负"的虚拟存货,以负数反映在资产负债表的"其他流动资产"项目中。如果资产负债表中的其他流动资产是负数,通常就是"负"的虚拟存货。

待盘盈原因查清之后,要把"负"的虚拟存货转入其他账户,登记"待处理财产损溢—存货"明细科目增加(借记),将该明细账

户结平,把"负"的虚拟存货归零,增加资产总额,对应登记则分为两种情况:

● 盘盈存货归企业所有的,形成账面收益,对应登记"管理费用"科目减少(贷记)。"负"的虚拟存货减少(即存货增加),费用也减少。

● 盘盈存货属于其他单位暂存于本企业的,作为对其他单位的负债,对应登记"其他应付款"科目增加(贷记);"负"的虚拟存货减少(即存货增加),负债也同步增加。

二、固定资产

"固定"是指资产在具体形态上的长期不改变,例如,房屋和机器设备等大型资产。正是因为这些大型资产的长期存在,才构建了企业的生产经营能力。

(一)计量

1. 原值

固定资产的计量属性是历史成本,其初始账面价值由购买价款、相关税费,以及达到预定可使用状态前所发生的其他相关支出(例如,场地整理费、运输费、装卸费、安装费和专业人员服务费等)等构成。

自行建造的固定资产,其初始账面价值由建造该项资产达到预定可使用状态前所发生的必要支出构成。

投资者投入的固定资产,其初始账面价值按投资协议约定的价值确定,但约定价值不公允的,应当调整为投资时的公允价值。

固定资产的初始账面价值又称为原值。"固定资产"科目记载原值的增加和减少。固定资产在购入以后所发生的改造和大修理支出,视为对原值的添附,登记"固定资产"科目增加(借记)。

2. 折旧

固定资产有较长的使用年限。会计核算上假定其耗费是在使用年限内均衡发生的,因此会计核算的固定资产耗费并非其实际耗费,而仅是其理论耗费。无论对固定资产使用得多么小心、保管得多么完好，会计期间都要均衡地反映其理论耗费。对此，马克思在《资本论》中有过论述："机器之物质磨损是二重的，其一由于使用，好像铸币会在流通中磨损一样；其二由于不使用，好像剑藏鞘中不用，也会生锈。"

马库斯·维特鲁威·波利奥（Marcus Vitruvius Pollio）是古罗马帝国的御用建筑工程师，先后为恺撒大帝和奥古斯都皇帝服务。他制造过攻城的设施。他写过的最为有名的著作是十卷本的《建筑十书》，这是欧洲中世纪以前唯一的建筑学专著，极力推崇当时古希腊的建筑经验。他在该著作中提出了建筑的三要素：持久、有用、美观。维特鲁威提出城墙砌成时的原始成本每年减去十八分之一后的数额才是城墙的剩余价值。

固定资产的耗费导致其变旧了，把固定资产日常耗费计入费用，称为计提折旧。

固定资产在使用年限终结时通常会有残值，残值不计入固定资产的理论耗费。在初始计量时，就应当预计固定资产的残值是多少。

预计净残值＝预计残值收入－预计清理支出

固定资产原值扣除预计净残值后的余额就是固定资产在使用年限内的理论耗费总额，也就是折旧总额。

关于折旧的性质，有3种观点。

- 转移论：计提折旧是将固定资产的耗费转移到产品的价值中。
- 配比论：把折旧计入费用是为了和营业收入相配比，以便核算经营成果。
- 投资收回论：计提折旧是为了在销售商品回收的资金中，留出折旧基金；在固定资产用尽时，就有钱来置换新的。

转移论能够解释生产制造环节发生的固定资产耗费,这些耗费转移至在制品中,增加了在制品的账面价值。但是,管理部门固定资产的耗费却无法转移给在制品,就作为对收入的间接贡献,计入费用,这符合配比论。

投资回收论是英国杰出的会计学家巴克斯特(Baxter,1906—2004)教授提出的,他说:"你迟早会接受这样的观点,即折旧的目的是积累资产耗尽时需要更新的资金。"计提折旧和积累资金二者其实并无关联;销售产品很可能只是取得了应收账款,并没有收到现金,等到固定资产耗尽时,能否有更新的资金,要看企业的银行存款有多少,而和提取了多少折旧没有关系。

无论对折旧的性质持怎样的观点,计提折旧的方法都是一样的,这样就使对折旧性质的争辩留在了理论层面。

最常用的折旧方法是年限平均法(又称为直线折旧法),即在固定资产使用年限内平均分配折旧总额。那些固定资产更新较快的行业,允许使用加速折旧法(又称为递减折旧费用),就是在使用年限的前期多提折旧,在使用年限的后期少提折旧。加速折旧和直线折旧的区别如图 3.5 所示。

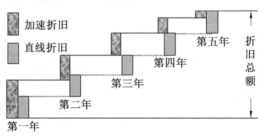

图 3.5 加速折旧和直线折旧的区别

《财政部 国家税务总局关于进一步完善固定资产加速折旧企业所得税政策的通知》(财税[2015]106 号)规定:"对轻工、纺织、机械、汽车等四个领域重点行业的企业 2015 年 1 月 1 日后新购进的固定资产,可由企业选择缩短折旧年限或采取加速折旧的方法。缩短折旧年限的,最低折旧年限不得低于企业所得税法实施条例第六十条规定折旧年限的 60%;采取加速折旧方法的,可采取双倍余额递减法或者年数总和法。企业根据自身生产经营需要，也可选择不实行加速折旧政策。"

"累计折旧"科目记载固定资产的日常耗费。"累计折旧"属于资产类科目，但其性质是负资产，是固定资产的备抵账户，记账方向和资产科目相反：左边登记减少，右边登记增加。

月末计提折旧时，登记"累计折旧"科目增加（贷记），对应登记分为几种情况：生产车间的固定资产折旧，对应登记"制造费用"科目增加（借记）；管理部门的固定资产折旧，对应登记"管理费用"科目增加（借记）；销售部门的固定资产折旧，对应登记"销售费用"科目增加（借记）。

案例：从"黄金"到"垃圾"

美国废弃物管理公司（Waste Management Inc.，前身为 USA Waste Services Inc.）于1968年创立，1971年在纽约证券交易所上市，是美国最大的国有企业之一，曾经是世界上最大的固体和危险废弃物处理企业。《华盛顿邮报》曾于1991年盛赞它是"垃圾中的黄金"。但仅仅两年后的1993年，《华盛顿邮报》又说它"看起来更像是垃圾"。

美国废弃物管理公司的主要固定资产是车船。原先规定每辆卡车的使用年限为8年且预计净残值为零，后来将使用年限扩至12年且将预计净残值定为3万美元，缩小了折旧额。截至1996年年末，美国废弃物管理公司累计少计提车辆、船、设备和容器器具等固定资产折旧合计5.09亿美元。这么做，不但虚增了固定资产的账面价值，也虚增了利润，让财务状况和经营成果"比翼齐飞"。

3. 减值

资产负债表日，如果固定资产的市场价格大幅下跌或实体遭到损坏等，导致其可收回金额低于账面净值（=原值-累计折旧），就说明其实际耗费已经超过了理论耗费，导致其可收回金额低于账面价值,这种情况下,应确认固定资产减值。

《企业会计准则第 8 号——资产减值》(财会〔2006〕3 号)第六条规定,资产的估计可收回金额是指下面两个数值的较高者:

- 资产的公允价值减去处置费用后的净额。
- 资产未来能带给企业的现金流量的现值。

固定资产的减值,曾经是折旧的一部分。美国财务会计准则委员会《第 12 号标准会计惯例说明——折旧会计》曾提出,折旧就是"计量固定资产的磨损、消耗或其他损失。无论这种磨损、消耗或其他损失起源于使用期满,还是由于技术和市场变化而过时"。

在账务处理上,固定资产的减值,不能减少固定资产原值,因为实体仍在。减值记入固定资产的备抵账户,按减值额登记"固定资产减值准备"科目增加(贷记),对应登记"资产减值损失"科目增加(借记),把固定资产账面净值的减少计入损失。

非流动资产往往价值巨大,其减值准备一经提取就不能再转回了。会计准则做出这样的规定,是防止企业通过反复提取和转回巨额减值准备来调整资产总额和调节利润。

固定资产账面净值=固定资产原值-累计折旧-固定资产减值准备

资产负债表的"固定资产"项目,反映固定资产的账面净值。

存货按"成本和可变现净值孰低"来调整存货的账面净值。固定资产也是类似按"历史成本与可回收金额孰低"来调整账面净值,并非不折不扣地执行历史成本计量属性。

(二)盘亏和盘盈

1. 盘亏

固定资产盘亏的,按账实相符的核算原则,在账务处理上应当把盘亏固定资产的账面净值转销,即按科目余额反向登记"固定资产""累计折旧"和"固定资产减值准备"科目,把这 3 个科目结平,对应登记"待处理财产损溢—固定资产"明细科目增加(借记)(图3.6),把问题留给"待处理财产损溢—固定资产"明细科目。

```
待处理财产损溢—固定资产
累计折旧
固定资产减值准备
    固定资产
```

图 3.6　固定资产盘亏

"待处理财产损溢—固定资产"明细科目的借方发生额表示虚拟固定资产的增加额。上述账务处理,是资产具体形态的转换,把固定资产的盘亏额转换为虚拟固定资产,资产总额保持不变。

在会计期末,如果盘亏原因仍未查清,"待处理财产损溢—固定资产"明细科目的借方余额,也就是虚拟固定资产余额,填入资产负债表的"其他非流动资产"项目。

查清盘亏原因之后,"待处理财产损溢—固定资产"明细科目的借方余额转入其他科目。应当由责任人赔偿的,转入"其他应收款—责任人"明细科目,把虚拟固定资产转为现实资产;其他情形的,将虚拟固定资产的账面价值归零,即登记"待处理财产损溢—固定资产"明细科目减少(贷记),结平该科目,对应登记"营业外支出—固定资产盘亏损失"明细科目增加(借记),把虚拟固定资产的减少额计入损失。

2. 盘盈

盘盈固定资产的计量属性是重置成本,同类或类似固定资产的市场价格减去按该固定资产的新旧程度估计的价值耗费后的余额就是重置成本。但如果同类或类似固定资产不存在活跃市场,也就无法用上述方法确定重置成本。盘盈固定资产在未来能够产生现金流量的,可以把预计未来现金流量的现值,作为盘盈固定资产的入账价值,其计量属性就成了现值。

盘盈的固定资产,往往是企业在以前年度漏记的固定资产。账务处理是按盘盈固定资产原值登记"固定资产"科目增加(借记),按原值和重置成本(或现值)的差额,登记"累计折旧"科目增加(贷记);按重置成本(或现值)对应登记"以前年度损益调整"科目的收益增加(贷记)。

以前年度的记账差错可分为两种类型:第一类差错只影响资产和负债,例如,应记入"其他应收款"科目的金额,错记入"应收账款"科目;第二类差错除了影响资产和负债外,还影响损益,例如,算错了折旧额。对第二类差错的更正,就涉及到登记"以前年度损益调整"科目。

"以前年度损益调整"科目的发生额,不属于本年度的损益,不能转入"本年利润"账户,而是转入"利润分配—未分配利润"明细科目,并且只能调整未分配利润的年初余额,即不能影响本年度所有者权益的发生额。因为盘盈固定资产是以前年度漏记造成的,应当影响以前年度而不是影响本年度,账务处理就通过调整未分配利润年初余额的方式,来实现更正记账差错只影响以前年度而不影响本年度之核算目的。

"以前年度损益调整"科目的发生额转入未分配利润的年初余额,将导致未分配利润的本年年初余额和上年年末余额不一致。

固定资产盘盈本来是影响损益的记账差错,而且该差错涉及了一系列账户的差错。例如,以前年度少计了固定资产原值,也就少计提了折旧,折旧计入费用,就涉及到费用账户,费用还要转入"本年利润"账户,最后再转入"利润分配—未分配利润"明细账户,影响面比较大。

但在本年度(发现年度)记账时,已经不能再打开以前年度的账簿进行上述一系列的补记账,会计准则就采取了这样的处理方法:用一次记账来解决上述一系列的问题。对于以前年度少计提折旧的,按应补计提的折旧额登记"累计折旧"科目增加(贷记),对应登记"以前年度损益调整"科目的损失增加(借记)。

在会计期末,将"以前年度损益调整"科目结平,即其借贷方发生额之差额(或者说是账户余额)转为调整"利润分配—未分配利润"明细账户的年初余额,不影响发现年度的损益,也不影响发现年度的所有者权益的发生额。

(三)清理

固定资产清理是指固定资产因实体损坏而丧失功能后的报废,以及对落后的固定资产进行的淘汰处理。固定资产的正常转让通常称为处置。

1. 转销固定资产净值

财务处理是把待清理固定资产的账面净值转至"固定资产清理"科目,即按账户余额反向登记"固定资产""累计折旧"和"固定资产减值准备"科目,结平该3个科目,对应登记"固定资产清理"科目增加(借记)(图3.7)。

图 3.7 结转待清理固定资产

"固定资产清理"科目记载待清理固定资产的账面净值,仍然属于非流动资产。转销的账务处理是资产具体形态的转换,从固定资产转换为"固定资产清理"。

"固定资产清理"科目还记载清理过程中发生的清理支出和清理收入。

2. 清理支出、清理收入及清理损益

清理支出是清理固定资产过程中的花费,如人工费、运输费、必要的修理支出等。清理支出视为待清理固定资产账面价值的添附,是把支出的银行存款转换为"固定资产清理"的账面价值,这也是资产具体形态的转换(图3.8)。

清理收入主要是固定资产的残值收入,但其只是名为收入,并不是利润表的收入,不是损益意义上的收入。对清理收入的账务处理表现为资产具体形态的转换,把"固定资产清理"的账面价值的全部(或一部分)转换为银行存款。

在登记清理支出和清理收入之后,"固定资产清理"科目就可

图 3.8　登记清理支出和清理收入

以结出余额,例如图 3.8 为贷方余额 200。清理完成之后,"固定资产清理"科目应当结平,因为固定资产实体离开企业了,"固定资产清理"科目也不应该再保留余额了,对应反映清理损益。

清理损益 = 清理收入 − 清理费用 − 固定资产账面净值

"固定资产清理"科目借方余额,表示有若干金额的固定资产在清理中未能转换为银行存款。结平"固定资产清理"科目,就形成了清理损失。如果"固定资产清理"科目是贷方余额,就产生了清理收益。

结平"固定资产清理"科目的对应登记分为两种情况:

● 正常出售落后、淘汰的固定资产的清理损益,对应登记"资产处置损益"科目。

● 毁损、报废固定资产的清理损益,对应登记"营业外支出——非流动资产报废"明细科目。

如果待清理固定资产在月末尚未清理完毕,即清理跨月度的,则资产负债表的固定资产项目就填列固定资产净值和"固定资产清理"科目借方余额的合计数。

三、在建工程和工程物资

处于建设施工中的房屋,以及处于安装调试中的设备,记入"在建工程"科目。购买的用于在建工程的物资,记入"工程物资"科目。建设期间使用工程物资的,相关金额由"工程物资"科目转入"在建工程"科目;建设期间发生的其他支出也记入"在建工程"科目,增加在建工程的账面价值。

长期借款用于在建工程,并且工程建设期超过 12 个月的,归属建设期间负担的借款利息支出,属于资本性支出,增加在建工程的账面价值,称为借款利息支出的资本化(图3.9)。

```
在建工程
应付利息
```

图 3.9 借款利息支出的资本化

会计核算上把支出分为收益性支出和资本性支出,前者把支出费用化,计入当期损益;后者把支出资本化,计入当期的长期资产,然后再逐期将长期资产的耗费(折旧和摊销)计入损益。

借款利息支出资本化也是资产具体形态的转换,把减少(或未来减少)的银行存款转换为在建工程。

在建工程是固定资产的前身。在建工程经过竣工验收合格的,就转为固定资产。转为固定资产之后,继续发生的借款利息支出,就不能再资本化了,应作为收益性支出计入费用,登记"财务费用"科目增加(借记)。否则,固定资产的原值将长期处于不断增加的状态中,折旧总额也将处于长期的变动中。

案例:利息支出资本化的一箭双雕

美国废弃物管理公司自 1989 年起,就将已建成并交付使用的垃圾掩埋场的贷款利息支出继续资本化,并在会计报表附注中做了"巧妙的"表述:"利息支出已经按照第 34 号准则的要求予以资本化。"1989—1997 年,美国废弃物管理公司将很多应计入财务费用的利息支出做了资本化处理,用于增加长期资产的账面价值;还以"经久耐用"的名义把公司两大系统的开发费用也给资本化了,并分别按 10 年和 20 年摊销;又把财产保险的支出给资本化了,按 15 年摊销。1992—1996 年,美国废弃物管理公司累计将 1.92 亿美元的利息费用资本化,如此账务处理既能夸大资产总额,同时也能虚增利润。

四、投资性房地产

企业购置或建造的房地产,如果不用作厂房、仓库、办公室和员工住宿,总之,没有用于构建长期生产经营能力,而是意图在价格上涨时抛售获利或者用于出租,这样的房地产就不具有固定资产的功效,应作为投资资产,记入"投资性房地产"科目。

投资性房地产属于非流动资产。投资性房地产很难做到今天买进明天卖出,其价值巨大,交易时间长,交易环节多。这或许能够解释为什么很多人守得住房子,却守不住上涨期间的股票。

(一)初始计量

外购投资性房地产的初始账面价值和固定资产原值的计量口径一致,包括购买价款、相关税费以及直接归属于该房地产的其他相关支出。

自行建造的投资性房地产,其初始成本由建造该房地产并达到预订可使用状态前所发生的必要支出构成。

投资性房地产的装修、改造和扩建等后续支出也属于初始计量,在"投资性房地产—在建"明细科目中核算。

- 在决定改扩建和装修期间,将"投资性房地产"科目的余额转入"投资性房地产—在建"明细科目;
- 发生后续支出时,登记"投资性房地产—在建"明细科目增加(借记),对应登记"银行存款"科目减少(贷记);
- 改扩建和装修完成后,将"投资性房地产—在建"明细科目的余额转入"投资性房地产"科目。

如果后续支出的资金来源于借款,而且改扩建和装修时间超过12个月的,借款利息支出可以资本化,登记"投资性房地产—在建"明细科目增加(借记),对应登记"应付利息"科目增加(贷记),资产和负债同步增加。借款利息支出资本化,其实是把后期支付利息的银行存款提前转换为本期的投资性房地产账面价值。但竣工验收之后发生的借款利息支出,就不能再资本化了。

投资性房地产后续发生的零星小额支出作为费用性支出,计入其他业务成本。登记"银行存款"科目减少(贷记),对应登记"其他业务成本"科目增加(借记)。根据收入和费用的配比原则,投资性房地产的租金收入应计入其他业务收入,相关支出就计入其他业务成本。

(二)后续计量

后续计量有别于后续支出,它是在初始计量之后,每逢资产负债表日对投资性房地产账面价值所做的调整,以及对租金收益的计量。后续计量有成本模式和公允价值模式两种计量模式。

1. 成本模式

成本模式和固定资产的后续计量一样,包括提取折旧和提取减值准备。

折旧是投资性房地产的日常耗费,是理论耗费,按月折旧额登记"投资性房地产累计折旧"科目增加(贷记),对应登记"其他业务成本"科目增加(借记)。

成本模式下,投资性房地产的租金收入记入"其他业务收入"科目。

资产负债表日,投资性房地产的预计可收回金额低于账面净值(=账面价值-投资性房地产累计折旧)的,应确认减值损失,按减值额登记"投资性房地产减值准备"科目增加(贷记),对应登记"资产减值损失"科目增加(借记)。投资性房地产属于非流动资产,其减值准备一经提取就不能再转回了。

$$投资性房地产账面净值 = 投资性房地产账面价值 - 投资性房地产累计折旧 - 投资性房地产减值准备$$

资产负债表的"投资性房地产"项目反映其账面净值。

2. 公允价值模式

投资性房地产所在地有活跃的房地产交易市场,能够取得同类或类似房地产的市场价格及其他相关信息,从而对投资性房地产的公允价值做出合理估计的,可以采用公允价值模式计量。

投资性房地产选择公允价值模式的,设立"成本"和"公允价值变动"两个明细科目,其初始成本记入"投资性房地产—成本"明细科目。

资产负债表日,按公允价值变动额登记"投资性房地产—公允价值变动"明细科目,对应登记"公允价值变动损益—投资性房地产"明细科目,反映公允价值变动对损益的影响。

公允价值模式下,出租投资性房地产所取得的租金收入,也是记入"其他业务收入"科目。但和租金收入相匹配的营业成本无法在登记时同步体现,只有在处置投资性房地产时,再将被处置的账面价值计入其他业务成本。

公允价值计量模式在实务操作中并不很受欢迎(表3.3)。

表3.3 上市公司投资性房地产采用计量模式统计表

年度	上市公司总数	有投资性房地产的上市公司	公允价值计量模式		成本计量模式	
			公司数量	占比	公司数量	占比
2007	1 658	627	18	2.87%	609	97.13%
2008	1 712	699	22	3.01%	677	96.99%
2009	1 860	764	26	3.40%	738	96.60%
2010	2 215	859	27	3.14%	832	96.86%
2011	2 449	929	32	3.44%	897	96.56%
2012	2 577	1 003	46	4.59%	957	95.41%
2013	2 621	1 074	51	4.75%	1 023	95.25%
2014	2 739	1 173	55	4.69%	1 118	95.31%
2015	2 923	1 236	56	4.53%	1 180	95.47%

(资料来源:黄玲萍.投资性房地产公允价值计量模式的利弊分析:以前海某房地产企业的会计政策为例[J].国际商务财会,2018(4):91.)

3. 后续计量模式的转换

投资性房地产采用成本模式计量的,可转为按公允价值模式计量。在转换日进行账务处理。

首先,把原成本模式下投资性房地产的账面净值转销,即按科目余额反向登记"投资性房地产""投资性房地产累计折旧"和"投资性房地产减值准备"科目,结平这3个科目,对应地,按转换日的公允价值对应登记"投资性房地产—成本"明细科目增加（借记），完成不同模式下资产账面价值的交接，二者（现公允价值和原账面净值）的差额用于调整未分配利润的年初余额，登记"利润分配—未分配利润"明细科目的年初余额（图3.10）。因为会计准则不允许借资产计量模式转换来调整当期损益和所有者权益的发生额。

```
投资性房地产—成本
投资性房地产累计折旧
投资性房地产减值准备
投资性房地产
利润分配—未分配利润
```

图3.10　成本模式转为公允价值模式

《企业会计准则第3号——投资性房地产》（财会〔2006〕3号）第十二条规定："已采用公允价值模式计量的投资性房地产，不得从公允价值模式转为成本模式。"

这种不对称的规定是有讲究的。先选择成本模式，在市场好的时候改为公允价值模式，是可以的，视同一开始就选择了后者。而先选择了公允价值模式，在市场不好的时候，想改为成本模式，就是想借助计量模式的转换来虚增资产和利润了。

（三）投资性房地产转为固定资产

投资性房地产可以改变用途，转为企业自用，用于形成长期的生产经营能力，资产的具体形态就变为固定资产了。要达到自用状态，往往还要经过装修和改造，能够自用之日是资产具体形态的转换日。

投资性房地产有两种后续计量模式，而固定资产只有历史成本计量属性，所以，转换日的账务处理也分为两种情况。

1. 转换前按成本模式计量

投资性房地产的成本计量模式和固定资产的计量模式是一样的，都是分别核算原值、折旧和减值。因而，转换前后的新、老账户之间是一一对应的（表3.4）。

表 3.4　投资性房地产转为固定资产转换前后的账户对应

	原投资性房地产	现固定资产
原值	投资性房地产	固定资产
折旧	投资性房地产累计折旧	累计折旧
减值	投资性房地产减值准备	固定资产减值准备

2. 转换前按公允价值模式计量

按转换日的房地产公允价值登记"固定资产"科目增加,对应登记是转销投资性房地产的账面价值,即按科目余额反向登记"投资性房地产—成本""投资性房地产—公允价值变动"明细科目,结平这两个明细科目,转换日的公允价值和原账面价值的差额计入损益,仍对应登记"公允价值变动损益"科目(图 3.11)。

```
固定资产
    投资性房地产—公允价值变动
    投资性房地产—成本
    公允价值变动损益
```

图 3.11　投资性房地产转为固定资产

既然会计准则一向不允许通过转换资产计量模式来调节损益,为什么上述资产账面价值转换差额又能计入损益呢?因为房地产在转换前就是按公允价值计量的,即便不转换为固定资产,仍要按公允价值计量,把公允价值变动记入"公允价值变动损益"科目。

(四)固定资产转为投资性房地产

1. 转换后按成本模式计量

这种情况下,原固定资产和现投资性房地产的相关明细科目转换是标准的一一对应关系(表 3.5)。

表 3.5　固定资产转为投资性房地产转换前后的账户对应

	原固定资产	现投资性房地产
原值	固定资产	投资性房地产
折旧	累计折旧	投资性房地产累计折旧
减值	固定资产减值准备	投资性房地产减值准备

2. 转换后按公允价值模式计量

按转换日的房地产公允价值登记"投资性房地产—成本"明细科目增加(借记),对应登记是转销原固定资产的相关账户,即按科目余额反向登记"固定资产""累计折旧"和"固定资产减值准备"科目,结平这 3 个明细科目,对于转换差额,要区分不同的情况处理:

● 转换日的公允价值更小的,说明资产具体形态转换导致资产总额减少,产生了损失,按损失额对应登记"公允价值变动损益"科目的损失增加(借记);

● 转换日的公允价值更大的,说明资产具体形态转换增加了资产总额,但不能因此增加收益,应当按资产增加额对应登记所有者权益增加,即对应登记"其他综合收益"科目增加(贷记)(图3.12)。

```
投资性房产—成本
累计折旧
固定资产减值准备
    固定资产
    其他综合收益
```

图 3.12　固定资产转为投资性房地产

(五) 处置

处置主要是指投资性房地产的转让,应分别核算转让收入和转让成本。

核算转让收入时按取得的转让款登记"银行存款"科目增加(借记),对应登记"其他业务收入"科目增加(贷记)。

转让成本等于投资性房地产的账面净值,但不同的后续计量模式下,转销投资性房地产的账务处理也不相同。

其中,以成本模式计量的,按科目余额反向登记"投资性房地产""投资性房地产累计折旧"和"投资性房地产减值准备"科目;以公允价值模式计量的,按科目余额反向登记"投资性房地产—成本"明细科目和"投资性房地产—公允价值变动"明细科目;两种计量模式均对应登记"其他业务成本"科目增加(借记)。有借必有贷,借贷必相等。

在原按公允价值模式计量的过程中,投资性房地产的公允价值变动对损益的影响反映在"公允价值变动损益——投资性房地产"明细科目中,处置后,该项损益也要改换门庭,转为其他业务收入(图 3.13)。损益还是损益,只是转了科目,换了名目。

```
其他业务收入
  公允价值变动损益
```

图 3.13　处置时结转公允价值变动损益

第四节　金融资产

金融资产按投资回报方式的不同,分为权益性投资和债权性投资两大类。其中,权益性投资主要是指股权投资,包括资产负债表中的长期股权投资和其他权益工具投资两个项目;债权性投资主要是指投资债券,包括资产负债表中的债权投资、其他债权投资两个项目。这些金融资产项目都有同名的账户。另外,还有兼具权益性投资和债权性投资特征的混合金融工具,例如,在一定条件下可以转为股份的债券(可转换公司债)。

一、分类和重分类

(一)分类

1. 分类依据

企业持有金融资产主要有 3 种目的:第一种目的是持有直至投资合同到期,在合同期内稳定地收取利息或股利。第二种目的是短期持有,逢高出售,并不想稳定地收取利息或股利。第三种目的首先是至少持有一年以上,在持有期间稳定地收取利息或股利;其次是一年之后,遇到合适的机会再逢高出售。

基于不同的持有目的,管理金融资产的业务模式也不同,投资合同的现金流量特征也不同。具有相同业务模式和合同现金流量特征的金融资产,采用相同的计量方法。

根据《企业会计准则第 22 号——金融工具确认和计量》(财

会〔2017〕7号）第十六条的规定,按管理金融资产的业务模式和金融资产的合同现金流量特征的不同,从计量方法和账务处理的角度将金融资产划分为以下3类：

- 以摊余成本计量的金融资产；
- 以公允价值计量且其变动计入其他综合收益的金融资产；
- 以公允价值计量且其变动计入当期损益的金融资产。

2. 按摊余成本计量

如果投资金融资产是为了取得长期稳定的现金流入,例如一直持有至债券到期,在这样的业务模式和合同现金流量特征下,债券公允价值的涨跌就完全不会影响债券的账面价值,因为企业不会在公允价值高的时候卖掉债券,公允价值降低也不影响债券的未来现金流量,也就是说,公允价值的变化对债券的投资回报其实没有任何影响。这样的债券记入"债权投资"科目,按摊余成本（历史成本属性）计量。

债权投资的初始账面价值就是初始摊余成本。初始计量之后的资产负债表日,债权投资按期末摊余成本调整账面价值。

期末摊余成本就是期初摊余成本扣除本期收回的摊余成本后的余额。

关于摊余成本的核算,详见本节对"债权投资"的介绍。

3. 按公允价值计量且其变动计入所有者权益

如果在取得金融资产时就决定持有至少一年以上才考虑出售,其合同现金流量特征就是在第一年稳定地收取股利或利息,一年以后可以逢高出货。这样的金融资产属于非流动资产,其"非流动性"并不像债权投资（持有至到期）和固定资产那样稳定和持久,一年之后就可以流动了,而且这样的流动甚至在当前就可以轻易实现,所以,其计量属性设定为公允价值更加合适。

在一年之内虽然能看到金融资产的公允价值上下翻动,但管理业务模式决定了企业不会去变现,其公允价值变动就不属于会计核算上的已实现利得和损失,不能计入损益,而是直接计入所有者权益,对应登记所有者权益类的"其他综合收益"科目。该类金融资产包括持有一年以上再考虑出售的长期债券和持股20%以下的长期股权,前者记入"其他债权投资"科目,后者记入"其他权益工具投资"科目。

4. 按公允价值计量且其变动计入当期损益

如果金融资产只是想短期(不超过一年)持有,就属于流动资产,这样的金融资产既能获取利息和股利收益,又随即可以变现,所以,不但要按公允价值计量,而且,其公允价值变动属于已实现利得和损失,计入当期损益,进入利润表。

其中短期持有的股票,可称为交易性股票;短期持有的债券,可称为交易性债券。二者均记入"交易性金融资产"科目。

(二)重分类

金融资产的重分类是指管理金融资产的业务模式和金融资产的合同现金流量特征发生了改变,导致金融资产计量方法改变而需要对金融资产重新分类。例如,企业决定将持有至到期的债权投资转为短期持有,想在近期逢高出售,该金融资产就应由"债权投资"科目转入"交易性金融资产"科目,其计量方法就从摊余成本计量转为公允价值计量,且其变动计入当期损益。

金融资产重分类前后,因计量方法不同,对损益的影响也不一样,资产账面价值也不一样,但不需要对重分类之前已经确认的利得、损失或利息进行追溯调整。会计准则规定的这个处理原则类似法律适用中的"不溯及既往"原则,又称为未来适用法,即只管以后,不管以前。

二、交易性金融资产

债券、股票和基金等金融资产,如果在取得时就决定只是短期(不超过一年)持有,就归入流动资产,记入"交易性金融资产"科目。交易性金融资产按公允价值计量,其公允价值变动属于已实现利得和损失,计入当期损益。

(一)初始计量

按购入交易性金融资产的支付价款登记"银行存款"科目减

少(贷记),按支付款项所对应内容的不同,分别对应登记不同的科目(图3.14)。

投资收益	1
应收利息	1
交易性金融资产—成本	98
银行存款	100

图 3.14　购入交易性金融资产

● 支付的交易费用,视为投资损失,对应登记"投资收益"科目的损失增加(借记)。

● 交易性金融资产在购入当时就已经包含的股利或利息,属于应收款项,按相应的支付金额,对应登记"应收股利"或"应收利息"科目增加(借记),这是资产具体形态的转换。

● 支付价款扣除前两项支付金额后的余额,就是交易性金融资产的初始投资成本,对应登记"交易性金融资产—成本"明细科目增加(借记)。

(二)后续计量

资产负债表日,按交易性金融资产的公允价值变动额登记"交易性金融资产—公允价值变动"明细科目,反映资产账面价值的变化,对应登记"公允价值变动损益—交易性金融资产"明细科目,反映利得或损失。

利息或股利是交易性金融资产的派生资产。派生资产既增加了资产总额,也增加了经营成果。资产负债表日,登记"应收利息"科目或"应收股利"科目增加(借记);对应登记"投资收益"科目的收益增加(贷记)。

(三)处置

处置就是转让交易性金融资产。按取得的转让款登记"银行存款"科目增加(借记),按账面余额对应登记"交易性金融资产"科目减少(贷记),结平该账户,二者的差额计入金融资产的处置损益,对应登记"投资收益"科目(图3.15)。

```
银行存款            100
    交易性金融资产    98
    投资收益          2
```

图 3.15　处置交易性金融资产

资产的处置损益通常记入"资产处置损益"科目,但金融资产的处置损益均记入"投资收益"科目。

"皮之不存,毛将焉附?"交易性金融资产在持有期间形成的公允价值变动损益,记入"公允价值变动损益"科目,处置后应转入"投资收益"科目,即处置交易性金融资产后应结平与之相关的一切科目。

三、债权投资

"债权投资"科目记载那些购入时就决定稳定地收取利息,持有至到期再收回本金的长期债券的账面价值,债权投资属于非流动资产。

(一)初始计量

账务处理是按购入债权投资所支付的款项登记"银行存款"科目减少(贷记),按支付款项所对应内容的不同,分别对应登记不同的资产科目(图 3.16)。

```
应收利息
债权投资——成本
债权投资——利息调整
    银行存款
```

图 3.16　购入债权投资

- 债券在购入时就包含的已到付息期但尚未领取的利息,属于应收款项,对应登记"应收利息"科目增加(借记);
- 按债券面值,对应登记"债权投资——成本"明细科目增加(借记);
- 按支付价款扣除应收利息和债券面值后的余额(有正有负),登记"债权投资——利息调整"明细科目。"利息调整"把债券面值调整为债权投资的初始账面价值。

债权投资的初始计量是资产具体形态的转换,由银行存款转换为应收利息和债权投资。

(二)摊余成本

债权投资按债券面值和票面利率计算的利息,称为票面利息。票面利息只是债权投资表面上的投资收益,并不是内在投资收益。

因为投资成本即购入债券所支付的款项等于债券的发行价格,并不等于债券面值,发行价格才是真正的投资成本。以投资成本为现值,以债券的未来现金流量(利息和最后收回的债券面值)为终值,可以计算出将终值折合为现值的折现率。

2014年5月9日,联想集团有限公司发行一笔15亿美元5年期的债券,2019年5月8日到期赎回,债券的发行价格为债券面值的99.819%,票面年利率为4.7%,自发行日起每6个月的月末为付息日。

不妨设联想债券的面值为100,则每个付息日的应收利息就是2.35(=100×4.7%/2)。假设每个付息期的折现率为 i。

$$2.35(1+i)^{-1}+2.35(1+i)^{-2}+\cdots+(2.35+100)\times(1+i)^{-10}=99.819$$

查阅年金现值系数表和复利现值系数表,可知:

当 $i=3\%$ 时,方程式左边(8.530×2.35%+0.744 1)×100=94.455 5

当 $i=2\%$ 时,方程式左边(8.982×2.35%+0.820 3)×100=103.137 7

可知: i 在2%和3%之间,用内插法计算 i:

$$\frac{3\%-i}{94.455\ 5-99.819}=\frac{3\%-2\%}{94.455\ 5-103.137\ 7}$$

解出 $i=2.39\%$。

折现率就是债券投资的内在投资收益率。

$$\begin{array}{l}\text{第一期的内}\\\text{在投资收益}\end{array} = \begin{array}{l}\text{初始投资成本}\\(99.819)\end{array} \times \begin{array}{l}\text{内在投资收}\\\text{益率}(2.39\%)\end{array} = 2.386$$

如果应收票面利息超过了本期内在投资收益,说明本期期末不但收回了内在投资收益,而且,还把债权投资的期初账面价值也收回了一些,因此,债券投资的期末账面价值就更加小。

$$\begin{array}{l}\text{债权投资期}\\\text{末账面价值}\end{array} = \begin{array}{l}\text{期初账}\\\text{面价值}\end{array} - \left\{\begin{array}{l}\text{应收票}\\\text{面利息}\end{array} - \begin{array}{l}\text{本期内在}\\\text{投资收益}\end{array}\right\}$$

如果应收票面利息小于本期内在投资收益,就说明本期应当收取的利息连应有的内在投资收益都没有覆盖,更谈不上收回期初账面价值了。那些未能收回的内在投资收益不得不进入债券的账面价值,于是债券的期末账面价值就反而比期初账面价值更大,说明未来期间收回债券账面价值的形势更加严峻。

上述计算债权投资账面价值的方法称为摊余成本法。债权投资的账面价值按摊余成本计量,初始账面价值就是初始摊余成本。如果应收票面利息大于本期内在投资收益,差额部分就是对期初摊余成本的收回。反过来,应收票面利息小于本期内在投资收益,期末摊余成本就反而比期初摊余成本更大,或者说,本期收回的摊余成本是负数。

期末摊余成本=期初摊余成本−(应收票面利息−内在投资收益)

联想债券持有人第一期期末的应收票面利息为 2.350(=100×4.7%/2),第一期的内在投资收益为 2.386(=99.819×2.39%),第一期期末的应收票面利息不足以支撑第一期的内在投资收益,有 0.036 的内在投资收益未能收回,也可以说,第一期收回的摊余成本是−0.036。于是,第一期的期末摊余成本比期初摊余成本(99.819)多0.036,等于99.855。

分期付息、一次还本的债权投资的账务处理,以联想债券为例,在第一期的期末,按应收票面利息登记"应收利息"科目增加2.350(借记),按本期内在投资收益登记"投资收益"科目的收益增加2.386(贷记),票面利息不足以支撑内在投资收益,二者的差额0.036(利息调整)用于增加债权投资的期末摊余成本(相当于加大了本金),登记"债权投资—利息调整"明细科目增加0.036(贷记)(图3.17)。

应收利息	2.350
债权投资—利息调整	0.036
投资收益	2.386

图3.17 计息日的账务处理

对于一次还本付息的债券,账务处理唯一不同的就是应收票面利息不记入"应收利息"科目,而是记入"债权投资—应计利息"明细科目,并入债权投资自身的账面价值。

(三)减值

债权投资可能遭遇债券发行人的违约风险,无法按时收回本息,也就是存在减值风险。如果在会计期末,发现债权投资的未来现金流量按内在收益率折现的现值低于账面价值,就应确认减值。

账务处理是按减值额登记"债权投资减值准备"科目增加(贷记),减少资产净值;对应登记资产减值损失,金融资产的减值损失称为预期信用损失,反映在损益类科目中的"信用减值损失"科目中,所以,对应登记"信用减值损失—债权投资"明细科目增加(借记)。

信用减值损失是企业对"预计会从某个信用事件中遭受损失"的估计。我国《企业会计准则第22号——金融工具确认和计量》(财会〔2017〕7号)第五十七条规定:"在每个资产负债表日,企业应当将整个存续期内预期信用损失的变动金额作为减值损失或利得计入当期损益。"

金融资产不论是否属于流动资产,其减值均可以转回。资产负债表日,债权投资的预期信用损失小于已计提的减值准备时,可将差额转回,登记"债权投资减值准备"科目减少(借记),对应登记"信用减值损失—债权投资"明细科目减少(贷记),增加资产净值和减少损失。

对债权投资计提减值准备,减少了债权投资的账面净值,所以,也属于对期初摊余成本的收回。因此,计算债权投资的期末摊余成本时,应扣除本期计提的减值准备。当然,也要加上本期转回的减值准备。

$$债权投资期末摊余成本 = 期初摊余成本 - \left\{ \begin{matrix} 应收票面利息 \\ 本期内在投资收益 \end{matrix} \right\} - 本期计提或转回的减值准备$$

资产负债表的债权投资项目,填列债权投资的期末摊余成本。

(四)处置

转让、收回债权投资即为处置。账务处理是按处置所得款项,登记"银行存款"科目增加(借记),对应登记转销债权投资的账面净值,即按账户余额反向登记"债权投资"和"债权投资减值准备"科目,结平这两个科目,按处置损益(处置所得款项和债权投资账面净值的差额),登记"投资收益"科目(图3.18)。

```
银行存款
债权投资减值准备
    债权投资
    投资收益
```

图 3.18　处置债权投资

四、其他债权投资

如果对购入的债券,虽无意持有至到期还本之日,但也决定至少持有一年以上才会出售变现,就作为非流动资产,记入"其他债权投资"科目。

管理其他债权投资的模式是长期持有,其合同现金流量特征是稳定地收取利息;持有一年之后,企业才会考虑将其变现。因此,其他债权投资按公允价值计量,且其公允价值变动属于未实现利得和损失,不能计入损益,应记入所有者权益类的"其他综合收益"科目。

(一)初始计量

按购入债券的支付价款登记"银行存款"科目减少(贷记),按支付款项所对应的不同内容,分别对应登记不同的科目(图3.19)。

```
应收利息
其他债权投资—成本
其他债投资—利息调整
    银行存款
```

图3.19 购入其他债权投资

● 一部分支付款项对应着购入时就包含的已到付息期但尚未领取的利息,属于投资中取得的应收款项,对应登记"应收利息"科目增加(借记)。

● 按债券面值,对应登记"其他债权投资—成本"明细科目增加(借记)。

● 按支付价款扣除应收利息和债券面值后的余额(有正有负),登记"其他债权投资—利息调整"明细科目。

在初始计量之际,尚未产生利息,使用"其他债权投资—利息调整"明细科目是为了把其他债权投资的账面价值由债券面值调整为初始投资成本。

初始计量的账务处理是把投资债券视为资产具体形态的转换,由银行存款转换为应收利息和其他债权投资,而且,交易费用显然被计入了其他债权投资的初始账面价值。

(二)后续计量

1. 利息

债券的票面利息记入"应收利息"科目。

如果债券的初始账面价值和债券面值有差异,那么,就必然存在票面利息和内在投资收益的差别。

其他债权投资的本期内在投资收益＝期初摊余成本×内在投资收益率

初始摊余成本就是初始投资成本。内在投资收益率就是把债券的未来现金流量折合为初始投资成本的折现率。

资产负债表日,债券持有人的应收票面利息超过本期内在投资收益的,超过部分就是对债券期初摊余成本的收回;相反,应收票面利息小于本期内在投资收益的,就反而扩大了摊余成本,导致债券的期末摊余成本超过期初摊余成本。

对于分期付息、一次还本的债券,按应收票面利息登记"应收利息"科目(一次还本付息的债券,登记"其他债权投资—应计利息"明细科目)增加(借记),按债券的本期内在投资收益对应登记"投资收益"科目的收益增加(贷记),二者的差额,作为对债券摊余成本的调整(调增或调减),登记"其他债权投资—利息调整"明细科目(图 3.20)。

```
应收利息
其他债权投资—利息调整
    投资收益
```

图 3.20　计息日的账务处理

2. 公允价值变动

资产负债表日,其他债权投资的账面价值按公允价值计量且其变动计入其他综合收益。

其他债权投资是非流动资产,企业对其持有期间超过一年,这一年中,其公允价值变动不影响企业的经营情况和财务状况,那么,其他债权投资似乎按照历史成本计量更加合理。但考虑到其在一年之内也是可以转让的,只要企业做出决定,就可以把其他债权投资转为交易性金融资产,把长期资产变成短期资产。因此,公允价值能够更好地体现该项资产的实际价值,所以,其计量属性是公允价值。

资产负债表日的账务处理是按公允价值变动额登记"其他债权投资—公允价值变动"明细科目,对应登记"其他综合收益—其他债权投资公允价值变动"明细科目。资产和所有者权益同步变化。其他债权投资的账面价值就由三部分构成:"成本""利息调整"和"公允价值变动"。

3. 减值

其他债权投资也会面临债券发行人的违约风险,导致债券利息和本金被推迟支付,债券未来现金流量的现值就会减少,当该现值低于债券的账面价值时,应当确认减值。

在确认减值之前,其他债权投资公允价值的减少是计入其他综合收益的;在确认减值以后,公允价值低于初始账面价值的部分,一律作为减值处理,即前期对其他综合收益的影响,也要转为减值损失。确认减值后,首先应把之前记载的其他综合收益减少额转为信用减值损失的增加额,将其他综合收益恢复原状。账务处理是登记"其他综合收益—其他债权投资公允价值变动"明细科目增加(贷记),消除之前对所有者权益的影响,对应登记"信用减值损失—其他债权投资"明细科目增加(借记),转为对损益的影响(图 3.21)。

```
信用减值损失—其他债权投资
    其他综合收益—其他债权投资公允价值变动
```

图 3.21 处置时结转其他综合收益

其次,确认减值之后继续发生的减值,登记"信用减值损失—其他债权投资"明细科目增加(借记),反映资产减值对损益的影响,对应登记"其他综合收益—信用减值准备"明细科目增加(贷记),反映资产减值对所有者权益的影响(图 3.22)。

```
信用减值损失—其他债权投资
    其他综合收益—信用减值准备
```

图 3.22 继续减值的账务处理

其他债权投资在减值之前发生的公允价值下降,登记其他债权投资账面价值减少,对应登记其他综合收益减少。但对减值的处理却和对公允价值下降的处理不一样,即并不登记资产账面净值的减少,而是一方面登记资产减值损失,反映损失,另一方面对应登记其他综合收益增加,增加所有者权益。所以,其他债权投资减值的账务处理不影响所有者权益,不涉及资产账户,不影响资产总额(表3.6)。

表3.6 其他债权投资不同阶段的账务处理

	资产账面价值	信用减值损失	其他综合收益
公允价值下降阶段	减少	—	减少
资产减值阶段	—	增加	增加

(三)处置

处置是转让和收回其他债权投资。按处置所得款项登记"银行存款"科目增加(借记),对应登记是结平"其他债权投资"账户,即按账户余额反向登记"其他债权投资"的各个明细科目,二者的差额,作为金融资产的处置损益,登记"投资收益"科目。有借必有贷,借贷必相等。

其他债权投资的公允价值变动,影响所有者权益,计入其他综合收益。其他债权投资的减值,也计入其他综合收益。在处置其他债权投资时,其存续期间形成的其他综合收益应转为投资损益,由"其他综合收益"科目转入"投资收益"科目。

五、长期股权投资

长期持有的股权,如果持股比例超过20%,就记入"长期股权投资"科目。持股比例不足20%的股权投资,则记入"其他权益工具投资"科目。

(一)分类

按投资方对被投资方影响力的大小,长期股权投资分为投资方控制被投资方、投资方和他人共同控制被投资方,以及投资方对被投资方具有重大影响3种情形。

1. 控制

《企业会计准则第33号——合并财务报表》第七条规定:"控制,是指投资方拥有对被投资方的权力,通过参与被投资方的相关活动而享有可变回报,并且有能力运用对被投资方的权力影响其回报金额。相关活动,是指对被投资方的回报产生重大影响的活动。被投资方的相关活动应当根据具体情况进行判断,通常包括商品或劳务的销售和购买、金融资产的管理、资产的购买和处置、研究与开发活动以及融资活动等。"

如果投资方持有被投资方半数以上的表决权,或者投资方虽然只持有被投资方半数或以下的表决权,但通过与其他表决权持有人之间的协议能够控制半数以上表决权,表明投资方对被投资方拥有权力。可见,控制包括直接控制和间接控制,除了显性控制外,还包括隐性控制。

在控制情形下,被投资方是投资方的子公司(合并财务报表所指的子公司和公司法所指的子公司不一样,后者仅指由母公司出资设立的公司)。

控制的好处就是投资方可以合并子公司的会计报表,所以,控制又被称为控股合并。

美国1890年的《谢尔曼反托拉斯法》(*Sherman Antitrust Act*)催生了控股公司(holding company)。1901年在新泽西州注册的美国钢铁公司是最早编制合并报表的公司。英国第一张合并资产负债表是1920年由诺贝尔工业集团(Nobel Industries)编制的;英国第一张母子公司集团的合并损益表是1933年由邓禄普橡胶有限公司(Dunlop Rubber Co. Ltd.)编制的。1939年伦敦证券交易所要求新发行股票的公司公布其合并会计报表。

按控股合并双方的最终控制方是否为同一人,控股合并可分为非同一控制下的控股合并和同一控制下的控股合并两种类型。

2. 共同控制和具有重大影响

若干投资方共同控制被投资方,是指被投资方的经营决策和财务决策,只有在所有共同控制方达成一致的情况下才能做出,而且,任一共同控制方都能阻止其他共同控制方的单独控制或联合控制,也就是说,任一共同控制方都享有一票否决权。共同控制下,被投资方是投资方的合营企业。

投资方持有被投资方 20%~50% 的表决权股份,就称为对被投资方具有重大影响。在实践中,有的上市公司的股东尽管只持有上市公司 5% 的股份,也称具有重大影响,因其能向上市公司委派一名董事或者监事。投资方在被投资方的董事会或监事会中派有代表,就能够通过该代表参加会议并提出建议和投票的方式来影响被投资方的财务和经营政策,从而对被投资方施加重大影响。投资方具有重大影响的,被投资方是投资方的联营企业。

(二)初始计量

长期股权投资毫无疑问属于金融资产,但其初始计量并不遵循《企业会计准则第 22 号——金融工具确认和计量》中关于金融工具分类核算的规定,而是遵循《企业会计准则第 2 号——长期股权投资》的规定。

初始取得时,股权中包含的已经宣告但尚未发放的现金股利或现金利润,不计入长期股权投资,应作为应收款项记入"应收股利"科目。以下所讲的长期股权投资的初始计量,均不包括取得时就已经宣告但尚未发放的现金股利或现金利润。

1. 非同一控制下的控股合并

非同一控制下的控股合并,属于市场交易,会计核算中把合并双方称为"购买方"和"被购买方"。购买方的初始投资成本按合并成本计量。合并成本包括合并方付出的资产、承担的负债、发行权益性证券的公允价值以及为进行合并所发生的各项直接相关费用(例如资产的处置费用)之和。常见的合并对价包括货币、非货币资产、承担债务、增资扩股等多种方式。

为了便于阅读,以下把被购买方称为目标公司。

(1)以支付现金、转让非现金资产或承担负债为合并对价。

合并成本是合并对价的公允价值,即购买方付出资产或承担负债的公允价值,购买方为企业合并发生的各项直接相关费用(如资产处置费用)也计入合并成本。

账务处理是按合并成本(合并对价的公允价值)登记"长期股

权投资—投资成本"明细科目增加(借记),按合并对价的账面价值对应登记资产减少或负债增加(贷记),按发生的直接相关费用,对应登记"银行存款"科目减少(贷记),对于合并对价的公允价值和账面价值的差额,应视不同情况进行不同的处理。

• 以金融资产为合并对价的,差额作为金融资产的处置损益,登记"投资收益"科目;
• 以库存商品等存货作为合并对价的,作为销售处理,分别登记"主营业务收入"科目增加(贷记)和"主营业务成本"科目增加(借记);
• 以承担债务为合并对价的,按差额是收益还是损失分别记入"营业外收入"和"营业外支出"科目。

(2)以发行权益性证券为合并对价。

就是由购买方发行股份,而且是向目标公司股东定向发行股份。目标公司股东以其持有的目标公司股权作为出资,向购买方入股,成为购买方的股东,购买方也因此持有目标公司的股权。以发行权益性证券为合并对价又称为"换股"。

合并成本是购买方所发行股份的公允价值。

购买方在购买日按发行股份的公允价值(即合并成本),登记"长期股权投资—投资成本"明细科目增加(借记),按照所发行股份的面值总额,对应登记"股本"科目增加(贷记),股份公允价值(合并成本)就是股东出资额,股份面值是记入股东名下的出资额,股东的出资额超过记入其名下股本的部分,就是购买方获得的资本溢价,登记"资本公积—股本溢价"明细科目增加(贷记)(图3.23)。有借必有贷,借贷必相等。资产和所有者权益同步增加。

```
长期股权投资
  股本
  资本公积—股本溢价
```

图 3.23　购买方以换股方式取得长期股权投资

非同一控制下的控股合并,购买方为企业合并发生的审计、法律服务、评估咨询等中介费用以及其他相关费用,在发生时登记"管理费用"科目增加(借记),对应登记"银行存款"科目减少(贷记)。这些费用不能计入长期股权投资的账面价值。

案例:换股和借壳上市

借壳上市就是换股。上市公司淄博万昌科技股份有限公司(以下简称"万昌")以增资扩股的方式,向未名生物医药有限公司(以下简称"未名")的股东定向增发股份。未名的股东将其持有的未名100%股权注入万昌,换取万昌57.33%的股份,成为万昌的控股股东(图3.24)。

```
┌──────┐  以未名的100%股权出资   ┌──────────┐
│ 万昌 │ ←─────────────────── │ 未名股东 │
└──────┘   获得万昌57.33%的股份  └──────────┘
```

图3.24　万昌以换股方式取得未名股权

换股完成后,万昌持有未名100%的股权。未名原股东退出未名后成了万昌的控股股东,而且仍能通过万昌间接控制未名。有限公司的股东就借此成为上市公司股东。未名借壳上市后,壳公司万昌更名为"山东未名生物医药股份有限公司"。

2. 同一控制下的控股合并

合并双方的最终控制方是同一人的,控股合并就是同一控制下的集团成员之间的内部交易,会计核算上视为非市场交易,所以,合并双方不再称为"购买方"和"被购买方",而是称为"合并方"和"被合并方",称呼上要和非同一控制有所区别。

假设A公司和B公司均是集团成员。集团母公司持有A公司80%股权,持有B公司100%股权。现在A公司要从集团母公司手中取得B公司60%的股权,那么,在A公司控股合并B公司后,集团母公司仍能通过直接控制A公司而间接控制B公司,A公司控股合并B公司就是同一控制下的控股合并(图3.25)。

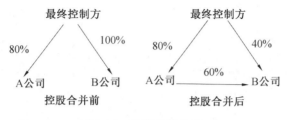

图 3.25　控股合并前后

同一控制下,合并方 A 公司取得的长期股权投资不能像非同一控制的控股合并那样按合并对价的公允价值计量,因为同一控制下的合并对价是由最终控制方决定的,并不是股权的市场交易价格。

对此,《企业会计准则第 2 号——长期股权投资》(财会〔2014〕14 号)第五条规定:"同一控制下的控股合并,合并方取得的长期股权投资的初始账面价值,等于合并日被合并方所有者权益在最终控制方合并财务报表中的账面价值的份额。"这样确定的入账价值,比较公平合理,排除了同一控制对合并对价的干预。

集团母公司原始取得 B 公司股权时,假设是基于非同一控制的控股合并,所以,按合并对价的公允价值入账。在原始取得日,B 公司对集团母公司合并资产负债表的贡献,也就是 B 公司的原始贡献,即 B 公司的可辨认净资产公允价值中归属集团母公司的份额(=B 公司可辨认净资产公允价值×集团母公司的持股比例)。

从原始取得日到本次合并日期间,B 公司的经营利润构成了 B 公司净资产的增量。B 公司在原始取得日的可辨认净资产公允价值,加上该净资产增量后,就称为"到本次合并日的 B 公司可辨认净资产的持续计算金额",该持续计算金额(相当于合并日 B 公司净资产的公允价值)乘以合并方 A 公司对 B 公司的持股比例,就是 A 公司基于同一控制取得的"长期股权投资—B 公司"的初始投资成本,《企业会计准则第 2 号——长期股权投资》称之为"合并日被合并方的所有者权益在最终控制方合并资产负债表中的账面价值的份额"。

下面来看同一控制合并的账务处理。

(1) 以支付现金、转让非现金资产或承担债务为合并对价。

在合并日按照长期股权投资的初始投资成本,登记"长期股权投资—投资成本"明细科目增加(借记),按合并对价的账面价值对应登记现金和非现金资产的减少或负债的增加(贷记),初始投资成本超过合并对价账面价值的部分,对应调整合并方的资本溢价,对应登记"资本公积—资本溢价"明细科目增加(贷记)(图3.26)。

```
长期股权投资—投资成本
   资本公积—资本溢价
   银行存款
```

图 3.26　合并方在合并日的债务处理

(2) 以发行权益性工具为合并对价。

在合并日按照长期股权投资的初始投资成本,登记"长期股权投资—投资成本"明细科目增加(借记),按发行股份的面值总额登记"股本"科目增加(贷记),初始投资成本超过所发行股份面值总额的部分,对应调整合并方的股本溢价,对应登记"资本公积—股本溢价"明细科目增加(贷记),与发行股份直接相关的交易费用,用于冲减股本溢价。

同一控制的合并中,合并方发生的审计、法律服务、评估咨询等中介费用以及其他相关费用,于发生时计入当期损益。账务处理是登记"管理费用"科目增加(借记),对应登记"银行存款"科目减少(贷记),不计入长期股权投资的账面价值。

3. 共同控制和具有重大影响

在共同控制或具有重大影响两种情况下,长期股权投资的初始计量方法是一样的。投资方以支付对价的公允价值作为长期股权投资的初始账面价值。常见的支付对价包括支付货币、资产交换、债权转股权和发行股份等。

支付货币的,以实际支付价款作为长期股权投资的初始投资成本,包括支付相关的费用、税金及其他必要支出。以非货币性资产交换作为支付对价的,投资方按换出资产的公允价值以及所支付的相关税费和支付的补价作为长期股权投资的初始账面价值。其中,换出资产为固定资产和无形资产的,换出资产的公允价值与其账面价值之间的差额,计入投资方的营业外收入或营业外支出。其中,换出资产为存货的,投资方还应按销售商品进行账务处理,即不能以资产交换之名回避销售商品之实。

在债务重组中债权转股权的,投资方(原债权人)按所取得股权的公允价值登记"长期股权投资"科目增加(借记),对应登记是转销债权,结平相关债权账户,即按科目余额反向登记"应收账款""其他应收款"以及"坏账准备"账户,原债权和现股权二者的账面净值差额引起投资方资产总额的变化,计入投资方的损益,登记"营业外支出—债务重组损失"明细科目。

投资方通过定向发行股份取得长期股权投资,是指新股东将其持有的其他公司的股权注入投资方,取得后者的股份。会计核算上,投资方按所发行股份的公允价值确定长期股权投资的初始投资成本,登记"长期股权投资"科目增加(借记),按发行股份的面值对应登记"股本"科目增加(贷记),初始投资成本超过股份面值的部分,对应登记"资本公积—股本溢价"明细科目增加(贷记)。投资方支付的股份发行的费用,不计入损益,用于冲减股本溢价,登记"资本公积—股本溢价"明细科目减少(借记),对应登记"银行存款"科目减少(贷记)。

(三)后续计量

在初始计量之后的资产负债表日,对长期股权投资的重新计量和对投资收益的计量称为后续计量。后续计量方法分为成本法和权益法。

1. 成本法

成本法适用于投资方控制被投资方的情形,而且,不用再区分同一控制和非同一控制。

成本法下,资产负债表日,不调整长期股权投资的账面价值。因为投资方能够决定被投资方的财务政策和经营政策,长期股权投资的账面价值不能因被投资方财务状况和经营情况的变动而调整,所以按历史成本计量。

成本法计量让投资方长期股权投资的账面价值处于长期稳定中。投资方追加投资的,按追加投资的成本增加长期股权投资的账面价值。

成本法下,被投资方宣告分派的现金股利,是投资方取得的投资收益。在宣告分派股利期间,投资方登记"应收股利"科目增加(借记),对应登记"投资收益"科目的收益增加(贷记)。

2. 权益法

在共同控制或具有重大影响的情况下,资产负债表日,长期股权投资的账面价值应当随着被投资方净资产的变化做相应调整,称为权益法计量。

按权益法进行后续计量的,在长期股权投资的初始计量之时,首先要比较初始投资成本和所享有被投资方可辨认净资产公允价值的份额,后者更小的,不做调整;后者更大的,说明投资方以更小代价取得了更多的资产,应反映投资方资产总额的增加和利得,登记"长期股权投资—投资成本"科目增加(借记),对应登记"营业外收入"科目增加(贷记)。

资产负债表日,投资方还应按"应享有的被投资方实现净损益及其他综合收益的份额"调整长期股权投资的账面价值。"长期股权投资"科目下设"长期股权投资—损益调整"和"长期股权投资—其他综合收益"两个明细科目。分别登记被投资方实现的净损益和其他综合收益的变化对投资方长期股权投资账面价值的影响。

- 投资方按享有被投资方实现净损益份额的变化,登记"长期股权投资—损益调整"明细科目,对应登记"投资收益"科目。
- 投资方按享有被投资方实现其他综合收益份额的变化,登记"长期股权投资—其他综合收益"明细科目,对应登记"其他综合收益"科目。

权益法下,被投资方所有者权益变动影响投资方长期股权投资的账面价值,还存在另一种情形,称为被投资方除净损益、其他综合收益以及利润分配以外的所有者权益变动,即"其他权益变动"。其他权益变动导致投资方持股比例的改变,例如,某股东增资导致其他股东的持股比例减少,其他权益变动主要有以下三种情形:

● 被投资方接受其他股东的投资和捐赠等资本性投入,稀释了投资方的股权。
● 被投资方发行可分离交易的可转换公司债券①中包含的权益成分,该权益成分行权时会降低投资方的持股比例。
● 被投资方发生的以权益方式结算的股份支付,职工行权时也会降低投资方的持股比例。

上述几种情形发生时,投资方应按所享有的份额的变化调整长期股权投资的账面价值,登记"长期股权投资—其他权益变动"明细科目,对应登记"资本公积—其他资本公积"明细科目。

长期股权投资按权益法核算的,投资方取得的现金分红,不计入投资收益,而视为投资方对投资的收回,减少长期股权投资的账面价值,即对取得现金分红视为资产具体形态的转换,由长期股权投资转换为银行存款。登记"银行存款"科目增加(借记),对应登记"长期股权投资—损益调整"明细科目减少(贷记)。

(四)减值

资产负债表日,长期股权投资的账面价值高于投资方享有被投资方所有者权益账面价值的份额,就存在减值迹象;如果长期股权投资的可收回金额低于其账面价值,应当确认减值。

账务处理是按减值额登记"长期股权投资减值准备"科目增加(贷记),对应登记"信用减值损失—长期股权投资"明细科目增

---

① 可分离交易的可转换公司债券就是"债券+认股权证"这种混合金融工具。购买人不能分别购买债券和认股权证,只能购买混合金融工具。但买回来后又可以把债券和认股权证分别交易,故称为可分离交易的可转换公司债券。就像浙江卖早餐的有烧饼摊和油条摊,两个摊位紧挨着,烧饼和油条是组合起来一套一套地来卖的,但买了以后毫无疑问是可以分开来吃的,因此,可以称为"可分离享用的早餐"。

加(借记)。长期股权投资是非流动资产,其减值准备一经提取就不能转回了。

资产负债表反映长期股权投资的账面净值。

(五)处置

转让长期股权投资,以及在被投资方解散清算时对长期股权投资的收回,称为处置。

按处置所得款项登记"银行存款"科目增加(借记),对应登记是转销长期股权投资的账面净值,即按账户余额反向登记"长期股权投资"和"长期股权投资减值准备"科目,处置所得款项与长期股权投资账面净值的差额,是金融资产的处置损益,登记"投资收益"科目(图3.27)。

```
银行存款
长期股权投资减值准备
    长期股权投资
    投资收益
```

图 3.27　处置长期股权投资

在同一控制的控股合并中,合并对价与初始投资成本的差额,用于调整合并方的资本溢价,在处置长期股权投资后,该资本溢价失去了存在基础,应转入"投资收益"科目。

另外,所处置的共同控制或具有重大影响的股权,其账面价值按权益法核算时对应登记的其他综合收益(不能结转损益的其他综合收益除外,详见第七章第二节关于其他综合收益的介绍)和其他资本公积,因股权被处置而失去了存在基础,应转入"投资收益"科目。

六、其他权益工具投资

购入时就决定持有一年以上再转让变现的股权投资,如果持股比例小于20%,就记入"其他权益工具投资"科目,属于非流动资产。

其他权益工具投资和其他债权投资的管理模式及合同现金流量特征是一样的,因此,其他权益工具投资在会计核算上按公允价值计量且其变动计入所有者权益。

(一) 初始计量

初始计量是按支付的投资价款登记"银行存款"科目减少(贷记),对应登记投资所取得的两项资产:按所投资的股权在购入时就包含的已经宣告尚未发放的股利,对应登记"应收股利"科目增加(借记);按投资支付价款扣除应收股利后的余额(初始投资成本),对应登记"其他权益工具投资—成本"明细科目增加(借记)(图3.28)。

```
应收股利
其他权益工具投资—成本
    银行存款
```

图 3.28　购入其他权益投资

初始计量是资产具体形态的转换,由银行存款转换为应收股利和其他权益工具投资,交易费用则计入初始投资成本。

(二) 公允价值变动

其他权益工具投资在购入后将持有一年以上,按理说既然这一年内是按兵不动的,应该按历史成本计量,就像债权投资那样。但是,鉴于这些股权和股票在一年之内其实也能转让,所以,其公允价值更能够代表该资产的可靠价值,因此就成为其计量属性。但是,其公允价值变动属于未实现利得和损失,应计入其他综合收益,资产和所有者权益同步变化。

(三) 股利

投资方在被投资方宣告发放现金股利期间,登记"应收股利"科目增加(借记),对应登记"投资收益"科目的收益增加(贷记)。在收到现金股利时,登记"应收股利"科目减少(贷记),对应登记"银行存款"科目增加(借记)。

(四) 处置

按转让所得款项登记"银行存款"科目增加(借记),按账面余额对应登记"其他权益工具投资"科目减少(贷记),将该账户结平,但二者的差额并不作为金融资产的处置损益,而是登记"利润分配—未分配利润"明细科目的本期发生额。即处置其他权益工具投资所引起的资产总额变化,不影响当期损益,只能影响当期所有者权益。

其他权益工具投资在存续期间产生的公允价值变动,是记入"其他综合收益"科目的。"皮之不存,毛将焉附?"在资产处置后,相关其他综合收益应转为"利润分配—未分配利润"明细科目的本期发生额,由一种所有者权益转为另一种所有者权益。

其他权益工具投资的公允价值变动,从初始计量时就不影响损益,到最后处置时也不影响损益。

第五节　应收款项

应收款项是对若干债权性质的资产项目的统称,包括应收账款、应收票据、应收款项融资、预付账款、其他应收款、合同资产以及长期应收款等资产项目,除了应收款项融资项目外,其他资产项目都有同名的账户。

应收款项和金融资产中的债权性投资有区别。持有债权性投资主要是为了生息,属于投资行为,例如,银行放贷就是为了生息,以至于借款企业提前归还贷款会被银行视为违约行为,提前归还贷款的企业要承担违约责任。应收款项也可设定利息,但企业持有应收款项并不是为了生息,而是想赶快把款项收回,并不是要把可收回的款项转为生息的资产,对于应收款项,企业是不得已而持之。

应收款项和债权性投资的主要区别就是合同目的不同。如果别人欠了你的货款或者扣了你的押金,总不能认为你因此获得了一项金融资产。这也是本书将应收款项单独作为一节来讲述的原因之一。但《企业会计准则第 22 号——金融工具确认和计量》(财会〔2017〕7 号)第六十三条规定,对于销售商品形成的应收账款,以及合同资产和租赁应收款应当按这些资产在整个存续期内预期信用损失的金额计量其损失准备,相关减值损失记入"信用减值损失"科目。这也表明会计准则是将应收账款作为金融资产对待的。

一、应收账款

(一) 初始计量

销售商发出产品时没能收到货款,就取得了收取货款的权利,这种收款权利是销售商的一项资产,登记"应收账款"科目增加(借记)。

复式记账法下,账户跟着实物走。销售产品虽然是把库存商品变现,但是,会计核算上并不视为资产具体形态的转换。因为在销售环节需要核算营业收入和营业成本是多少。于是,在取得应收账款时,对应登记"主营业务收入"科目增加(贷记)(图3.29)。

```
应收账款
    主营业务收入
```

图 3.29　销售商品

(二) 应收账款的预计损失

应收账款存在无法收回的风险。在每年年末,应当预计有多少应收账款无法收回。

帕乔利在《簿记论》中曾建议簿记人员把一部分应收账款记作坏账损失。利特尔顿也指出:"到了19世纪(1840年),不少企业开始按照销售额的3%来计算坏账损失,做法是借记商品存货,贷记坏账费用。"(《会计理论结构》第78页)

对于应收账款的预计损失,不能登记"应收账款"科目减少(贷记),因为要和实际损失相区别。会计核算以提取坏账准备的方式核算应收账款的预计损失。

上市公司济南某摩托车公司在2002年度亏损了30多亿元,创下了当年度上市公司的亏损数额最大纪录,因为其产品几乎都销给了大股东控制的关联公司,而后者无力还款。该摩托车公司也很为难,只好将应收账款全额计提了坏账准备。

账务处理是按应收账款的预计损失数额登记"坏账准备"科目增加(贷记),减少应收账款的账面净值,对应登记预期信用损失。《企业会计准则22号——金融工具确认和计量》认为应收账款属于金融资产,所以,对应登记"信用减值损失—提取坏账准备"科目增加(借记)(图3.30)。

```
信用减值损失—提取坏账准备
    坏账准备
```

图 3.30　提取坏账准备

"坏账准备"是应收账款的备抵科目,贷方登记增加,借方登记减少,其贷方余额的性质是负资产,也就是"负"的应收账款。资产负债表的"应收账款"项目反映应收账款账面余额扣除坏账准备后的净值。

$$应收账款账面净值 = 应收账款账面价值 - 坏账准备$$

案例:少提准备,扭亏为盈

某上市公司于2003年3月29日发布了《关于对公司2000年度会计报表所反映问题整改报告的公告》。整改报告表明,在2000年度的账务处理中,该上市公司少计提坏账准备4 392万元,少计提存货跌价准备2 813万元,少计提长期投资减值准备685万元。该上市公司1999年度已经亏损17 984万元,要是2000年度继续亏损的话,就被ST(退市风险警示)了。于是,通过少提取资产减值准备,2000年度实现了盈利2 632万元。该上市公司指出,少计提资产减值准备,是两个原因造成的,一个原因是"公司相关人员对会计准则理解有偏差,造成了会计处理不当和会计估计不当";另一个原因是"会计信息的传递不及时"。

(三)应收账款的实际损失

应收账款的实际损失称为"坏账"。

发生坏账(实际损失)时,直接登记"应收账款"科目减少(贷记),对应登记"坏账准备"科目减少(借记)(图3.31)。

```
坏账准备    100
  应收账款    100
```

图 3.31　发生坏账

上述账务处理表明资产和负资产同步减少,资产总额不变。但发生坏账毕竟是实际损失了资产,为什么账务处理中资产总额保持不变,而且也不反映损失呢?

因为前期已经记载了应收账款预计减少(提取坏账准备),并对应登记了信用减值损失。如果发生坏账时再登记一次资产减少和信用减值损失的话,同一笔应收账款就前后登记了两次减少,也登记了两次损失,就是重复登记了。

发生坏账的账务处理只是把前期应收账款的"预计减少"变更为本期的"实际减少",更换了损失的标签,由预计损失换成实际损失,其中并没有产生新的损失,所以资产总额和损失都没有变化。

通常按应收账款年末余额百分比法确定"坏账准备"科目的年末余额。当发生坏账导致坏账准备被冲掉一些后,其年末余额可能就不达标了,就需要在年末进行补充提取。在补充提取时,账务处理上又要减少应收账款净值和新增信用减值损失了。

案例:"点石成金"

台湾博达科技股份有限公司(以下简称"博达科技")的理念是"忠诚、踏实、创新"。2004年年初,执行审计的会计师事务所要求博达科技对161亿元新台币的应收账款计提坏账准备。但博达科技的董事长不愿意因此被股民关注,而是通过一系列操作,将其中的5 000万美元应收账款"变"成了银行存款。

操作的第一步:博达科技把5 000万美元应收账款以4 500万美元的价格卖给澳洲联邦银行香港分行(以下简称"香港分行")的关联公司——澳洲CTB公司,但澳洲CTB公司要求博达科技必须把收取的4 500万美元转让款存入博达科技在澳洲联邦银行香港分行开设的账户中，而且被限制使用。

操作的第二步：澳洲 CTB 公司取得 5 000 万美元应收账款之后，又按原收购价 4 500 万美元转让给 AIM 全球金融公司。AIM 在尚来不及支付转让款的情况下，就用这笔应收账款做担保，发行了面值 5 000 万美元 1 年期的无息债券，发行价格为债券面值的 90%，摆出了向市场筹集 4 500 万美元的架势。但是，这样的债券向谁发行呢？

债券本身就是有担保（担保物就是博达科技的应收账款）的资产。债券发行人 AIM 径直把面值 5 000 万美元的 1 年期债券给了澳洲 CTB 公司："你给了我 5 000 万美元的应收账款，我给回你等值的债券，都是博达科技的，咱们两清了。"

操作的第三步：澳洲 CTB 公司又把面值 5 000 万美元的债券给了香港分行，香港分行拿着债券找到博达科技："这些债券面值 5 000 万美元，实际价值是 4 500 万美元，现在给你了，你的 4 500 万美元银行存款也别要了，咱们两清了。"

博达科技的 5 000 万美元应收账款，出去转了一圈，又回来了，只是身份置换成了面值 5 000 万美元的债券。

最为关键的问题还没有解决："点石成金"是怎么实现的？

其实，"点石成金"在操作的第一步就已经实现了（图 3.32），只是香港分行尚不能在这个刚起步的阶段就为博达科技出具存款证明。香港分行先和博达科技达成一项约定："我用面值 5 000 万美元的 AIM 债券抵销你的 4 500 万美元的银行存款，只在你发生信用违约或申请重整的情况下才自动履行。"双方达成这项约定之后，香港分行就出具了博达科技有 4 500 万美元存款的证明，而且并没有提及存款被限制使用。该存款证明交给了为博达科技出具审计报告的台湾安侯建业会计师事务所。

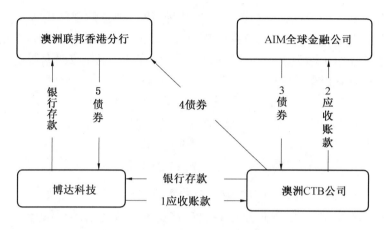

图 3.32　"点石成金"的线路图

二、应收票据

应收票据是销售产品时从采购方取得的商业汇票。商业汇票是采购方的付款承诺,包括商业承兑汇票和银行承兑汇票。销售商按商业汇票所载金额,登记"应收票据"科目增加(借记),对应登记"主营业务收入"科目增加(贷记)。

持有商业汇票就是获得了采购方(开票人)的付款承诺,商业汇票保障程度很高,特别是银行承兑汇票,所以,在会计核算中不需要预计应收票据的损失,即不需要对应收票据计提坏账准备。但是在商业汇票不能兑付时,应收票据也就丧失了保障,应转为应收账款。

三、应收款项融资

应收账款和应收票据的共同特征是不能为企业的生产经营做贡献,空有资产之名。开发其潜力、变废为宝的一个办法就是用来融资。

(一)应收票据融资

应收票据中的银行承兑汇票,通常是可以贴现的,也就是可以在票据到期之前把票据权利转让给贴现银行,向贴现银行换取现金。贴现的银行承兑票据又分为两种,第一种是贴现信用等级高的商业银行承兑汇票,票据贴现就相当于把银行承兑汇票实质性地转让给了贴现银行,向贴现银行支付贴现息,把应收票据转换成银行存款(图3.33)。

```
银行存款
财务费用
  应收票据
```

图3.33　实质性转让银行承兑汇票

第二种是贴现信用等级一般的商业银行承兑汇票。如果到时候兑不出钱来,贴现企业还必须把贴现款如数还给贴现银行。所以,第二种情况在会计核算上就不能终止应收票据的确认,即不能视为实质性地转让银行承兑汇票,应收票据只是发生了形式上的转让,仍然留在贴现企业的资产负债表中。收到的贴现款作为短期借款处理,支付的贴现息计入财务费用(图3.34)。

```
银行存款
财务费用
  短期借款
```

图3.34　形式上转让商业承兑汇票

对于第二种情况,用于贴现融资的票据仍然保留在贴现企业的"应收票据"科目中,贴现的账务处理并不触动"应收票据"科目,但在填报资产负债表时,贴现企业的"应收票据"科目的相关余额不填列在"应收票据"项目中,而是填列在"应收款项融资"项目中。

对于第二种情况,如果票据到期后能够兑付,贴现银行没有损失,贴现企业的短期借款就归零了,偿还完毕,当然同时也消灭了应收票据。账务处理是登记"短期借款"科目减少(借记),对应登记"应收票据"科目减少(贷记)。

"应收款项融资"是资产负债表的资产项目,而且,并没有同名的账户和会计科目,它反映用于融资的应收票据和应收账款的账面价值。

（二）应收账款融资

应收账款融资是指企业以债权人的身份和保理人签订应收账款保理合同，为取得融资款把应收账款转让给保理人，保理人提供资金融通、应收账款管理或者催收以及为债务人提供付款担保等服务。

保理又分为保理人无追索权的保理和有追索权的保理两种方式。其中，无追索权的保理是指企业实质性地把应收账款转让给保理人，由保理人承担应收账款未来不能收回的风险。有追索权的保理是指在应收账款无法收回的情况下，保理人有权要求企业（应收账款债权人）返还保理融资款的本息或者回购应收账款。

对于有追索权的保理，应收账款并没有实质性地发生转让，而是企业通过"转让"应收账款向保理人取得融资款，账务处理是按取得的融资款登记"银行存款"增加（借记），对应登记"短期借款"科目增加（贷记），账务处理并不触动应收账款。处于保理状态的应收账款，在资产负债表中填列在"应收款项融资"项目中，即有这么多的应收账款用于保理融资了。

（三）公允价值计量

"应收款项融资"按公允价值计量，且其公允价值变动对应登记其他综合收益。

资产负债表日，按用于融资的相关应收票据和应收账款的公允价值变动额登记"应收票据"和"应收账款"科目，对应登记"其他综合收益"科目。

应收票据公允价值的最大值就是银行承兑汇票所载金额（实际上应该更低），该票据可以转让他人，其转让价格就是公允价值。应收账款公允价值的最大值是应收金额，由于存在坏账风险，其公允价值会更低。

四、预付款项

预付款项是购买方预付给供应商的购货款或购买劳务款。购买方已经把购货款打入了供应商的银行账号，但如果供应商不能发货或提供劳务，则购买方享有预付款项的索回权。

预付款项记入"预付账款"科目。

购买方按预付货款数额登记"银行存款"科目减少（贷记），对应登记"预付账款"科目增加（借记），把银行存款转换化为预付账款，转换了资产的具体形态。

在供应商发货之后，购买方的"预付账款"科目余额应转入"在途物资"科目，资产的具体形态再一次发生转换。货物到达且验收合格的，资产的具体形态由在途物资转换为原材料。

供应商提供劳务时，采购方的预付账款就耗费掉了。账务处理是登记"管理费用"科目增加（借记），对应登记"预付账款"科目减少（借记），把资产的耗费计入费用。

五、其他应收款

资产负债表的"其他应收款"项目填列"其他应收款""应收利息"和"应收股利"3 个科目的余额合计数。

（一）"其他应收款"科目

和销售商品无关的应收及暂付款项，记入"其他应收款"科目。是否和销售商品相关，是其他应收款和应收账款的主要区别。

例如，员工出差借支差旅费时，登记"银行存款"科目减少（贷记），对应登记"其他应收款—员工"明细科目增加（借记），将银行存款转换为其他应收款。员工出差回来，用车票、住宿发票等报销差旅费时，登记"其他应收款"科目减少（贷记），对应登记"管理费用"科目增加（借记），把资产（其他应收款）的耗费计入费用。

公司提供给股东的借款，记入"其他应收款—股东"明细科目。《中华人民共和国公司法》（2018 年修订，以下简称《公司法》）规定："公司不得直接或者通过子公司向董事、监事、高级管理人员提供借款。"该项规定其实是对相关人员的保护条款。因为在公司担任重要职务的人员向公司借款有法律风险，《中华人民共和国刑法》规定的挪用公款罪和挪用资金罪的构成要件之一，就是"利用职务的便利"。

一旦有股东借款未还，该股东通常就不能再向公司增资了，因为分不清该股东用于增资的款项是否来源于其向公司的借款。股东应当用自己的钱出资,不能从公司借钱出资,不能把还款当作注资。而且,一名股东向公司借款未还,会连累到其他股东也不能向公司增资,因为同样不能确定其他股东的增资款是否来自那位股东向公司的借款。

案例:惹不起的股东借款

曾担任美国第二大电话运营商——世界通信公司(WorldCom)(以下简称"世通")首席执行官的伯纳德·埃贝斯(Bernard Ebbers),因购买造船厂、农场和木材公司欠下了巨额银行贷款,他就和世通的决策者说要抛售世通的股票(他持有1 000万股)来偿还贷款。世通的决策者们为了阻止埃贝斯抛售股票"引发股价直线下跌","不得不"借钱给他。2000年9月—2002年4月世通总共借给埃贝斯4.082亿美元,年利率为2.15%,而且未设定还款期。当时的商业银行贷款年利率为4.75%,这样低的借款利率让埃贝斯每年节省了1 060万美元的利息支出。埃贝斯于2002年4月30日辞职之前又和世通达成一项补充约定:允许他用5年以上的时间偿还借款。

2002年6月25日,新任世通CEO约翰·西奇莫尔(John Sidgmore)向公众披露了世通的巨额亏损,承认世通虚报收入38亿美元,负债超过300亿美元。2002年6月26日,美国证券交易委员会指控世通财务欺诈。2002年7月21日,世通申请破产保护,成为美国历史上最大一宗破产案。

其他应收款存在无法收回的风险,应当计提坏账准备,反映其预计损失。账务处理是登记"坏账准备"科目增加(贷记),对应登记"信用减值损失—提取坏账准备"明细科目增加(借记)。

其他应收款确定无法收回的,就是坏账,相关账务处理和应收账款的坏账处理相同。

(二)"应收利息"科目

债券在购入时就包含的已到期但尚未领取的利息,以及债券在持有期间产生的利息,记入"应收利息"科目。

资产负债表日是计息日。对于应收利息的账务处理,详见债权投资和其他债权投资的讲解。

(三)"应收股利"科目

股利包括现金股利和股票股利。早期的股份公司,还发放财产股利和负债股利。

- 财产股利:股份公司将持有的对其他公司的有价证券支付给股东作为股利。
- 负债股利:股份公司向股东出具承兑票据作为股利。

"应收股利"科目登记应收的现金股利。现金股利,包括股权在购入时就包含的已宣告发放但尚未收到的现金股利,以及持股期间产生的现金股利。对现金股利的核算,详见交易性金融资产、长期股权投资、其他权益工具投资的讲解。

六、合同资产

合同资产属于应收款项,是指企业已经向客户转让商品和提供劳务而取得的收取货款的权利,而且,这种权利只有在合同约定的条件成熟时才能实现,即权利的实现取决于"时间流逝之外的其他因素"。合同资产的这个特征也让它和应收账款区别开来。

施工单位押在建设单位(例如,房地产开发商)那里的工程质量保证金,只有在质量保证期满且工程质量没有瑕疵的前提下才能取回,这个前提就是"时间流逝之外的其他因素",这样的工程质量保证金就是施工单位的"合同资产"。

假设施工单位的工程款总额为100,其中工程质量保证金为5。根据权责发生制,施工单位在工程竣工验收合格并交付工程的当期,确认主营业务收入100,登记"主营业务收入"科目增加100(贷记),对应登记"应收账款"科目增加95和"合同资产"科目增加5(借记)。其中,应收账款(95)属于工程竣工验收合格并交付工程期间取得的收款权,而合同资产(5)须等到质量保证期满且工程质量无瑕疵的时候才能取得收款权。

合同资产和应收账款都是销售商(或劳务提供商)的收款权,但应收账款的收款权是确定的,何时收回只是时间问题;而合同资产的收款权则是由时间流逝之外的其他因素决定的,属于不确定的收款权,只有当时间流逝之外的其他因素成就它时,才转为确定的收款权,即由合同资产转为应收账款。

如果施工单位面临房地产开发商(付款方)预期违约的风险,其合同资产的收款额可能会减少或收款时间被推迟。这时应按合同资产的预计损失确认减值,登记"信用减值损失——合同资产"科目增加(借记),反映预计损失;对应登记"合同资产减值准备"科目增加(贷记),反映合同资产净值的减少。

资产负债表的"合同资产"项目反映其净值。

七、长期应收款

销售大型机器设备通常要分期收款。如果总的收款期超过了一年,就记入"长期应收款"科目,属于非流动资产。因为收款期比较长,销售商会向采购方收取资金占用利息。

(一)初始计量

销售合同约定的收款总额,就是长期应收款的初始账面价值。例如,制造商在第一年年初售出一台圆锥破碎机(售价800),分3期收款,在第一年年末、第二年年末和第三年年末各收取320。售价800是圆锥破碎机的公允价值,长期应收款总额(960)超过设备公允价值(800)的部分(160),是制造商收取的资金占用利息。

分期收款销售相当于制造商出借800给采购方,采购方即刻用这800支付了设备款,取走了设备,双方的买卖关系结清了。但双方又建立了借贷关系,制造商于第一年年初出借800,于每年年末收回320。

在第一年年初,制造商发出商品并确认主营业务收入(800),但应收的资金占用利息(160)尚处于未实现状态,不能确认为融资收益。只有到了每年年末分期收款日,制造商才实现收取利息的权利,才能确认相应的融资收益。因此,资金占用利息(160)在第一年年初属于未实现收益,记入"未实现融资收益"科目,不能进入利润表。

在第一年年初,登记"长期应收款"科目增加960(借记),对应登记"主营业务收入"科目增加800(贷记),按二者的差额对应登记"未实现融资收益"科目增加160(贷记)(图3.35)。有借必有贷,借贷必相等。

长期应收款	960
主营业务收入	800
未实现融资收益	160

图3.35 分期收款销售

资产负债表中的"长期应收款"项目填列"长期应收款"科目借方余额减"未实现融资收益"科目贷方余额后的净额,刚好等于应收销货款余额,未实现融资收益(160)就这样反映在资产负债表中。"未实现融资收益"科目是"长期应收款"科目的备抵科目,属于资产类科目,其贷方余额的性质是负资产。

(二)确认融资收益

制造商在每年年末收到320的时候,应分列出收回销货款和已实现融资收益各是多少。

$$\text{分期收款日实现的融资收益} = \text{期初应收销货款余额(本金余额)} \times \text{融资利率}$$

融资利率是分期收款额(终值)折合为第一年年初的销售价款(现值)时所用的折现率(i)。

$$320(1+i)^{-1}+320(1+i)^{-2}+320(1+i)^{-3}=800$$

假设折现率$i=9\%$,经测算偏小,再假设$i=10\%$,经测算偏大,使用内插法可计算出$i=9.69\%$。

第一年年末,制造商收回320,其中,收回销货款242和实现融资收益78(表3.7)。

表 3.7　第一年年末收回的销货款和实现的融资收益

内容	金额
第一年年末实现的融资收益	$800i=78$
第一年年末的未实现融资收益	$160-78=82$
第一年年末的收回销货款	$320-78=242$
第一年年末的未收回销货款	$800-242=558$

第一年年末,登记"长期应收款"科目减少 320(贷记),对应登记"银行存款"科目增加 320(借记),将长期应收款转换为银行存款。

收回的 320 中,有 78 是已实现融资收益,应当从"未实现融资收益"这个负资产中移出 78,将这 78 计入损益。账务处理是登记"未实现融资收益"科目减少 78(借记),对应登记"财务费用"科目减少 78(贷记)。长期应收款净值增加,财务费用减少。

第二年年末,制造商又收回 320,其中实现融资收益 54 和收回销货款 266(表 3.8)。

表 3.8　第二年年末收回的销货款和实现的融资收益

内容	金额
第二年年末实现的融资收益	$558i=54$
第二年年末的未实现融资收益	$82-54=28$
第二年年末的收回销货款	$320-54=266$
第二年年末的未收回销货款	$558-266=292$

第二年年末应收账款减少 320,银行存款增加 320;同时,实现融资收益 54。账务处理是登记"未实现融资收益"科目减少 54(借记),对应登记"财务费用"科目减少 54(贷记),资产净值增加,收益也增加。

第三年仍然是应收账款减少 320,银行存款增加 320;同时,实现融资收益 28(表 3.9)。

表 3.9 长期应收款和融资收益的计量

	长期应收款	已实现融资收益	收回的销货款	未收回的销货款	未实现融资收益
第一年年初	960	—	—	800	160
第一年年末	640	78	242	558	82
第二年年末	320	54	266	292	28
第三年年末	0	28	292	0	0
合计	—	160	800	—	—

第六节 无形资产、开发支出和商誉

美国著名会计学家哈特菲尔德(1927)在其著作《会计学:它的原理与问题》中曾说:"无形资产的含义是指专利权、版权、秘密制作法和配方、商誉、专营权以及其他类似的财产。"可见,商誉曾经被认为是无形资产的一种,而开发支出是开发无形资产过程中的资本性支出。鉴于三者的上述联系,所以,放在同一节讲。

一、无形资产

《企业会计准则第6号——无形资产》(财会〔2006〕3号)第三条规定,无形资产是指"没有实物形态的可辨认非货币性资产"。《〈企业会计准则第6号——无形资产〉应用指南》第一点规定"无形资产主要包括专利权、非专利技术、商标权、著作权、土地使用权和特许权等"。

20世纪70年代前后,无形资产曾被认为不具有独立性,不能与企业分离,甚至不能用等值的现金来计量。R. J. 钱伯斯(Raymond John Chambers,1917—1999)在其著作《会计、估价和经济行为》(*Accounting, Evaluation and Economic Behavior*,1966)中甚至建议无形资产不应作为资产,不应该反映在会计报表中。

(一)定义的问题

《企业会计准则第6号——无形资产》对无形资产的定义,并不能唯一指向无形资产,因为从文意表达上看,该定义也适用于长

期股权投资和应收款项。

美国财务会计准则委员会的《财务会计准则第142号——商誉和其他无形资产》认为,无形资产是"不具备实物形态的资产(不包括金融资产)"。这个定义就排除了对长期股权投资和应收款项(属于金融资产)的适用。

《国际会计准则第38号——无形资产》认为:"无形资产是指为用于商品或劳务的生产或供应、出租给其他单位,或为管理目的而持有的,没有实物形态的、可辨认的非货币性资产。"这个定义不但定语有点长,而且,若不了解几种具体的无形资产,也就无从知晓该定义究竟指向怎样的资产。

上述权威定义都采用了"没有实物形态"的表达,但究竟什么形态算实物形态,什么形态不算实物形态,也确实是个难题。不仅无形资产没有实物形态,金融资产、应收款项、制造费用,以及合同资产、合同履约成本、使用权资产和"待处理财产损溢"科目的借方余额(即虚拟存货),都没有实物形态。

什么是无形?什么是无形资产?什么是无形的资产?对这些问题,杨汝梅(1924)已经给出了答案:"会计核算上所谓无形资产,仅系某几种具有相同性质之资产之总合并称,并非另有所谓有形资产与之对立。"

杨汝梅的博士论文《商誉及其他无形资产》(Goodwill and other intangibles)于1926年由美国Ronald Press Company出版,并被美国大学采用为教科书及参考书。该书受到潘序伦先生的重视,并由施仁夫翻译为中文,1936年由商务印书馆出版,书名改成了《无形资产论》。

无形资产不等于无形的资产,"没有实物形态"也不是无形资产的本质特征。而且,也很难从专利权、非专利技术、商标权、著作权、土地使用权、特许权等具体无形资产的分析比较中提炼出它们的共同的本质特征。无形资产就是这若干种具体形态资产的统称,并赋予它们统一的计量方法。

（二）初始计量

外购无形资产的初始账面价值由购买价款、相关税费以及直接归属于使该项无形资产达到预定用途所发生的其他支出（例如，专利技术的相关测试费用等）等构成。

投资入股的无形资产，以公允价值入账。

通过非货币性资产交换取得的无形资产，以换出资产的公允价值和交换价差作为初始账面价值。

通过债务重组方式取得的无形资产，以无形资产在取得时的公允价值作为初始账面价值。

（三）后续计量

后续计量是对无形资产日常耗费和减值的计量。

无形资产没有实体形态，不因时间推移而变旧，所以，对无形资产日常耗费的计量称为摊销。无形资产没有残值，初始账面价值就是摊销总额。摊销方法是直线法（年限平均法）。资产负债表日，按月摊销额登记"累计摊销"科目增加（贷记），"累计摊销"账户是无形资产的备抵账户；对应登记营业成本或费用，其中，自用无形资产的摊销，对应登记"管理费用"科目增加（借记），向他人收取使用费的无形资产的摊销，对应登记"其他业务成本"科目增加（借记），这是因为根据收入和费用的配比原则，所收取的无形资产使用费记入了"其他业务收入"科目。

一旦有新技术出现，专利、非专利技术等无形资产的实际价值就会迅速下降。资产负债表日，如果无形资产的可收回金额低于账面净值（=账面价值-累计摊销），应确认减值。

> 无形资产最重要的特征是未来价值具有高度不确定性，在大多数情况下，其潜在价值可能分布在零至很大金额的范围内。
> ——亨德里克森（Hendrickson）:《会计理论》第 300 页

无形资产减值的，其账面净值应减记至估计可收回金额，按减值额登记"无形资产减值准备"科目增加（贷记），反映账面净值的减少；对应登记"资产减值损失"科目增加（借记），反映减值对损益的影响。

无形资产属于非流动资产,其减值准备一经提取就不能再转回了。资产负债表中"无形资产"项目填列其净值。

$$\text{无形资产账面净值} = \text{无形资产账面价值} - \text{累计摊销} - \text{无形资产减值准备}$$

(四)处置

处置是指无形资产的转让和转销。

按转让所得款项登记"银行存款"科目增加(借记),对应登记结平无形资产的账面净值,即按科目余额反向登记"无形资产""累计摊销"和"无形资产减值准备"科目,按转让所得款项和无形资产账面净值的差额登记"资产处置损益"科目(图 3.36)。有借必有贷,借贷必相等。

```
银行存款
累计摊销
无形资产减值准备
    无形资产
    资产处置损益
```

图 3.36　处置无形资产

如果无形资产既用不上也卖不掉,预期不能为企业带来经济利益了,也就不符合资产的定义了,应当像报废的固定资产那样,退出资产序列,称为转销。账务处理是将该无形资产的账面净值减至 0,予以转销,对应登记"营业外支出"科目增加(借记)。

二、开发支出

资产负债表的"开发支出"项目,反映企业对研发专利、著作权等无形资产的投入。"开发支出"项目填列"研发支出"科目的期末余额,该资产项目和会计科目在名称上有着一字之差。

无形资产的研发通常划分为前后两个阶段:研究阶段和开发阶段。

(一) 研究阶段

研究阶段距离最终成为无形资产尚远,所以,研究阶段的支出均作为费用化支出,发生时登记"研发支出—费用化支出"明细科目增加(借记),对应登记"银行存款"科目减少(贷记)。资产负债表日,费用化研发支出应转入"管理费用—研发支出"明细科目。因而,"研发支出—费用化支出"明细科目没有期末余额,它是过渡性科目。

利润表的"研发费用"项目填列当期的费用化研发支出,也就是"管理费用—研发支出"明细科目的发生额。这样,利润表的"管理费用"项目就填列"管理费用"科目的发生额扣除其中的费用化研发支出后的数额。

(二) 开发阶段

开发阶段的支出又分为两种。一种是支出时尚看不到能够形成无形资产,这个阶段属于反复试验的摸索阶段,就确认为费用化研发支出,记入"研发支出—费用化支出"明细科目;另一种是支出时就预计能够形成无形资产,则作为资本化研发支出,记入"研发支出—资本化支出"明细科目,称为研发费用的资本化。

资本化研发支出属于资产,它是无形资产的前身,属于非流动资产。如果开发成功了,资本化研发支出就晋级为无形资产,由"研发支出—资本化支出"明细科目转入"无形资产"科目;如果开发失败了,就由资本化支出转为费用化支出。

资产负债表的"开发支出"项目填列资本化研发支出的期末余额。

三、商誉

商誉是在企业合并中由合并方取得的资产。

《公司法》第一百七十二条规定:"公司合并可以采取吸收合并或者新设合并。一个公司吸收其他公司为吸收合并,被吸收的公司解散。两个以上公司合并设立一个新的公司为新设合并,合并各方解散。"

(一) 吸收合并商誉

吸收合并的双方称为购买方和被购买方,被购买方的全部资产和全部负债均由购买方承继,购买方将合并对价支付给被购买方,然后,被购买方解散注销。

1. 形式与实质

在吸收合并中,购买方付出资产的公允价值称为合并成本。合并成本超过所取得的被购买方可辨认净资产公允价值的,说明购买方钱花多了,花出去多,换回来少,吸收合并产生了损失。但是,《企业会计准则第20号——企业合并》(财会〔2006〕3号)第十三条并不认为这是损失,而是规定:"购买方对合并成本大于合并中取得的被购买方可辨认净资产公允价值份额的差额,应当确认为商誉。"

本来是资产的损失,但摇身一变,成了一项新资产——商誉。这样的会计处理,其好处是让购买方在糟糕的现实中又挺直了腰杆,就像把经济衰退称为经济进入负增长那样,换一种方式来表达损失确实能够振奋人心。

在商誉概念面世之后,购买方在吸收合并中就再也不会有账面损失了。吸收合并就成了购买方在资产具体形态上的转换,换出合并对价,换入商誉和被购买方的资产及负债,吸收合并成了等价交换。

有观点认为商誉是被购买方具有超过同行业一般利润水平的能力而形成的一种价值,这种价值在吸收合并中转移给了购买方,成为购买方的资产。其实,在吸收合并之后,被购买方就解散注销了,其全部资产散入了购买方的资产中。物是人非,即使被购买方曾经有过获取超额利润的能力,也难以寻觅了。

"人面不知何处去,桃花依旧笑春风。"虽然被购买方获取超额利润的能力(如果有)已成为历史,但却依然让购买方付出了相应的代价,这个代价在吸收合并中转换为购买方的一项新的资产——商誉。

斯坦福大学的经济学家约翰·班纳特·坎宁(John Bennet

Canning,1884—1962)做出了一项杰出贡献,就是将经济学的观点系统地引入对会计理论的研究中。他在著作《会计学中的经济学:会计理论的一种批判性分析》中,用最为直观的语言描述了商誉的复杂性。他说:"会计师、会计学家、工程师和法官,无不试图对商誉下定义,讨论其性质,并提出对它的计价方法。纵观浩如烟海的论述,观点之多、分歧之大,是最显著的特征。另一显著特征可能是,就每一位作者来说,他们的分析都是不全面的。我们很容易列出一长串著名作者的名单,他们对商誉的研究都做出了独特的贡献,但遗憾的是,每一位作者似乎都没有领会前人的作品。"[1]

在账务处理上,购买方按取得的可辨认资产的公允价值登记相关资产类科目增加(借记),按所承担负债的公允价值登记相关负债类科目增加(贷记),即登记吸收合并中取得的可辨认净资产;按合并成本对应登记"银行存款"科目减少(贷记);合并成本超过所取得可辨认净资产公允价值的部分就是吸收合并中取得的商誉的账面价值,登记"商誉"科目增加(借记)(图3.37)。有借必有贷,借贷必相等。

```
资产类科目
商誉
    负债类科目
    银行存款
```

图 3.37　取得吸收合并商誉

吸收合并商誉就这样产生了,合并损失就这样成为购买方的一项新的资产。

吸收合并商誉没有具体形态,是不可辨认的资产。商誉虽然在资产负债表中是独立列示的,但不是独立的资产,不能独立产生现金流,必须依附于其他资产才能生存。可以说,商誉附着于吸收

---

[1] CANNING J B. The economic of accountancy: A critical analysis of accounting theory[M]. New York: The Ronald Press Company, 1929:38.

合并所取得的各项资产之表面,而且无法和所附着的资产分离。

不过,说商誉是资产,确实很难让人认同。资产是预期给企业带来经济利益的资源,可商誉却不能给企业带来任何经济利益,冠名为资产,确实是受之有愧。

2. 负商誉

如果吸收合并中购买方的合并成本小于所取得的可辨认净资产公允价值,则吸收合并不仅没有损失,反而赚了。美国会计准则把这种情况视为购买方从中取得了负商誉(negative goodwill)。

亨德里克森认为负商誉是不可能存在的。他提出:"如果整个企业的价值小于各个资产价值的总和,原业主就会个别地出售其资产,而不是把企业作为整体来出售了,从而负商誉是不可能存在的。"

——亨德里克森:《会计理论》第311页

实际上,个别出售资产是非常麻烦的,要一个一个地找买家,也就是把批发做成零售。所以,亨德里克森的理论必然有一个前提,就是假设个别地出售资产的交易费用为0。

根据我国《企业会计准则第20号——企业合并》第十二条的规定,购买方在合并中赚得的资产数额应作为当期利得处理,不确认负商誉。又根据《〈企业会计准则第2号——长期股权投资〉应用指南》的规定,应计入营业外收入。

3. 减值和分摊

美国会计原则委员会(Accounting Principles Boards,APB,美国财务会计准则委员会的前身)于1970年制定的《会计原则委员会第17号意见书——无形资产》中规定:"商誉在不超过40年内进行摊销;即使商誉的年限超过40年,也要在40年内摊销。"这样的规定已经把商誉视为比固定资产还要"固定"的资产,因为很多固定资产的折旧年限都不会超过20年。

上述规定把商誉(其实是损失)对利润的影响降到最低和最缓慢的程度。30多年后,美国财务会计准则委员会(FASB)于

2002年1月1日实施的《财务会计准则第142号——商誉和其他无形资产》才有了新的规定:商誉在初始确认后不用再摊销了,但应至少一年做一次减值测试。

2004年3月,国际会计准则理事会(IASB)发布了《国际财务报告准则第3号——企业合并》,取代了原《国际会计准则第22号——企业合并》,并以只对商誉进行减值测试的方法(至少在每年年度终了时对商誉进行减值测试)替代了原准则规定的商誉摊销法。

我国《企业会计准则第8号——资产减值》第二十三条也规定了同样的处理方式,要求对企业合并形成的商誉,至少应当在每年年度终了进行减值测试。减值测试对商誉的打击不小。

案例:新设合并商誉归零的瞬间

新设合并也产生商誉。如果合并双方在谈判中被对方认可的价值超过了各自的可辨认净资产公允价值,超过部分就是新设合并企业的商誉。

2000年1月10日,美国在线(America Online)以1470亿美元的创纪录价格收购了世界上最大的传媒公司——时代华纳(Time Warner),新设立美国在线-时代华纳公司(AOL-Time Warner,图3.38),这是美国乃至世界历史上

图3.38 美国在线-时代华纳公司

最大的一宗并购案。合并采取了换股方式的新设合并,美国在线的股东和时代华纳的股东分别用各自的股份出资,注入新设立的公司,将上述两家公司的股份换成新设立公司的股份,分别持有新公司55%和45%的股份。美国在线和时代华纳成为新设立公司的全资子公司。美国在线对时代华纳的收购成本为1 470亿美

元,而时代华纳当时的市值虽然是970亿美元,但公司净资产的账面价值只有179亿美元,在考虑了时代华纳资产和负债的公允价值变化之后,仍形成了1 100亿美元的商誉,连同两家公司原有的商誉,商誉总额突破1 340亿美元,占合并后的新公司资产总额的61%,大约相当于新公司股票市值的70%。2001年年末,新公司摊销了67亿美元商誉,商誉的年末净值为1 274亿美元。

2001年,新公司亏损49.21亿美元。2002年,根据《财务会计准则第142号——商誉和其他无形资产》的规定,新公司在第一季度和第四季度分别计提了542亿美元和447亿美元的商誉减值准备后,于是,新公司2002年度的业绩就变为亏损986.96亿美元(相当于当时越南和智利的GDP之和)。即便如此,2002年年末的商誉余额仍然高达396.86亿美元,占新公司资产总额的32%。

2004年1月1日,美国财务会计准则委员会实施新规则,新规则要求在并购中取得的无形资产贬值时,应注销与该无形资产相关的商誉。根据新规则,美国在线-时代华纳公司把剩余的商誉全部转为损失,造成2004年第一季度亏损542亿美元,创下美国历史上季度亏损的最高纪录。

在初始计量之后,吸收合并商誉以备注的方式分摊至购买方所取得的资产组中。资产组是最小的资产组合,能够独立产生现金流。一个资产组产生的现金流应当基本上独立于其他资产或者资产组所产生的现金流。备注商誉不是做账务处理,不改变商誉和各资产组的账面价值,只是对分摊了商誉的相关资产组做标记。

当相关资产组的估计可收回金额低于其账面价值(资产组自身账面价值加上所分摊的商誉)时,要确认该资产组减值。资产组减值的账务处理是先冲减附着其上的商誉,再做该资产组自身的减值。会计核算对商誉采取了这样的处理原则:先把合并损失确认为商誉,然后,再通过减值测试让商誉回归损失,返璞归真;也就是坐了一回过山车,先上去,再下来,终点又回到起点。

购买方在吸收合并中取得的相关资产组往往在第一次做商誉减值测试时,就把所分摊的商誉减没了。这也说明了购买方把吸收合并损失当作资产,终究是靠不住的。

购买方确认资产组减值的,先减附于其上的商誉,按商誉减值额登记"商誉减值准备"科目增加(贷记),对应登记"资产减值损失—商誉"明细科目增加(借记)。若资产组的减值幅度超过了所分摊的商誉,应继续减该项资产组自身的账面净值,例如,登记"固定资产减值准备"科目增加(贷记),对应登记"资产减值损失—固定资产"明细科目增加(借记)。

4. 处置

商誉不具有独立性,所以,吸收合并商誉无法单独处置,只能在处置分摊商誉的资产组时,一并将所备注分摊的商誉处置掉,因此,处置对象是"资产+商誉"。

处置相关资产组时,不但要转销相关资产组的账面净值,即按科目余额反向登记相关资产及准备科目,还要转销所分摊的商誉净值,即按科目余额反向登记"商誉"和"商誉减值准备"科目,按处置资产组所得款项对应登记"银行存款"科目增加(借记),处置所得款项与所处置"资产组+商誉"的账面净值的差额,作为处置损益,登记"资产处置损益"科目(图3.39)。有借必有贷,借贷必相等。

```
银行存款
累计折旧
固定资产减值准备
商誉减值准备
资产处置损益
商誉
固定资产
```

图 3.39 处置固定资产及其所分摊的商誉

(二)控股合并商誉

控股合并商誉只产生于非同一控制下的控股合并中,同一控制下的控股合并因不被视为公允价值交易,不能产生商誉。

1. 只载于合并报表

非同一控制的控股合并,会计核算视为资产交换,购买方换出银行存款等资产,换入长期股权投资。购买方取得的长期股权投资按合并成本的公允价值入账,购买方的个别会计报表既不产生商誉,也不发生损失。

在购买方编制合并报表的过程中,其个别报表的长期股权投资和被购买方个别报表的所有者权益公允价值中由购买方所享有的份额,二者属于合并报表过程中应予抵销的内部交易。

抵销之后,购买方的长期股权投资账面价值的剩余部分(没得抵销的部分),就是购买方的控股合并商誉,而且只体现在购买方的合并资产负债表中。

2018年12月31日,我国A股上市公司的商誉合计达到1.31万亿元。13家上市公司的商誉超过百亿元。其中,中国石油居首,为422.73亿元,其后是美的集团、潍柴动力、青岛海尔、中国平安,后面这4家上市公司每一家的商誉都超过了200亿元。共有26家上市公司的商誉超过其净资产,此外,有108家上市公司的商誉超过净资产的50%。

下面举例说明控股合并商誉的计算方法。

例如,在非同一控制的控股合并中,购买方(甲公司)支付30 000银行存款,取得了被购买方(A公司)70%的股权。在合并日,被购买方(A公司)净资产账面价值为32 000,净资产公允价值为36 000。

在合并日编制合并报表,购买方(甲公司)是母公司,被购买方(A公司)是子公司。母公司的长期股权投资账面价值(等于合并对价)30 000要和其享有子公司的净资产公允价值份额25 200(=36 000×70%)相抵销,抵销后母公司长期股权投资的账面价值余额4 800(=30 000-25 200)就是控股合并商誉,但只出现在母公司的合并资产负债表中。

在母公司的合并资产负债表中,商誉(4 800)应以备注的方式分摊给子公司的各个资产组,即母公司合并资产负债表中的商誉(4 800)覆盖在子公司相关资产组的表面。

2. 减值

在 2018 年度,我国总计有 884 家上市公司计提了商誉减值损失,商誉减值损失合计 1 668.05 亿元。其中,有 7 家上市公司的商誉减值损失均超过了 20 亿元,有 45 家上市公司的商誉减值损失均超过了 10 亿元。2019 年的 A 股商誉减值损失也高达 1 569 亿元,但 2020 年第三季度末的 A 股商誉仍保持 1.28 万亿元。

控股合并商誉覆盖在被购买方的资产组表面,因此,每年度做商誉减值测试的对象应当是"被购买方的资产组+商誉"。

前面的例子中,子公司可辨认净资产公允价值(36 000)分属母公司和少数股东。子公司的商誉总额为 6 857(=30 000/70% – 36 000),其中,归属母公司的商誉是 4 800(=6 857×70%),归属少数股东的商誉为 2 057(=6 857–4 800)。

母公司合并报表中的商誉 4 800,被分摊至子公司的各项资产组。假设到了年末,子公司资产组的估计可收回金额比分摊了商誉后(资产组+商誉)的账面价值下降了 2 000,就说明商誉总额 6 857 减值 2 000,其中,归属母公司的控股合并商誉减值为 1 400(=2 000×70%)。

(三)商誉核算的国际动态

2004 年 3 月,国际会计准则理事会发布了《国际财务报告准则第 3 号——企业合并》,以至少在每年年度终了时对商誉进行减值测试的方法取代了原《国际会计准则第 22 号——企业合并》规定的商誉摊销法。2013 年 7 月,国际会计准则理事会就《国际财务报告准则第 3 号——企业合并》开展实施后审议,审议中收到的反馈意见之一是"通过商誉减值测试方法确定的商誉减值滞后于减值事件的发生,不能及时有效反映减值事件对商誉的影响"。

2015 年 2 月,国际会计准则理事会将"商誉及其减值"确定为研究项目。2020 年 3 月 19 日,根据"商誉及其减值"项目的前期研究成果,发布了《企业合并——披露、商誉及其减值》(*Business*

Combinations——*Disclosures, Goodwill and Impairment*)(讨论稿),提出了在资产负债表中新增"扣除商誉后的所有者权益"小计项目,提醒会计报表使用者关注商誉对所有者权益的影响。

第七节 其他资产

其他资产的具体形态各异,且无法归入传统的资产分类。具体地说,其他资产包括资产负债表中的持有待售资产、合同取得成本、使用权资产、长期待摊费用和递延所得税资产等资产项目,它们均有同名的账户。除了持有待售资产外,其他的资产均可归类为递延资产。

一、持有待售资产

固定资产、无形资产、长期股权投资、其他权益工具投资等非流动资产,如果决定要出售变现,而且已经和买家签订了协议,至多在一年内就能够完成转让,则这些资产就不再发挥其原有的长期资产的功能了,而是踏上了变现(待售)的进程,其具体形态就转换为"持有待售资产"。

持有待售资产属于流动资产,因此,固定资产和无形资产在划分为持有待售资产之后,就不存在耗费了,不能再提取折旧和进行摊销了。

(一)初始计量

持有待售资产的初始账面价值等于待售资产或资产组的账面净值,账务处理是按科目余额反向登记"长期股权投资""其他权益工具投资""固定资产""无形资产""商誉"和"累计折旧""累计摊销",以及相关资产减值准备科目,结平上述账户;对应登记是按待售资产的账面净值登记"持有待售资产"科目增加(借记)(图3.40),完成资产具体形态的转换。

```
┌─────────────────┐
│ 持有待售资产    │
│ 累计折旧        │
│ 固定资产减值准备│
│   固定资产      │
└─────────────────┘
```

图 3.40　固定资产进入持有待售状态

(二) 后续计量

资产负债表日,持有待售资产按"账面价值和公允价值减去出售费用后的净值孰低"计量。

资产负债表日,持有待售资产的"公允价值减去出售费用后的净值"比账面价值更小的,应当确认减值,登记"资产减值损失"科目增加(借记),对应登记"持有待售资产减值准备"科目增加(贷记)。

持有待售资产是流动资产,其减值可以转回。按转回的金额,登记"资产减值损失"科目减少(贷记),增加利得;对应登记"持有待售资产减值准备"科目减少(借记),减少负资产,增加资产净值。

持有待售资产减值中可以转回的部分,仅限于原非流动资产在划分为持有待售之后所确认的减值;在划分之前已经确认的减值损失是不能转回的,因为在那个时候,还属于非流动资产阶段,非流动资产的减值不能转回。

(三) 处置

处置持有待售资产的账务处理,是转销其账面净值,即按科目余额反向登记"持有待售资产"和"持有待售资产减值准备"科目,结平这两个科目,按处置所得款项对应登记"银行存款"科目增加(借记),处置所得款项与所处置资产账面净值的差额,是处置所引起的资产总额变化,登记"资产处置损益"科目。有借必有贷,借贷必相等。

二、递延资产

(一) 费用的资产属性

美国财务会计准则委员会第 4 号公告提出:"资产是按照公

认会计原则①确认和计量的经济资源,包括某些虽不是资源但要按照公认会计原则确认和计量的递延费用。"

利特尔顿也指出:"递延费用是指已经发生(支付或增加负债)但尚未产生效益的费用。应当指出,递延费用事实上具有大多数(如果不是全部)资产的性质。"(《会计理论结构》第 85 页)《德国商法典》第 250 条第 1 款规定:"以支出构成结算日之后的一定时间的费用为限,在结算日之前,应当将支出作为递延项目列示于资产方。"

递延费用又称为递延资产,是已经发生的支出,但根据收入和费用的配比原则,这些支出不能在发生时一次性计入费用,而是先确认为长期资产,再将其理论损耗逐期计入费用。

(二)合同取得成本

如果企业承诺在销售人员签订了销售合同之后即予以奖励。这样的奖励支出,会计核算上不计入费用性支出,而是记作资产,记入"合同取得成本"科目。

合同取得成本与尽职调查费用、投标文件制作费用、差旅费等支出有区别,后者虽然也是为签订销售合同发生的支出,但都是在签订销售合同之前发生的,发生时尚不知道能否签下销售合同。而且,无论能否签下销售合同,即无论中标与否,后者都要发生,属于经济学中的沉没成本(已经发生且不可收回的成本)。

合同取得成本也具有和沉没成本不同的特征:

● 合同取得成本是在签订销售合同之后发生的支出。
● 如果没有签下销售合同,就不会发生合同取得成本。

合同取得成本也具有和沉没成本共同的特征:

---

① 美国证券交易委员会(SEC)和美国注册会计师协会(AICPA)于 1937 年合作成立了会计程序委员会(CAP),来制定"公认会计原则"(GAAP)。1959 年 CAP 被会计原则委员会(APB)取代。1973 年 3 月美国财务会计准则委员会(FASB)成立,取代了 APB。

- 和签订销售合同相关，而不是和履行销售合同相关。

同时符合上述3个特征的支出，就是为取得销售合同而发生的"增量成本"。该增量成本已经支付但尚未产生效益，不能一次性计入费用，在会计核算中记作资产，命名为"合同取得成本"。

账务处理是按奖励金额登记"合同取得成本"科目增加（借记），对应登记"银行存款"科目减少或"应付职工薪酬"科目增加（贷记）。

"合同取得成本"的日常耗费称为摊销。但摊销不是按月计量，而是按照配比原则跟着合同收入走。在分期确认合同收入的期间，进行相应的摊销，保持费用和收入的配比。账务处理是按摊销额登记"销售费用"科目增加（借记），对应登记"合同取得成本"科目减少（贷记）。

按摊销期限是否超过一年，"合同取得成本"分属流动资产和非流动资产，其科目余额也分别填列在资产负债表的"其他流动资产"或"其他非流动资产"项目中。

（三）使用权资产

企业承租办公用房或者大型机器设备等，租赁期超过一年的，根据《企业会计准则第21号——租赁》（财会〔2018〕35号）第十四条的规定，应将承租人基于租赁合同的约定可在较长租赁期内使用租赁资产的权利视为一项长期资产，记入"使用权资产"科目。

1. 初始计量

承租人为实现租赁而支付的和未来支付的全部支出的现值构成了使用权资产的初始账面价值。

（1）承租人在租赁期开始日或之前支付的租赁付款额。

租赁付款额，是指承租人向出租人支付的与在租赁期内使用租赁资产的权利相关的款项，包括：

- 固定租赁付款额和可变租赁付款额。
- 根据承租人提供的租赁物担保余值预计应支付的款项。

出租人在租赁结束时收回的租赁物价值,称为租赁物余值。为保证余值的收回,出租人通常要求承租人提供担保。例如,承租人提供担保,保证租赁结束时租赁物的余值还有1 000,如果到时候租赁物的余值只有800了,承租人就要再出200,补够1 000。

租赁物余值由未担保余值和担保余值两个部分组成,其中,未担保余值本来就是归属出租人的,承租人交回租赁物的未担保余值不属于承租人的负担。担保余值是承租人担保的租赁物余值,在租赁结束时,担保余值不足额的,承租人还要交给出租人补差。

(2)承租人发生的初始直接费用。

初始直接费用,是指承租人为达成租赁所发生的增量成本。增量成本是指若承租人不取得该租赁就不会发生的成本。例如,承租人负担的评估费、律师费、手续费等。

(3)租赁负债的初始计量金额。

除了租赁期开始日或之前支付的租赁付款额以及承租人发生的初始直接费用之外,承租人为实现租赁应支付的其他金额就构成了承租人的"租赁负债"。租赁负债按照租赁期开始日尚未支付的租赁付款额的现值进行初始计量。

在计算租赁付款额的现值时,承租人应当采用租赁内含利率作为折现率;无法确定租赁内含利率的,应当采用承租人增量借款利率作为折现率。

根据《企业会计准则第21号——租赁》第十七条的规定,租赁内含利率,是使得出租人的租赁收款额的现值与租赁资产的未担保余值的现值之和等于租赁资产公允价值与出租人的初始直接费用之和的利率。

租赁内含利率的设计基于这样的考虑:出租人收回金额的现值等于出租人当期付出的价值。

租赁收款 租赁物未担 租赁物的 出租人支付的
额的现值 + 保余值现值 = 公允价值 + 初始直接费用

出租人未来利益的现值   出租人当前付出的价值

折现率还可按承租人增量借款利率确定,根据《企业会计准则第21号——租赁》第十七条的规定,增量借款利率是指承租人在类似经济环境下为获得与使用权资产价值接近的资产,在类似期间以类似抵押条件借入资金须支付的利率。

(4)承租人为拆卸及移除租赁资产、复原租赁资产所在场地或将租赁资产恢复至租赁条款约定状态预计将发生的成本的现值。

承租人按照上述前四项的合计金额确定使用权资产的初始账面价值。

复式记账法下,按初始账面价值登记"使用权资产"科目增加(借记),对应科目通常是"银行存款""租赁负债"和"预计负债"等科目。这3个科目对应着使用权资产初始账面价值的4个组成部分。

● 对应登记"银行存款"科目减少(贷记),记载承租人在租赁期开始日或之前支付的租赁付款项,以及初始直接费用。

● 对应登记"租赁负债"科目增加(贷记),记载租赁负债的初始计量金额。

● 对应登记"预计负债"科目增加(贷记),记载承租人为拆卸及移除租赁资产、复原租赁资产所在场地或将租赁资产恢复至租赁条款约定状态预计将发生的成本的现值。

2. 后续计量

使用权资产按成本模式进行后续计量,包括对使用权资产提取折旧和对租赁负债计算利息费用,以及对使用权资产减值的计量等。

使用权资产应当在租赁期与租赁资产剩余使用寿命两者孰短的期间内计提折旧。

使用权资产的折旧总额等于使用权资产的初始账面价值扣除租赁物担保余值后的余额,因为担保余值在租赁结束时能确定收回,因此,不计入使用权资产的日常耗费。提取折旧通常按年限平均法计提,登记"管理费用"科目增加(借记),对应登记"使用权资产累计折旧"科目增加(贷记)。

租赁负债的计量属性是现值,所以要计算利息费用。随着时间的推移,也就是随着计算现值的时点不断向前推进,现值逐渐向终值过渡,从租赁期开始日起,每经历一年,租赁负债就增加一年的利息负担。

租赁负债在期末产生的利息费用等于租赁负债的本期期初余额乘以折现率。对利息的账务处理是按会计期间新增的利息登记"财务费用"科目增加(借记),对应登记"租赁负债"科目增加(贷记)。

使用权资产也存在减值风险,例如,承租人一次性支付了5年的房屋租金后,租赁市场的租金水平就开始下跌了。账务处理是按使用权资产的减值额登记"资产减值损失"科目增加(借记),对应登记"使用权资产减值准备"科目增加(贷记)。

$$\text{使用权资产账面净值} = \text{使用权资产账面价值} - \text{使用权资产累计折旧} - \text{使用权资产减值准备}$$

资产负债表的使用权资产项目反映其账面净值。

资产负债表的租赁负债项目填列"租赁负债"科目的期末余额,属于非流动负债。但一年内到期的租赁负债,则反映在"一年内到期的非流动负债"项目中。

（四）长期待摊费用

企业对租入的机器设备进行的大修理改造支出就是典型的长期待摊费用。长期待摊费用名为费用，其实是资产。

租来的机器设备并不属于企业的固定资产，所以，相关大修理支出就不能记入"固定资产"科目。但是，大修理改造开始时的剩余租赁期通常超过一年，大修理支出的受益期又和剩余租赁期一致，也超过了一年，所以会计准则允许将该项大修理支出资本化，作为非流动资产，记入"长期待摊费用"科目。

长期待摊费用的寿命周期始于大修理改造支出之日，终于机器设备租赁结束日。长期待摊费用在寿命周期内按月摊销，按受益部门的不同，登记"管理费用"或"销售费用"等科目增加（借记），对应登记"长期待摊费用"科目减少（贷记）。

长期待摊费用虽然看不见、摸不着，但并非像商誉那样不可辨认，它的存在能够被感知，是能够带给企业经济利益的资源。

（五）递延所得税资产

税务部门征收企业所得税，是按应税收入减除可扣除项目后的所得额乘以所得税税率计算应纳税额。企业除了依法纳税，即按应纳税额交税之外，在会计核算中还要确认"所得税费用"，就是把按权责发生制确定的纳税责任计入费用。

纳税责任和应纳税额不一样。应纳税额按税法的规定计算。纳税责任是按会计核算的应税经营成果（=应税营业收入−计税营业成本及费用）确定的支付责任。应纳税额的计算基础是所得额，所得税费用的核算基础是应税经营成果。

所得税费用的核算要遵守权责发生制。而税法对于应纳税额的计算，是按税收优先原则选择适用权责发生制或收付实现制，哪个原则能抢先确定应纳税所得额，就适用哪个原则。例如，对于房地产开发商，税法就基于收付实现制在预收房款的年度确认应税收入；而会计核算则基于权责发生制，只能在向购房者交房（即发出商品）的年度才确认营业收入。二者的确认时间不同，但确认数额是一样的。

无论是适用权责发生制还是适用收付实现制，从较长期间来看,税法确认的应纳税所得额和会计核算的应税经营成果是一致的,二者的差别只是确认期间的差异。

在预收房款的年度,税法将预计毛利额计入所得额,但会计核算依据权责发生制不确认经营成果,故预收房款年度的所得额(应纳税额的计算基础)就比应税经营成果(所得税费用的核算基础)多。如果没有其他因素的影响,该年度的应纳税额相应地就比所得税费用更多。按照权责发生制原则,应纳税额中和应税经营成果相匹配的纳税义务数额,计入所得税费用,这也是所得税费用本质上并不是费用,但却命名为费用的原因,因为费用的核算原则是权责发生制;应纳税额中超过所得税费用的纳税义务,则基于会计恒等式给企业带来一项新的资产——递延所得税资产,记入"递延所得税资产"科目。

递延所得税资产可用于支付以后年度的所得税费用,因此,就具有了递延性。

递延所得税资产虽是资产却不能转让,只是因为会计核算的权责发生制和税收优先原则的差异,它才应运而生,才获得了资产的身份。

递延所得税资产的会计核算详见第六章第二节的相关介绍。

第四章 负　　债

产生负债往往是因为新增了资产,或者暂时留住了本应支付出去的资产。负债是企业获取资产的重要途径。例如,某银行股份有限公司在 2023 年 3 月 31 日的资产总额为 420 338.95 亿元,负债总额为 384 323.23 亿元,也就是说,有 91.43% 的资产是负债形成的。

第一节　负债的一般问题

负债的一般问题是指所有负债都面临的问题,包括怎么解释负债、负债的确认条件、负债的分类和计量属性。

一、现时义务

有多少负债,就意味着未来要支付多少资产给债权人。

英国人福斯特(Foster,1882)把财产分为积极财产和消极财产,消极财产不是自己的财产,是用于今后偿还债务的资产,即消极财产迟早是要给债权人的。他提出:积极财产(资产)−消极财产(负债)= 财产(资本)。斯普拉格在《账户原理》(1907)一书中也把负债称为负资产(negative assets)。

关于负债的定义,我国《企业会计准则——基本准则》第二十三条规定:"负债,是指企业过去的交易或者事项形成的、预期会导致经济利益流出企业的现时义务。现时义务是指企业在现行条件下已承担的义务。未来发生的交易或者事项形成的义务,不属于现时义务,不应当确认为负债。"

现时义务是在当期就能够确定承担的义务,例如,年初就能确定年末要还本付息,则该还本付息的义务就是年初的现时义务。对现时义务的实际履行(偿付)往往是延后的,并不在确定现时义务的当期,而在将来。将来以现金流出的方式履行今日的现时义务。

二、确认条件

一项负债要进入资产负债表,除了它必须是一项现时义务之外,还应满足《企业会计准则——基本准则》第二十四条规定的两个确认条件。

- 与该义务有关的经济利益很可能流出企业。
- 未来流出的经济利益的金额能够可靠地计量。

根据《〈企业会计准则第13号——或有事项〉应用指南》的规定,"很可能"是指发生支付义务(经济利益流出企业)的可能性超过50%。有的现时义务在未来期间偿还的可能性并不大,小于50%,就不属于"很可能"发生。例如,虽然成了被告,但分析论证后感觉输官司的可能性非常小,就不符合第一个确认条件。

例如,一家制造商所销售的产品,因突然发现质量缺陷,存在危及消费者人身和财产安全的危险,制造商感觉今后的赔偿难以避免。但是,目前尚无法确定赔偿面究竟有多大,所以,制造商的赔偿义务虽然已经是现时义务了,但是因为不能可靠地计量,也就不符合负债的第二个确认条件,不能进入资产负债表。

不能同时符合两个确认条件的现时义务不能作为负债进入资产负债表。

三、负债分类

资产负债表按偿还期是否超过一年(或超过一年的一个营业周期)的标准把负债分为流动负债和非流动负债。前者又称为短期负债,后者又称为长期负债。

本章按负债来源的不同,把负债分为融资性负债(从企业外部直接融资形成的负债)和经营性负债(生产经营过程中形成的欠款)。来源相似的负债,其会计科目和账务处理也极为相似。

四、计量属性

(一)历史成本

在历史成本计量下,负债按照因承担现时义务而实际收到的款项或者资产的金额,或者按照承担现时义务的合同金额,或者按照日常活动中为偿还负债预期需要支付的现金或者现金等价物的金额计量。大多数负债的计量属性是历史成本。例如,分期付款购买设备的,"长期应付款"按设备购买时确定的分期付款总额入账。

(二)重置成本

按重置成本计量是指负债按照现在偿付该项债务所需支付的现金或者现金等价物的金额计量。

(三)现值

现值计量是指负债按照预计期限内需要偿还的未来净现金流出量的折现金额计量。

如果一项负债的未来偿还期较长,还可以将未来的净现金流出量(终值)按折现率折合为当前的现值,以该现值作为负债的入账价值。例如,"预计负债"的偿还期比较长,就可按未来净现金流出量的现值确定其初始账面价值。

(四)公允价值

负债按公允价值计量是指按照市场参与者在计量日发生的有序交易中转移该项负债所需支付的价格来计量。也就是说,A的负债要甩给B,由B来偿还,A现在要付给B多少钱,B才愿意接盘。国际会计准则理事会下属的保险指导委员会认为:"对于保险负债,公允价值是在评估当日将保险责任转移给第三方承担而不得不向其支付的金额。"

负债的公允价值还可以按资产的公允价值计量——你的负债就是别人的资产。例如,企业发行的债券,对发行人来说是负债,对债券持有人来说,就是资产,债券发行人把这项负债转移给谁,接盘的人就要从市场上回购该债券来偿还债务,回购价格就是债券作为资产的市场价格。债券作为负债的公允价值就是债券资产的公允价值。

第二节　融资性负债

融资性负债是企业筹资、借款等所形成的负债。资产负债表的流动负债项下的短期借款、交易性金融负债、其他应付款,以及非流动负债项下的长期借款、应付债券等负债项目均属于融资性负债,它们均有同名的账户。其他应付款项目记载"其他应付款"和"应付利息""应付股利"3个科目的余额合计数。

一、短期借款

"短期借款"科目记载偿还期不足一年的银行借款本金。

短期借款按历史成本计量。按取得的借款本金登记"银行存款"科目增加(借记),对应登记"短期借款"科目增加(贷记)。偿还短期借款时,做相反的分录。

借款企业应当在资产负债表日计息,而不必等到实际付息日再计息,这是为了能够均衡反映借款利息对损益的影响,防止在付息日突然增加大笔负债和费用。

在计息日,按应计利息额登记"应付利息"科目增加(贷记);对应登记"财务费用"科目增加(借记),应付利息是截至计息日的现时义务,将导致资产在未来流出企业,导致所有者权益减少,所以计入费用。

虽然偿还借款本金也导致资产在未来流出企业,但不能计入费用。因为偿还借款本金并不需要动用企业的自有资产,只是把当初借来的钱再还回去,借来的本金不是企业自己的,所以,偿还本金并不减少所有者权益(当然,借入本金时也不增加所有者权益)。而支付利息就不同了,支付利息所动用的只能是企业的自有资金,必然导致所有者权益减少。

实际支付利息时,登记"应付利息"科目减少(借记),对应登记"银行存款"科目减少(贷记),负债和资产同步减少。

二、交易性金融负债

交易性金融负债是企业为筹集资金而发行一年内到期的、可在市场交易的债券（又称为短期债券），从而导致未来经济利益流出的现时义务。交易性金融负债属于流动负债，按公允价值计量，且其公允价值变动属于已实现利得和损失，应当计入损益。

（一）初始计量

按短期债券发行价格计算的筹资总额，就是交易性金融负债的初始账面价值。按筹资总额登记"银行存款"科目增加（借记），对应登记"交易性金融负债—本金"明细科目增加（贷记）。资产和负债同步增加（图4.1）。

```
银行存款
    交易性金融负债—本金
```

图4.1　发行短期债券

因发行短期债券而支付的发行费用，视为筹资过程中发生的损失，该损失没有专门的会计科目可记载，会计准则就令其栖身于"投资收益"科目中。按支付的发行费用登记"银行存款"科目减少（贷记），对应登记"投资收益"科目的损失增加（借记）。本是筹资过程中的损失，但会计核算上作为投资损失处理。

（二）公允价值

资产负债表日，交易性金融负债的账面价值按公允价值反映，也就是按短期债券作为资产的公允价值反映。

资产负债表日，按公允价值变动额登记"交易性金融负债—公允价值变动"明细科目，对应反映损益，对应登记"公允价值变动损益—交易性金融负债"明细科目（图4.2）。

```
公允价值变动损益—交易性金融负债
    交易性金融负债—公允价值变动
```

图4.2　所发行短期债券的公允价值变动

债券资产的公允价值越高，越能够说明债券发行人经营得好，说明债券持有人对发行人的信心在增加，但发行人偿付债券所付出的代价也会更大,因此,短期债券的公允价值也就越高,发行企业的公允价值变动损失也就越大。

(三)应付利息

资产负债表日,按短期债券的面值和票面利率计算票面利息,登记"应付利息"科目增加(贷记),对应登记"投资收益"科目的损失增加(借记)。

新增利息增加了企业未来的资金流出,而且,流出的是企业自己的资金,并不是借来的资金,减少了所有者权益,所以计入损失。

(四)到期偿付

在短期债券到期日,发行人要按债券面值偿还投资人,消灭负债。按到期偿付金额(债券面值)登记"银行存款"科目减少(贷记),按交易性金融负债账面余额对应登记"交易性金融负债"科目减少(借记),结平该账户,按二者的差额,登记"投资收益"科目(图4.3)。

```
交易性金融负债
    银行存款
    投资收益
```

图 4.3 短期债券的到期偿付

到期偿付,意味着交易性金融负债从账面上消失了,交易性金融负债曾经产生的影响也要随之消除。因此,还应将其存续期间产生的公允价值变动损益转为投资损益。损益还是损益,但要换一下账户,由"公允价值变动损益"账户转入"投资收益"账户。

三、其他应付款

资产负债表的"其他应付款"项目,属于流动负债,该项目填列"其他应付款""应付利息"和"应付股利"3个账户的余额合计数。

(一)"其他应付款"科目

"其他应付款"科目登记那些具有融资性质的应付和暂收款项。例如,企业向银行以外的单位和个人的借款本金和应付利息、应付而未付的租入固定资产和包装物的租金,以及暂收其他单位的押金等。

对于应付租入固定资产和包装物的租金,在发生支付义务的期间登记"管理费用"科目增加(借记),对应登记"其他应付款"科目增加(贷记),将减少所有者权益的负债计入费用。

公司向职工和股东借款以及暂收其他单位押金时,登记"银行存款"科目增加(借记),对应登记"其他应付款"科目增加(贷记),资产和负债同步增加。

公司因借款和暂收款而产生的利息支出,在计息日(资产负债表日)登记"财务费用"科目增加(借记),对应登记"其他应付款"科目增加(贷记)。

公司向股东借款的利息支出在计算应纳税所得额时可列入可扣除项目抵减应税收入,因此利息支出又被称为税收挡板。在给股东同样回报的前提下,公司更希望向股东支付借款利息而不是支付股息。股东也更愿意借钱给公司而不是向公司增资,这种现象被称为"资本弱化"。税法对资本弱化设定了限度,超出限度的利息支出,在计算应纳税所得额时,不能列入可扣除项目,也不允许结转到下一期继续抵扣。[1]

(二)"应付利息"科目

"应付利息"科目反映资产负债表日(计息日)应计的银行借款利息和发行债券所筹集资金的应计利息。

应付利息的账务处理在本节关于"短期借款""长期借款""交易性金融负债"和"应付债券"等科目的介绍中均做了充分的说明。

---

[1] 《中华人民共和国企业所得税法》第四十六条:"企业从其关联方接受的债权性投资与权益性投资的比例超过规定标准而发生的利息支出,不得在计算应纳税所得额时扣除。"《特别纳税调整实施办法(试行)》(国税发〔2009〕2号)第九章"资本弱化管理"的第八十五条和第八十六条设定了该"规定标准"。为了实现同样的目的(例如,公司使用股东的资金),法律主体之间可以建立不同的法律关系,当然也就有不同的法律后果,因此需要有一些规定来维持不同法律后果的平衡,以使正当利益不受侵害。资本弱化管理就是在借贷关系和投资关系之间寻求的平衡。

(三)"应付股利"科目

在股东大会(或股东会)批准现金利润分配方案之日,登记"应付股利"科目增加(贷记),确认公司对股东的负债;对应登记是减少所有者权益,对应登记"利润分配——应付现金利润"明细科目减少(借记),把所有者权益转为负债,资产总额尚不受影响。

但对股东的负债要用资产(现金)来偿还,偿还的结果是资产和负债同步减少。所以,分配股利的最终结果是所有者权益和资产同步减少。

四、长期借款

"长期借款"科目记载偿还期超过一年的银行借款本金。

长期借款按历史成本计量,按取得的长期借款本金登记"银行存款"科目增加(借记),对应登记"长期借款"科目增加(贷记)。资产和负债同步增加。偿还长期借款时,做相反的记载。

资产负债表日是计息日,按计息额登记"应付利息"科目增加(贷记),对应登记要结合长期借款的用途,分别对应登记不同的资产类科目(相当于资产具体形态的转换)或费用、损失科目增加(借记):

- 用于在建工程的,对应登记"在建工程"科目增加;
- 用于开发无形资产的,对应登记"研发支出"科目增加;
- 用于购买原材料的,对应登记"制造费用"科目增加;
- 用于投资的,对应登记"投资收益"科目的损失增加;
- 其他情形的,对应登记"财务费用"科目增加。

五、应付债券

应付债券是企业为筹集资金而发行偿还期在一年以上的债券所导致的未来经济利益流出的现时义务,属于非流动负债,记入"应付债券"科目。

"应付债券"科目记载3种类型的负债:第一种是只具有到期

还本付息功能的债券(以下简称"一般债");第二种是在满足一定条件时可以转换为发行人股份的债券,即可转换公司债券(以下简称"可转债");第三种是作为债务工具的优先股和永续债。

(一)应付一般债

1921年7月,由中国银行、金城银行、上海银行合组"通泰盐垦五公司债票银团",在上海经募大有晋、大豫、大赉、大丰、华成5家盐垦公司(合称为"五公司")的企业债票。第一期实际发行300万元,年息8厘,每半年付息一次,债本分五年还清,以上述五公司未经分给股东之土地的五分之三作为担保。但是,第一期债票的首次偿付就出了问题。因为五公司连年受灾,加上银团过分相信土地的担保价值,以致债票最终沦为次级债,原定5年的债票期限,一直持续到抗战期间才了结。《申报》1940年1月31日发布银团启事:"兹定于本年二月一日起,借香港路59号2楼银行业同业公会内,凭票发还第三期债本。届期希各持票人携带债票前来领取。特此公告。"[1]

1. 初始计量

应付一般债的初始账面价值等于筹资净额,即按发行价格筹集资金的总额减去发行费用后的余额。

初始计量的账务处理是按筹资净额登记"银行存款"科目增加(借记),按一般债的面值对应登记"应付债券——一般债(面值)"明细科目增加(贷记),按二者的差额,登记"应付债券——一般债(利息调整)"明细科目。有借必有贷,借贷必相等。

例如,一般债的面值100,按102溢价发行,支付发行费用3,实际筹集资金为99,账务处理如图4.4所示。

---

[1] 朱江.通泰盐垦五公司银团债票发行始末[J].档案与建设,2016(5):42-47.

银行存款	99
应付债券——一般债(利息调整)	1
应付债券——一般债(面值)	100

图 4.4　发行一般债的初始计量

应付一般债的初始账面价值(筹资净额 99)和债券面值(100)的差额,称为"利息调整"。应付一般债在初始计量时,尚未涉及支付利息,登记"利息调整",是将应付一般债的账面价值由债券面值调整为筹资净额。这样,"应付债券——一般债"这个二级账户的贷方余额就是按筹资净额反映的应付一般债的初始账面价值。

在上述账务处理中,"利息调整"并不是"应付债券"的三级科目名称。"利息调整"是二级科目"一般债"的记账标记,"面值"也是二级科目"一般债"的记账标记,标记二级科目所记载的数据是利息调整还是面值。

2. 摊余成本

应付一般债的计量属性是历史成本。

成本通常是指用于核算损益的营业成本,例如,说某种产品的成本是多少,可以据此估算该产品对于利润的贡献。成本有时候也指产品的账面价值,例如"生产成本"科目所指的成本,就是作为资产的成本。负债的计量属性有历史成本和重置成本,这里的"成本"则是另一种含义,是指对负债的计量方法,就像历史成本是资产的计量方法那样。用在计量属性上,"成本"一词已经抽象为计量会计要素账面价值的一种方法。

应付一般债的后续计量方法是摊余成本法,如何理解应付一般债的摊余成本?

以发行人的筹资净额(现金净流入)为现值,以发行人未来付息还本的现金流出为终值,可以计算出将终值折为现值的折现率。该折现率就是发行一般债的内在融资利率。

负债按摊余成本法计量是把负债的摊余成本作为账面价值,应付一般债的初始账面价值就是初始摊余成本。下面以第三章第四节讲"债权投资"时举例的联想债券为例,来阐述应付一般债的摊余成本。

联想债券以6个月为一个付息期,每一个付息日的应付利息是按债券面值和票面利率计算的当期票面利息。

$$第一期期末的应付票面利息 = 100 \times (4.7\% / 2) = 2.350$$

以联想公司的筹资净额(现金净流入)为现值,以未来付息还本的现金流出为终值,可以计算出将终值折为现值的折现率。该折现率就是发行人发行联想债券的内在融资利率(2.39%)。

$$\frac{第一期的内}{在融资成本} = \frac{应付一般债的初始}{账面价值(99.819)} \times \frac{内在融资利}{率(2.39\%)} = 2.386$$

第一期的应付票面利息(2.350)小于本期内在融资成本(2.386),没有支付义务支撑的内在融资成本(=内在融资成本-票面利息)就加入了应付一般债的摊余成本,导致期末摊余成本超过期初摊余成本。

$$\frac{应付一般债的}{期末摊余成本} = \frac{期初摊}{余成本} - \left\{\frac{应付票}{面利息} - \frac{本期内在}{融资成本}\right\}$$

如果应付票面利息超过本期内在融资成本,就减轻了今后的债务负担,应付一般债的期末摊余成本就更小。

如果发行一般债的筹资用于在建工程,本期内在融资成本就资本化为在建工程的账面价值,它和应付票面利息之间的差额,就是本期的"利息调整",用于将票面利息调整为内在融资成本。根据利息调整的方向,按调整额借记或贷记"应付债券——一般债(利息调整)"明细科目。

应付一般债的第一期期末摊余成本就等于初始摊余成本99.819加上第一期的利息调整0.036,等于99.855。

以联想债券发行人为例,第一期期末的账务处理如图4.5所示:

在建工程	2.386
应付债券——一般债(利息调整)	0.036
应付利息——一般债	2.350

图 4.5　发行人在债券计息日的账务处理

一次还本付息债券的应计利息跟着债券本金走,记入债券本金的所属账户,即登记"应付债券——一般债(应计利息)"明细科目增加(贷记)。

3. 回购一般债

发行人可以回购发行在外的一般债,提前偿还债务。

案例:AAH 和 AAI 回购债券

2009 年 2 月 13 日,在香港注册的亚洲铝业控股有限公司(AAH)和在百慕大注册的亚洲铝业投资有限公司(AAI,是 AAH 的股东)在新加坡交易所发布公告,向海外债券持有人要约回购债券。其中,AAH 回购 2004 年 12 月发行、2011 年到期、年利率 8% 的优先无担保债券,回购价格为债券面值(1 美元)的 27.5%,即 0.275 美元,这批债券筹资 4.5 亿美元,发布回购公告时,该债券在新加坡交易所的挂牌价只有 0.22 美元。AAI 回购 2006 年发行、2012 年到期、最高利率为 14% 的实物支付债券(PIK),回购价格为债券面值(1 美元)的 13.5%,即 0.135 美元,AAI 发行这批债券筹资 7.275 3 亿美元。

发行人回购一般债的账务处理,是按支付的回购价款登记"银行存款"科目减少(贷记),按应付一般债的账面余额对应登记"应付债券——一般债"明细科目减少(借记),二者的差额是发行人的回购损益,对应登记"投资收益"科目(图 4.6)。

应付债券——一般债
银行存款
投资收益

图 4.6　回购一般债

(二) 应付可转债

可转债在满足约定的条件时可转换为发行人的股权,由发行人的负债转为发行人的所有者权益,故可转债属于混合金融工具。1843 年,美国的纽约爱瑞铁道公司(New York Erie)发行了世界第一例可转债。

1. 初始计量

应付可转债兼具负债和权益的特征。在会计核算上,其初始账面价值按筹资净额(筹资总额扣减发行费用后的余额)确定,而且由负债成分和权益成分两个部分构成。其中,负债成分记入"应付债券—可转债"明细账户,权益成分记入所有者权益类的"其他权益工具—可转债"明细账户。

首先计算负债成分现值,也就是把应付可转债的未来现金流出量(还本及付息)折合至可转债发行日的现值。折现率等于二级市场上与可转债类似的没有附带转换权的债券的市场利率。假设可转债的面值为 A,共 10 个付息期,每期的应付票面利息为 p,折现率为 r,则:

$$负债成分现值 = p_1(1+r)^{-1} + p_2(1+r)^{-2} + \cdots + (p_{10}+A)(1+r)^{-10}$$

其次,权益成分公允价值是发行可转债筹资总额(不扣减发行费用)减去负债成分现值后的余额。

鉴于可转债的初始账面价值按筹资净额确定,负债成分现值和权益成分公允价值还要扣减所分摊的发行费用,计算出的负债成分净现值和权益成分净公允价值,才能和筹资净额相匹配。

$$负债成分所分摊的发行费用 = 发行费用 \times \frac{负债成分现值}{筹资总额}$$

$$权益成分所分摊的发行费用 = 发行费用 - 负债成分所分摊的发行费用$$

可转债初始计量是按发行筹资净额登记"银行存款"科目增加（借记），对应登记负债成分净现值和权益成分净公允价值。

其中，负债成分净现值分拆为债券面值和利息调整两个部分。按可转债面值对应登记"应付债券—可转债（面值）"明细科目增加（贷记），按权益成分净公允价值对应登记"其他权益工具—可转债"明细科目增加（贷记），上述借贷发生额的差额，对应着负债成分净现值的利息调整额，登记"应付债券—可转债（利息调整）"明细科目。"有借必有贷，借贷必相等"。这样，"应付债券—可转债"明细科目记载的就是负债成分净现值（图4.7）。

```
银行存款
    应付债券—可转债（面值）
    应付债券—可转债（利息调整）
    其他权益工具—可转债
```

图4.7　发行可转债

2. 摊余成本

可转债负债成分的计量属性是历史成本，按摊余成本计量。负债成分的初始账面价值就是初始摊余成本。

可转债还本付息的未来现金流量折为负债成分净现值的折现率就是发行可转债的内在融资利率。负债成分的期初摊余成本乘以内在融资利率，就是本期内在融资成本。本期内在融资成本和应付票面利息的差额，就是"利息调整"，用于调整应付可转债的摊余成本。

$$\text{负债成分期末摊余成本} = \text{期初摊余成本} - \left\{ \text{应付票面利息} - \text{本期内在融资成本} \right\}$$

当期应付票面利息大于本期内在融资成本，说明利息支付义务多了，多出来的利息支付义务用于冲减应付可转债的摊余成本，导致期末摊余成本更小。否则，期末摊余成本会更大。

资产负债表日（计息日），按应付票面利息登记"应付利息—可转债（利息）"明细科目增加（贷记），根据可转债融资的用途，按本期内在融资成本分别登记"在建工程""研发支出""制造费用""财务费用"科目增加（借记），把本期内在融资成本计入资产价值或计入费用，应付票面利息和内在融资成本的差额，用于调整应付可转债的摊余成本，登记"应付债券—可转债（利息调整）"明细科目（图4.8）。

```
在建工程
    应付利息—可转债（利息）
    应付债券—可转债（利息调整）
```

图4.8　对所发行的可转债计息

初始计量所确定的可转债权益成分净公允价值，在后续计量中不做调整。

3. 转股

可转债转股，是指可转债持有人将债权转为股份。转股的时候，发行人应转销可转债的账面余额（包括负债成分和权益成分），即按科目余额反向登记"应付债券—可转债（面值）""应付债券—可转债（利息调整）"和"其他权益工具—可转债"明细科目；按所转股份的面值对应登记"股本"科目增加（贷记），可转债账面余额超过股份面值的部分，是可转债持有人在转股中付出的比原始股东更多的代价，该代价是可转债发行人（转股公司）获得的股本溢价，发行人（转股公司）登记"资本公积—股本溢价"明细科目增加（贷记）（图4.9）。

```
应付债券—可转债（面值）
应付债券—可转债（利息调整）
其他权益工具—可转债
    股本
    资本公积—股本溢价
```

图4.9　可转债的转股

转股是可转债发行人在负债（应付债券）和所有者权益（其他权益工具、股本和股本溢价）两个会计要素之间的此消彼长，不影响发行人的资产总额，也不影响损益。

(三) 作为债务工具的优先股和永续债

企业发行的优先股和永续债(perpetual bond),是介于权益工具(普通股)和债务工具(债券)之间的混合融资工具。优先股股东优先于普通股股东分配公司利润和剩余财产,但参与公司决策的权利受到限制。永续债没有明确的到期日,或者期限非常长,又称为无期债券。永续债的发行人实际上只需付息,在很长的时间里不需要还本。

根据发行人对优先股和永续债的定位不同,在会计核算上分别作为债务工具和权益工具处理。如果优先股和永续债具有强制分配收益特征,那就和债券的效果一样,会计核算上作为债务工具,属于非流动负债,在"应付债券"科目核算。

作为债务工具的优先股和永续债,其初始账面价值就是筹资净额(筹资总额减发行费用后的余额)。发行人按筹资净额,登记"银行存款"科目增加(借记),按优先股、永续债的面值,对应登记"应付债券—优先股、永续债(面值)"明细科目增加(贷记),按二者的差额,登记"应付债券—优先股、永续债(利息调整)"明细科目(图4.10)。

```
银行存款
    应付债券—优先股、永续债(面值)
    应付债券—优先股、永续债(利息调整)
```

图4.10 发行优先股和永续债

后续计量主要是对每期内在融资成本的计量,后续计量按摊余成本计量。债务工具的初始摊余成本就是初始账面价值。

在会计期末,根据债务工具筹资的用途,按本期内在融资成本(=债务工具的期初摊余成本×内在融资利率)登记"在建工程"或"研发支出"等科目增加(借记),增加长期资产的账面价值,按应计优先股的约定分红和永续债的票面利息对应登记"应付利息—优先股、永续债(利息)"明细科目增加(贷记),二者的差额是利息调整额,用于调整债务工具的摊余成本,按调整额登记"应付债券—优先股、永续债(利息调整)"明细科目(图4.11)。

```
在建工程
    应付利息—优先股、永续债(利息)
    应付债券—优先股、永续债(利息调整)
```

图 4.11　对优先股和永续债计息

第三节　经营性负债

采购、生产和销售等经营活动形成的负债是经营性负债,包括资产负债表的流动负债项下应付账款、应付票据、合同负债、预收款项、应付职工薪酬、应交税费、持有待售负债,以及非流动负债项下的租赁负债、长期应付款、预计负债、递延收益、递延所得税负债等负债项目。这些负债项目均有同名的账户,但唯独"预收款项"负债项目的余额主要来自"预收账款"科目余额,二者有着一字之差。另外,鉴于第三章第七节讲使用权资产时,已经讲了租赁负债,故本节不再讲租赁负债。

一、应付账款

应付账款是企业在采购环节对供货商的负债,按应付金额登记"应付账款"科目增加(贷记),对应登记"在途物资"或"原材料"科目增加(借记),采购劳务则对应登记"管理费用"科目增加(借记)。

实际支付购货款(偿还负债)时,登记"应付账款"科目减少(借记),对应登记"银行存款"科目减少(贷记)。

二、应付票据

采购货物和劳务时未能支付货款但能够开出商业汇票给供应商的,登记"应付票据"科目增加(贷记),对应登记"在途材料"或"原材料"科目增加(借记)。

采购方作为付款承诺开给供应商的商业汇票包括商业承兑汇票和银行承兑汇票。当供应商不能获得兑付时,商业汇票就丧失了票据承诺效果,采购方应把"应付票据"科目的相关数额转入

"应付账款"科目。

但如果采购方开出的是银行承兑汇票,银行就是承兑人,供应商的收款就有了保障。在银行向持票人(供应商)兑付后,如果采购方不能偿付银行的兑付款,就由欠供应商的改为欠兑付银行的,应当把"应付票据"科目的相关数额转入"短期借款"科目。

三、合同负债

合同负债是销售商在签订销售合同之后,因收取了客户的款项而"应向客户转让商品或提供劳务的义务",该义务是销售商的现时义务,称为"合同负债"。合同负债以提供商品和劳务的方式来偿还。

例如,承包商(劳务提供方)和发包方签订建设工程施工合同后,收到发包方的预付工程款时,承包商就负有提供施工劳务的现时义务,该现时义务就是承包商的合同负债。

承包商在收到预付工程款期间,登记"银行存款"科目增加(借记),对应登记"合同负债"科目增加(贷记)。资产和负债同步增加。

随着承包商不断地提供劳务,承包商的合同义务(合同负债)也在不断地减少,相应地,承包商的合同收入得到逐步确认,账务处理是登记"合同负债"科目减少(借记),对应登记"主营业务收入"科目增加(贷记)。同时,承包商还应根据配比原则,按已提供劳务的账面价值登记"主营业务成本"科目增加(借记),对应登记"劳务成本"科目减少(贷记)。"劳务成本"科目记载已提供劳务的账面价值,提供劳务时,登记"劳务成本"科目增加(借记),对应登记"银行存款"科目减少或"应付职工薪酬"科目增加(贷记)。

四、预收款项

"预收款项"负债项目主要填列"预收账款"科目的余额。

销售商在签订销售合同之前就预收的购货款,属于销售商的负债,但不计入合同负债,因为还没有签订销售合同。会计核算上按未签订销售合同的预收货款登记"预收账款"科目增加(贷记),

对应登记"银行存款"科目增加(借记)。资产和负债同步增加。

预收款项和合同负债的共同点是尚未发出商品就收取了货款,二者的区别在于收款的依据是不是商品销售合同,这个区别也便于从会计科目中查询销售合同的签订情况。

销售商在预收货款之后,如果又签订了销售合同,预收账款就转为合同负债,登记"合同负债"科目增加(贷记),对应登记"预收账款"科目减少(借记)。

销售商在发出商品期间消灭负债和确认收入,登记"预收账款"科目减少(借记),对应登记"主营业务收入"科目增加(贷记)。同时,按配比原则确认主营业务成本,按发出商品的账面价值登记"主营业务成本"科目增加(借记),对应登记"库存商品"科目减少(贷记)。

五、应付职工薪酬

企业主要以现金(也就是银行转账)的方式支付职工薪酬,也有其他支付方式,如股份支付等方式。

(一)现金支付

当月工资通常于下个月发放,在本月月末的会计核算中就形成了对职工的负债,登记"应付职工薪酬"科目增加(贷记),根据职工所属工作部门的不同,对应登记营业成本及费用类科目或资产类科目增加(借记)。其中:

- 应付生产部门职工薪酬,对应登记"生产成本"科目增加;
- 应付车间管理人员薪酬,对应登记"制造费用"科目增加;
- 应付总部管理人员、董事会成员、监事会成员薪酬,以及应付职工解除劳动合同补偿金,对应登记"管理费用"科目增加;
- 应付销售人员薪酬,对应登记"销售费用"科目增加;
- 由在建工程、研发支出、无形资产负担的职工薪酬,分别对应登记"在建工程""研发支出"和"无形资产"等资产类科目增加。

实际发放工资时,登记"应付职工薪酬"科目减少(借记),对应登记"银行存款"科目减少(贷记)。资产和负债同步减少。

(二) 股份支付

如果职工在未来的较长服务期内暂不领薪酬,而是在较长服务期终了时,公司以支付本公司股票(权益结算)或者支付相当于股票价值的现金(现金结算)的方式,一次性结算较长服务期的薪酬,就称为"以股份为基础的薪酬支付"(以下简称"股份支付")。

- 授予日:股份支付计划经股东大会审议通过后的60日内进行授予,由董事会确定具体的授予日期;
- 行权日:职工可以获得股份或相当价值现金之日;
- 等待期:授予日至行权日之间的较长期间。

1. 权益结算方式

权益结算方式的股份支付包括支付限制性股票和支付股票期权两种结算方式。

限制性股票是股份公司以定向增发或者股份转让的方式,象征性地收取职工购股款,让职工获得股份。但职工获得的股份,通常存在限售期,故称为限制性股票。

股票期权是授予职工在较长服务期终了时,按约定的价格(例如,按授予日的股价)购买公司股份的权利。职工为获得股票期权,就要努力工作,以使公司的利润率或市场占有率达到约定的行权条件。所以,股票期权有"金锁链"之称。20世纪60年代以来,股票期权成为美国上市公司支付高管报酬的主要方式,被称为"自公司制之后资本主义的第二次制度革命"。

下面以股票期权为例,来阐述权益结算方式的股份支付的会计核算。

(1) 等待期。

在等待期内的每个资产负债表日,按估算的职工未来行权股份数量和约定行权价格估计行权日的职工权益。

估计的行权职工权益=预计行权股份×行权价格

假设第一年的1月1日是授予日,等待期为3年,只需要在每年年末进行股份支付的账务处理。那么,根据配比原则(权益和费用相匹配),在第一年年末将估计的行权职工权益(也就是估计的等待期薪酬总额)的三分之一作为第一年的职工薪酬是合理的,在第一年年末,按第一年的薪酬登记"管理费用"等科目增加(借记),对应登记"资本公积—其他资本公积(股份支付)"明细科目增加(贷记)(图4.12)。费用和所有者权益同步增加。

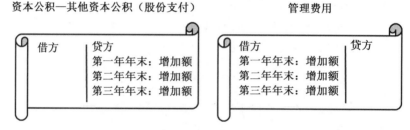

图4.12 年末登记职工薪酬

第二年年末,有职工退出,有职工新进,应当重新估计行权职工权益,也就是重新估计等待期的薪酬总额。根据配比原则,按该重新估计的等待期薪酬总额的三分之二作为前两年的职工薪酬是合理的,前两年的职工薪酬减去第一年的职工薪酬,就是第二年的职工薪酬。在第二年年末,按第二年的职工薪酬登记"管理费用"科目增加(借记),对应登记"资本公积—其他资本公积(股份支付)"明细科目增加(贷记)。

"资本公积—其他资本公积(股份支付)"明细科目的贷方发生额(即增加额)越积越多,体现了职工权益的逐期积累。

案例:倒填股票期权授予日

美国爱荷华大学金融学教授埃瑞克·李(Erik Lie,2005)在研究那些每年授予时间不固定的股票期权时,发现股价总是在授予日前下跌,在授予日后迅速上涨。"股价涨得越高,期权就越有价值。但是,如果期权授予日被倒签为股价特别低的日期,获利的机会就增加了。"

博科通讯系统有限公司(Brocade Communications Systems. Inc.)是加利福尼亚州的一家芯片制造商,G. 雷耶斯(Greg Reyes)在1998—2005年间担任博科通讯的CEO。2007年6月,雷耶斯因倒签股票期权授予日(backdating)被加利福尼亚州检察署起诉。加利福尼亚州联邦地方法院于2008年1月16日认定雷耶斯犯罪事实成立,判决其入狱21个月和罚金1 500万美元。雷耶斯成为美国第一位以该罪名被诉的CEO。自该案之后,美国司法部和美国证券交易委员会将200多家企业列入了调查对象。

(2)行权日。

第三年年末,假设股份公司的利润率和市场占有率满足了约定的行权条件,职工可以在行权日行权。第三年年末就是行权日,在行权日能够确定行权股份的准确数量,也就能确定准确的等待期薪酬总额,该准确的薪酬总额减去前两年的职工薪酬,就是第三年的职工薪酬,也是第三年年末新增的职工权益。在第三年年末,按第三年的职工薪酬登记"管理费用"科目增加(借记),对应登记"资本公积—其他资本公积(股份支付)"明细科目增加(贷记)。

在行权日,股份公司按行权价格和行权股份计算和收取职工购股款,登记"银行存款"科目增加(借记),按行权股份面值(通常为每股1元)对应登记"股本"科目增加(贷记),按二者的差额对应登记"资本公积—股本溢价"科目增加(贷记)(图4.13)。

```
银行存款
股本
资本公积—股本溢价
```

图4.13　职工行权

在行权日,职工的股份确立了,其他资本公积(股份支付)的存在基础——等待行权——就消失了。"皮之不存,毛将焉附?"其他资本公积(股份支付)的使命完成后,应转为股本溢价(图4.14)。

> 资本公积—其他资本公积(股份支付)
> 资本公积—股本溢价

图4.14　行权日结转其他资本公积

2. 现金结算方式

现金结算方式的股份支付,是在行权日以现金方式向行权职工支付按行权股份和股价差计算的等待期薪酬总额。

现金结算方式是在授予日授予职工模拟股份(因为不是真的支付股份),到了行权日,按授予的模拟股份乘以"股价差"(= 行权日股价-授予日股价)作为等待期的职工薪酬总额,以现金方式结算给职工。所以,行权日的股价越高,行权职工的现金结算薪酬也越高。

在行权日股价确定之前,会计核算中只能估计等待期的职工薪酬总额。

$$\text{估计的等待期职工薪酬总额} = \text{预计行权股份} \times \left[\text{预计的行权日股价} - \text{授予日的股价}\right]$$

假设第一年1月1日是授予日,等待期为3年,假设只在每年年末进行账务处理。

第一年年末,按预计股价差和预计行权股份估计3年等待期的职工薪酬总额,根据配比原则,把其中的三分之一作为第一年的职工薪酬是合理的,在第一年年末登记"管理费用"等科目增加(借记),对应登记"应付职工薪酬—股份支付"明细科目增加(贷记)。

第二年年末,重新预计股价差和预计行权股份,重新计算等待期的薪酬总额,将其中的三分之二作为前两年的薪酬,再减去第一年的薪酬,就得到了第二年的薪酬,在第二年年末,按第二年的职工薪酬登记"管理费用"等科目增加(借记),对应登记"应付职工薪酬—股份支付"科目增加(贷记)。

第三年年末是行权日。行权日股价和行权股份数量得以确定,能够计算准确的等待期薪酬总额,该薪酬总额减去前两年的职工薪酬,就得到第三年的职工薪酬。在第三年年末,按第三年的职工薪酬数额登记"管理费用"等科目增加(借记),对应登记"应付职工薪酬—股份支付"明细科目增加(贷记)。

最后,是对职工行权的账务处理。

在第三年年末,公司把3年等待期的职工薪酬总额以现金方式结算给行权职工。登记"应付职工薪酬—股份支付"明细科目减少(借记),对应登记"银行存款"科目减少(贷记)(图4.15)。

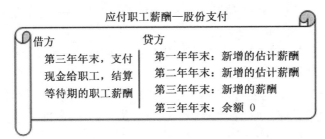

图 4.15 等待期职工薪酬的现金结算方式

(三) 设定受益计划

职工的离职后福利主要是退休金,也包括企业同意为离职职工继续承担的人寿保险支出等长期报酬。为了保障职工离职后福利的发放,企业应当于职工在职期间就做出恰当的财务安排。例如,企业按月向政府的社保基金缴存职工养老金,职工的离职后福利(例如退休金)就由社保基金来安排了,这种安排方式称为设定提存计划。

另一种安排方式,是企业向专门的信托基金按年缴存资金,信托基金不仅保管缴存资金,还可以做稳定的投资让缴存资金增值,例如,购买国债。到了职工退休的时候,信托基金就有了发放退休金的保障,这种安排方式称为设定受益计划。

设定提存计划和设定受益计划的区别是,前者的缴存数额和方式由《中华人民共和国社会保险法》规定,缴存资金归社会保险基金支配,不再是企业的资产;后者的缴存数额和方式是企业根据职工离职后福利总额的变动情况而定的,随着预计领取退休金职工人数的变化而做出调整,而且,后者的缴存资金及其收益,在扣除信托基金取酬后,仍然是企业的资产,"缴存"只是资产在具体形态上的转换,由银行存款转换为"设定受益计划资产"。

企业每年支付退休金的义务称为设定受益计划义务(以下简称"计划义务"),对应地,企业每年向托管基金缴存的资金及其派生资产,就称为设定受益计划资产(以下简称"计划资产")。

虽然支付退休金是职工退休以后的事,但企业现在就要确定计划义务是多少,而且为了履行计划义务,还要确定当前应匹配多少计划资产(主要是缴存资金),以维系折算为同一时点的计划义务和计划资产的平衡。

下面就以职工退休金为例,来阐述设定受益计划的会计核算。

1. 计划义务

(1)计划义务终值和现值。

假设企业在职工离职后,一次性了结计划义务,即在退休时点一次性将退休金支付完毕。那么,在职工退休时点支付的退休金,就是计划义务终值。当前企业应该匹配的计划资产数额,就是计划义务终值折算到当前的现值。

下面来看应当怎样确定计划义务的现值和终值。

首先,根据职工在当期和以前期间提供的服务,计算职工退休的时点应当一次性支付多少退休金,这是计划义务终值。其次,将计划义务终值折算至当前,就得到了计划义务现值(图4.16),也就是当前应该匹配多少计划资产。

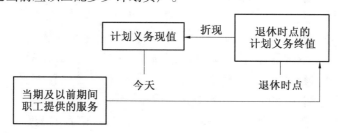

图4.16 计划义务现值的形成

(2)按"预期累计福利单位法"确定年末计划义务。

①基本原理。

假设当前是第一年年初,有一批职工再过五年就退休了,下面核算对应于该批职工的计划义务。

如果企业在退休时点一次性支付退休金的话,在第五年年末要一次性支付 6 550,就了结了针对该批职工的计划义务,也就是说,职工领取的全部退休金折算至退休时点是 6 550。

企业为了在第五年年末能够拿出 6 550 来,就要早做准备。例如,可以在第一年年初购买五年期的国债,到了第五年年末,国债的本利和刚好等于 6 550。但是,这种做法太占用资金了,下面的筹划方案更加好。

第一年年初至第五年年末的 5 年期间是计划资产的准备期,把第五年年末的计划义务(6 550,终值)平均分配至准备期的每一年,让各年平均负担第五年年末的计划义务终值,每年负担 6 550/5 = 1 310,1 310 称为一个"福利单位"。

企业在准备期的各年年末均负担一个福利单位的计划义务,这种把预期福利终值(6 550)分摊为准备期内各年年末的计划义务的方法被称为"预期累计福利单位法"。

②应用举例。

下面说明准备期内每年年末的计划义务是如何确定的。

第一年年末的计划义务,就是第一个福利单位 1 310(终值)折合至第一年年末的现值。

"折现率按照在资产负债表日存在的与设定受益计划的期限和币种相匹配的国债或活跃市场上的高质量公司债券的市场收益率确定。"这是我国《企业会计准则第 9 号——职工薪酬》(财会〔2014〕8 号)第十五条关于折现率的规定,去掉其中的定语,就是说"折现率按债券的市场收益率确定"。

假设折现率为 10%。第一年年末的计划义务就是 $1\ 310(1+10\%)^{-4} = 895$。负债增加,费用也增加。在第一年年末登记"管理费用—当期服务成本"明细科目增加895（借记），对应登记"应付职工薪酬—设定受益计划义务"明细科目增加895（贷记）。

第一个福利单位（1 310，终值），就这样落实为第一年年末的计划义务（895）。第一年年末的计划义务（895）和第五年年末的终值1 310都代表第一个福利单位，只是二者分别处在不同的时点，二者的差异就是资金的时间价值。

第二年年末新增的计划义务，是第二个福利单位1 310（终值）折合至第二年年末的现值：$1\,310(1+10\%)^{-3}=984$。在第二年年末登记"管理费用—当期服务成本"明细科目增加984（借记），对应登记"应付职工薪酬—设定受益计划义务"明细科目增加984（贷记）。

第二年年末的计划义务（984）和第五年年末的计划义务终值（1 310）是等值的，都是第二个福利单位，二者所处时点不同，前者是资金的现值，后者是同一笔资金的终值。另外，第二年年末除了记载第二个福利单位外，还有一个问题要处理，那就是第一年年末的计划义务（895）在经历了一年之后，到了第二年年末产生了10%（折现率）的资金时间价值，增加了约90（=895×10%）的利息负担，增加了第二年年末的计划义务和第二年的财务费用。

在第二年年末，"应付职工薪酬—设定受益计划义务"明细科目的增加额包括两项内容，一项是第二个福利单位1 310折合至第二年年末的现值（984），另一项是上年年末的计划义务（895）在经历一年之后形成的利息负担（90）（图4.17）。

管理费用—当期服务成本	984
财务费用	90
应付职工薪酬—设定受益计划义务	1 074

图4.17 计划义务在第二年的新增数额

第三年年末新增的计划义务是第三个福利单位1 310（终值）折算至第三年年末的现值：$1\,310(1+10\%)^{-2}=1\,083$。

"应付职工薪酬—设定受益计划义务"明细科目的上年年末余额为1 969（=895+1 074），该余额到第二年年末产生的利息负担约是197（=1 969×10%），该应付利息197也增加了第三年年末的计划义务。

第四年年末新增的计划义务是第四个福利单位1 310(终值)折算至第四年年末的现值:$1\,310(1+10\%)^{-1}=1\,191$。

"应付职工薪酬—设定受益计划义务"明细科目上年年末余额3 249(=895+1 074+197+1 083)在第四年年末产生的利息负担约是325(=3 249×10%),该应付利息325也增加了第四年年末的计划义务。

第五年年末新增的计划义务是第五个福利单位1 310(这一次,终值和现值重叠了)。"应付职工薪酬—设定受益计划义务"明细科目上年年末余额4 765(=3 249+325+1 191)在第五年年末产生的利息负担约是477(=4 765×10%),也增加了第五年年末的计划义务。

各年年末新增计划义务的账务处理如图4.18所示。图中"应付职工薪酬—设定受益计划义务"明细账户第五年年末的余额6 552比计划义务终值6 550多2,这是对计算结果进行四舍五入而产生的计算误差。

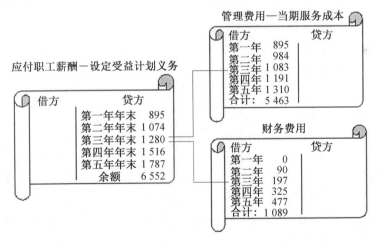

图4.18 各年年末新增计划义务的账务处理

准备期内各年年末的计划义务的形成过程,如图4.19所示。

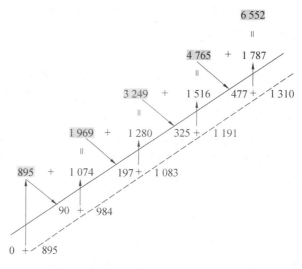

图 4.19　准备期内各年年末的计划义务的形成过程

- 阴影部分数据表示各年年末的计划义务余额；
- 斜虚线上方数据表示各年度的财务费用；
- 斜虚线下方数据表示各年度的当期服务成本。
- 斜实线上方数据表示各年年末新增的计划义务。

2. 计划资产

企业每年向信托基金缴存的资金以及信托基金运作该缴存资金取得的收益，都属于计划资产。缴存资金时，按缴存数额登记"设定受益计划资产"科目增加（借记），对应登记"银行存款"科目减少（贷记），这是资产具体形态的转换。

计划资产的计量属性是公允价值。在职工退休之前，企业不会将计划资产变现，所以计划资产的公允价值变动就不属于已实现利得或损失，不计入损益，而是作为未实现利得或损失直接计入所有者权益。每个期末，按计划资产公允价值的变动额登记"设定受益计划资产"科目，对应登记"其他综合收益"科目。

但计划资产取得的利息收益属于已实现利得。按应计利息登记"设定受益计划资产"科目增加(借记),对应登记"财务费用"科目减少(贷记),计入损益。

计划资产取得的利息收益以外的利得和损失,其性质和计划资产的公允价值变动一样,不属于已实现利得和损失,不计入损益,计入其他综合收益。

3.计划净资产或净负债

计划净资产或净负债是计划资产和计划义务比较的结果,而且是同一时点的比较。站在同一条起跑线上的竞赛才是公平的。在准备期的各年年末,计划资产余额往往不会恰好等于计划义务余额。计划资产余额小于计划义务余额的部分,称为计划赤字,相反的情况称为计划盈余。

计划资产余额 VS 计划义务余额

为履行计划义务,计划资产只要够用就行了,不用准备过多。如果哪个年末出现计划盈余,信托基金应把超额的计划资产退给企业,或者在下一期企业可以少缴存一些资金,这两种情况统称为"设定受益计划退款"(以下简称计划退款)。但是,计划退款数额未必等于超额计划资产即计划盈余,通常比计划盈余要少。

例如,在年末,计划资产公允价值为30,计划义务余额为20,双方对比则存在计划盈余10。但计划退款并不是10,因为还要扣除信托基金从计划盈余中取得的报酬2,如果计划退款的现值为7.5,那么,企业从计划退款中获得的经济利益的现值就是7.5,这被称为"资产上限"。

"资产上限"是企业从计划退款中实际获得的利益。因此,计划净资产就不能再按计划盈余(10)计量了,而应改按资产上限(7.5)计量。

资产上限对计划资产的影响就是把计划资产公允价值拉下来了,下拉的幅度(=计划盈余−资产上限)就被称为"资产上限影响"(图4.20)。

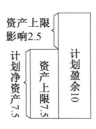

图 4.20　资产上限影响的形成

资产上限影响就是指因存在资产上限而对计划资产公允价值的负面影响,因此减少了计划资产公允价值。账务处理是按资产上限影响(2.5),登记"设定受益计划资产"科目减少(贷记),对应登记"其他综合收益"科目减少(借记)。计划资产的公允价值因此由 30 下调至 27.5。

企业应当在年末确定资产上限影响是多少。

从缴存计划资产到出现资产上限的账务处理,共涉及 4 个会计科目,计划资产的形成和变动的账务处理如图 4.21 所示。

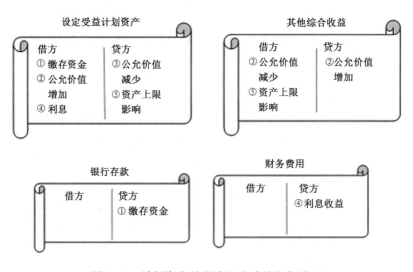

图 4.21　计划资产的形成和变动的账务处理

4. 计划资产和计划义务的变动对损益的影响

以下情形导致的计划义务和计划资产的变动计入损益。

(1) 当期服务成本。

职工因提供当期服务导致企业的计划义务增加。当期服务成本一方面增加计划义务，另一方面计入损益，对应登记"管理费用—当期服务成本"明细科目增加（借记）。

(2) 过去服务成本。

过去服务成本并不是指过去发生的服务成本。过去服务成本是本期对以前期间发生的服务成本（也就是以前年度的"当期服务成本"）所做的调整，该调整额（调高或调低）计入损益。如果企业决定对正在实施中的设定受益计划做出修改，例如，停止为退休人员缴纳大额医疗保险，或者有部分职工辞职离开了企业，设定受益计划义务就会减少，又称为计划缩减，计划缩减会追溯以前期间核算的"当期服务成本"，对其做出调整。虽然调整是在本期进行的，但由于是调整以前年度已经确定下来的计算结果，就把调整额称为"过去服务成本"。账务处理是按本期发生的过去服务成本（有正有负）登记"管理费用—过去服务成本"明细科目，对应登记"应付职工薪酬—设定受益计划义务"明细科目。

(3) 结算利得或损失。

对设定受益计划结算这个名词不能顾名思义。设定受益计划结算（以下简称"结算"）是指企业进行一项旨在消除部分或全部计划义务的交易或决定。

例如，企业因经营重组缩减人员而做出一次性支付解除劳动合同补偿金的决定，就属于结算。决定实施日的前一日就是结算日，在结算日应当确认该项决定的实施给企业带来的损益是多少，称为结算利得或损失。

企业执行该项交易或决定的代价称为"结算价格"，结算价格包括支付计划资产，也包括计划资产之外的现金支付。这样，天平的一边是执行交易或决定导致的计划义务减少额，是企业在结算日的所得；天平的另一边是执行交易或决定的代价即结算价格，是企业在结算日的付出，所得与付出相抵的结果就是结算利得或损失。

$$结算利得或损失 = 结算日计划义务的减少额 - 结算价格$$

结算的账务处理是按结算日计划义务的减少额,登记"应付职工薪酬—设定受益计划义务"明细科目减少(借记),按结算价格对应登记"设定受益计划资产"和"银行存款"科目减少(贷记),二者的差额就是结算利得或损失,计入管理费用,其中结算利得用来冲减管理费用(图4.22)。

应付职工薪酬—设定受益计划义务	1 000
银行存款	100
设定受益计划资产	700
管理费用—结算利得或损失	200

图4.22 设定受益计划结算

(4)计划净资产或净负债的利息净额。

$$\text{计划净资产或净负债的利息净额} = \text{计划资产的利息收益} - \text{计划义务的利息费用}$$

计划净资产或净负债的利息净额属于已实现利得或损失,计入损益。

$$计划资产的利息收益 = 计划资产期初余额 \times 折现率$$
$$计划义务的利息费用 = 计划义务期初余额 \times 折现率$$

如果上期期末存在资产上限,则资产上限影响(2.5)将导致计划资产公允价值下调。上述公式中的计划资产期初余额就是已经扣除资产上限影响后的数额。

5. 计划资产和计划义务的变动对所有者权益的影响

根据《企业会计准则第9号——职工薪酬》的规定,重新计量计划净资产或净负债所产生的变动,计入所有者权益的其他综合收益,并且在后续会计期间不允许转回至损益。即使在设定受益计划终止时,计入其他综合收益的部分失去了存在基础,仍不能转为损益,应转入"利润分配—未分配利润"明细科目。

重新计量计划净资产或净负债所产生的变动,计入"其他综合收益—设定受益计划净负债或净资产的重新计量"明细科目,主要包括以下3个部分:

(1)精算利得和损失,即由于精算假设和经验调整导致之前所计量的设定受益计划义务现值的增加或减少。

精算的假设条件(例如,职工流动率、职工提前退休率和医疗费用水平等)的调整,导致计划义务的调整。但会计准则不允许通过调整精算假设来改变损益。所以,账务处理是按相应的调整额登记计划义务,对应登记"其他综合收益"科目。

(2)计划资产回报,扣除包括在计划净负债或净资产的利息净额中的金额。

持有计划资产而取得的利息、股利和其他收入,以及计划资产已实现和未实现的利得和损失(例如,计划资产是交易性金融资产或其他权益工具投资,也就是短期金融资产和长期金融资产的情况下,金融资产的公允价值变动就分别属于已实现和未实现的利得和损失),减去管理该计划资产的成本以及相关税费后的余额就是计划资产回报。

计划净资产或净负债的利息净额中,包括了计划资产的利息收益(=计划资产公允价值期初余额×折现率),该利息收益是计划资产回报的组成部分之一,计入损益,计划资产回报扣除该利息收益后的金额,才是重新计量计划净资产或净负债所产生的变动,计入其他综合收益。

(3)资产上限影响的变动,扣除包括在计划净负债或净资产的利息净额中的金额。

资产上限是企业从计划退款中获得的经济利益的现值,如果计算现值的折现率调整了,资产上限就相应会变动,资产上限影响也将随之改变。也就是说,计划资产公允价值要做出调整了。复式记账法下,按资产上限影响的变动额调整计划资产的账面价值,对应登记其他综合收益。

调整折现率还要解决另外一个问题:在调整折现率之前所计算的计划净资产(资产上限)的利息净额就因折现率的调整而存在多计或少计的问题,也应进行相应的调整,而且利息净额的调整额(=资产上限影响的变动额×折现率)是资产上限影响变动的一部分,仍然是影响损益,不计入其他综合收益。

六、应交税费

"应交税费"科目反映企业在资产负债表日对税务部门的负债。

只要在会计期间产生了应税利益和发生了应税行为,就产生了归属该会计期间的纳税义务。但是,本月的应纳税额通常在下个月月初才能核算清楚和实际交纳,在本月末的账务处理中,就作为月末对税务部门的负债,记入"应交税费"科目。

企业按本月的纳税义务数额登记"应交税费"科目增加(贷记),对应科目通常是可以抵减营业收入的"税金及附加"科目,即对应登记"税金及附加"科目增加(借记)。但是,也有对应登记其他科目的情况:

- 进口商品的应交关税和应交消费税均计入进口商品的账面价值,对应登记进口商品所属的资产类科目增加。
- 应交企业所得税的对应科目是"所得税费用"科目。
- 一般纳税人应交增值税的对应科目仍然是"应交税费——应交增值税"明细科目。

下面阐述应交增值税的账务处理。

(一)一般纳税人的应交增值税

在增值税出现之前,每一个商品流通环节都要针对销售额全额征税。例如,A购进商品后按原价卖给B,B又按原价卖给C,C再按原价卖给最终消费者。销售商A、B和C虽然都没有赚到钱,但都要按销售额全额来计算税收,称为流转税(按流转额征税),

营业税就是这样的流转税。

就制造企业而言,产出额超过投入额的部分就是增值额。美国耶鲁大学经济学教授亚当斯(Adams)于1917年在美国国家税务学会所做的《营业税》(*The Taxation of Business*)报告中首先提出了对增值额征税,并指出增值额相当于工资薪金、租金、利息和利润之和。

增值额是销售额减去外购货物与劳务以及购进固定资产的金额后的余额。外购货物和固定资产无论是否耗费,均作为计算增值额的抵减项目。

增值额和所得额有明显的区别。

所得额＝销售额－营业成本及费用
增值额＝销售额－外购货物与劳务以及购进固定资产的金额

为避免在商品流通环节的重复征税,法国政府于1954年开征增值税,由原来按营业额全额课税改为按营业额全额计税后扣除购进项目已缴纳的税款,因为相关扣除额都可以取得购货发票,又叫作发票扣税法。这样计算增值税的方法为包括我国在内的很多国家采用。

应交增值税＝销项税额－进项税额

上述公式适用于增值税一般纳税人,下面来说明相关账务处理。

1. 销项税额

增值税是价外税,增值税和销售价款二者在增值税专用发票中分得清清楚楚。销售商品的收款总额包括两笔款,一笔是销售价款,对应着营业收入;另一笔是按营业收入和增值税税率计算的增值税款,称为销项税额。

例如,制造商在本期销售商品向采购方收款总额为300,这300是销售价款(计入营业收入)和销项税额的合计数。

价税合计(300) = 销售价款 + 销项税额(X)

销项税额(X) = 销售价款(300−X) × 增值税税率

假设销售商品的适用税率是13%,可以计算出销项税额 X = 34.51,销售价款为265.49。

销售商品的账务处理是按收款总额登记"银行存款"科目增加300.00(借记),对应登记两个科目:按销售价款对应登记"主营业务收入"科目增加265.49(贷记),按销项税额对应登记"应交税费—应交增值税(销项税额)"明细科目增加34.51(贷记)(图4.23)。

银行存款	300.00
主营业务收入	265.49
应交税费—应交增值税(销项税额)	34.51

图4.23 销售商品的账务处理

"应交税费—应交增值税(销项税额)"明细账户中,括号内的"销项税额"只是记账标记,并不是指三级账户。

销项税额是因取得营业收入而产生的应交增值税。

2. 进项税额

采购方购进原材料时也要支付增值税。例如,购进原材料的付款总额为300,这300包括购货价款(265.49)和增值税款(34.51),适用税率是13%。

《中华人民共和国增值税暂行条例》(2017年11月19日修订)第一条规定:"在中华人民共和国境内销售货物或者加工、修理修配劳务(以下简称劳务),销售服务、无形资产、不动产以及进口货物的单位和个人,为增值税的纳税人,应当依照本条例缴纳增值税。"可见,国内采购环节并不是增值税的征税环节。但采购方在采购原材料时支付给原材料供应商的却是价税合计款,其中采购方支付的增值税款(34.51)就是原材料供应商的应交增值税(销项税额),这笔税款由采购方负担,由原材料供应商收取后交给税务部门。

采购环节并不是增值税的征税环节,所以,采购方购进原材料时支付的34.51增值税,就视同提前把自己的应交增值税(销项税额)交给了税务部门,所支付的34.51称为采购方的"进项税额"。进项税额就是预付的销项税额。

采购方购进原材料时,按支付金额登记"银行存款"科目减少300(贷记),对应登记两个科目:按购货价款对应登记"原材料"科目增加265.49(借记),按增值税款对应登记"应交税费—应交增值税(进项税额)"明细科目减少34.51(借记)(图4.24)。有借必有贷,借贷必相等。

原材料	265.49
应交税费—应交增值税(进项税额) 34.51	
银行存款	300.00

图4.24 购入原材料

采购方支付的进项税额记入"应交税费—应交增值税"明细科目的借方,表示对税务部门负债的减少,相当于采购方交纳了相应的增值税款给税务部门(图4.25)。

图4.25 取得进项税额视同交税

3. 未交增值税

销项税额是销售商品产生的应交增值税,进项税额是在采购环节提前交的增值税,销项税额扣减进项税额后的余额,就是会计期间的未交增值税额(表4.1)。

表4.1 未交增值税的计算

销售商	销售环节	收取销项税额:应交税务机关
	采购环节	支付进项税额:视同交纳销项税额
	未交增值税	销项税额-进项税额

销项税额超过进项税额的部分,就是未交增值税,企业要把这部分未交增值税转入"应交税费—未交增值税"明细科目,按未交增值税额登记"应交税费—应交增值税"明细科目减少(借记),对应登记"应交税费—未交增值税"明细科目增加(贷记)(图4.26)。

图4.26 未交增值税的明细账户结转

从应交增值税结转到未交增值税,结转的科目都一样,就是明细科目不同,这样处理是为了把"应交税费—应交增值税"明细科目结平。如果在会计期末,销项税额反而小于进项税额,就不存在未交增值税了,差额部分称为进项税额的期末留抵税额,成为下一个会计期间的期初进项税额。

4. 增值税不计入税金及附加

增值税账务处理(包括记载销项税额、进项税额和处理未交增值税)的科目及对应科目均是"应交税费"科目,并不涉及"税金及附加"科目。

销售商在销售商品时向采购方收取的销项税额应该交给税务部门,收取时先记作对税务部门的负债(贷记"应交税费—应交增值税"明细科目);销售商在采购环节支付给原材料供应商的进项税额视为交税,即偿还对税务部门的负债(借记"应交税费—应交增值税"明细科目);销项税额扣减进项税额后的余额,是未交增值税,必须再交给税务机关,这样就偿还了对税务机关的全部负债。

可见,销售商支付了进项税额,也把销项税额扣减进项税额后的余额交了税,所交的这两道增值税都不是销售商掏自己口袋交的,而是掏消费者的口袋,因此,交增值税并不减少销售商的所有者权益,增值税当然就不能记入"税金及附加"账户,就像不能把偿还银行借款本金计入费用那样。

企业的税收贡献并不包括所缴纳的增值税,真正负担增值税的是最终的消费者。

另一个流转税——消费税——就和增值税不一样。消费税是价内税,销售相关商品的收款总额(包含消费税)计入主营业务收入。消费税完全是销售商掏自己的口袋交的,计入税金及附加。月末形成应交消费税时,登记"税金及附加"账户增加(借记),对应登记"应交税费—应交消费税"明细科目增加(贷记)。

5. 不同视角下的增值税:企业视角和政府视角

观察一家销售商,其所交纳的增值税其实是两笔,一笔是在销售环节交纳,按销项税额减进项税额计算;另一笔是在采购环节交给原材料供应商,视同交税。这两笔税款相加就刚好等于销项税额。

假设甲以 80 的价格购进商品(未取得增值税专用发票,没有进项税额)后,按 100 卖给乙;乙经过加工后按 200 卖给丙;丙经过精加工后按 300 卖给最终消费者。

假设该商品在销售环节和采购环节的增值税适用税率都是 17%,那么,甲、乙、丙在不同视角下的增值税见表 4.2。

表 4.2　甲、乙、丙在不同视角下的增值税

	甲	乙	丙
购进价格	80	100	200
销售价格	100	200	300
销项税额	17	34	51
进项税额	0	17	34
应交增值税	17	17	17

每个企业所交纳的增值税其实是等于销项税额的,其中一部分直接交给了政府,另一部分交给了上家(供应商)。但是,从政府的角度看,政府只是收取了三家企业各自在销售环节交纳的应交增值税(甲 17,乙 17,丙 17),也就是说,商品在卖给最终消费者

之前,无论中间经历了多少流通环节,政府只是按卖给最终消费者的价格(300)征收了增值税51(=300×17%)。因为每个销售商的进项税额和上家(供应商)的销项税额都是同一笔税额。

(二)出口货物的增值税免抵退税

根据《财政部 国家税务总局关于进一步推进出口货物实行免抵退税办法的通知》(财税[2002]7号)的规定,生产企业自营出口或委托外贸企业代理出口自产货物的,生产企业在增值税免退税的流程上,实行"免、抵、退"的方法。

- 免:出口环节免征增值税。
- 抵:在内销货物所含进项税额抵扣内销货物销项税额后,可使用出口货物所含进项税额抵顶内销货物的销项税额(图4.27)。
- 退:出口货物所含进项税额抵顶销项税额后的剩余部分,予以退税。

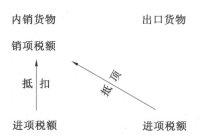

图4.27 进项税额抵扣和抵顶销项税额

出口货物所含进项税额即生产出口货物所用原材料在购入时支付的进项税额。出口货物所含进项税额的退税有两种方式:抵顶内销货物销项税额和退现金。两种方式都实现了退进项税额的效果。下面按出口货物所含进项税额能否抵顶完内销货物销项税额的不同情形,举例阐述"免、抵、退"的账务处理。

1. 举例说明几个重要概念

例 1 某化工生产企业 1 月份销售了 7 吨化工产品。其中出口 4 吨,按出口 FOB 价格(离岸价)结算,出口收入 108 500 美元,美元记账汇率为 1 美元 = 6 元人民币;内销 3 吨,内销金额(指销售价款,不含销项税额)共 600 000 元,内销货物的适用税率为 16%;出口货物所含进项税额的适用税率(又称为出口货物征税税率)为 16%,出口货物退税率为 15%。1 月末的进项税额为 80 000 元。

(1)内销货物的销项税额。

出口 4 吨,出口收入 651 000 元(= 108 500 美元×6)。应收账款和主营业务收入分别增加 651 000 元。

内销 3 吨,销项税额 = 销售价款×适用税率 = 600 000 元×16% = 96 000 元。内销收款总额为 696 000 元,账务处理如图 4.28 所示。

银行存款	696 000
主营业务收入	600 000
应交税费——应交增值税(销项税额)	96 000

图 4.28 内销货物的账务处理

(2)当期免抵退税不得免征和抵顶税额。

有的出口货物所含进项税额并不是退得干干净净,只是退一部分,就称为不彻底退税。如果出口货物退税率(例 1 中为 15%)小于出口货物征税税率(即出口货物所含进项税额的适用税率,例 1 中为 16%),就存在"当期免抵退税不得免征和抵顶税额"。

$$\text{当期免抵退税不得免征和抵顶税额} = \text{出口货物FOB价格} \times \text{汇率} \times \left\{ \text{出口货物征税税率} - \text{出口货物退税率} \right\}$$

$$= 108\,500\,\text{美元} \times 6 \times (16\% - 15\%)$$

$$= 6\,510\,\text{元}$$

例1中的"当期免抵退税不得免征和抵顶税额"6 510元应当从月末进项税额80 000元中转出,即从进项税额中剥离出来,不能用于抵顶内销货物销项税额,应当转为由出口企业掏自己口袋负担,计入出口企业的主营业务成本(图4.29)。

```
主营业务成本——出口退税差额         6 510
    应交税费——应交增值税(进项税额转出)  6 510
```

图4.29 进项税额转为营业成本

本期可用于抵扣和抵顶的进项税额就是73 490(=80 000-6 510)元。

(3)当期免抵退税额。

$$当期免抵退税额 = 出口货物FOB价格 \times 汇率 \times 出口货物退税率 - 免抵退税额抵减额$$

$$= 108\,500\,美元 \times 6 \times 15\% - 0$$

$$= 97\,650\,元$$

有的情况下,出口货物所含原材料在购进时并未支付进项税额,是不含增值税的原材料,对此,也就不存在退增值税的问题,在计算当期免抵退税额时应当予以考虑。

免抵退税额抵减额 = 免税购进原材料的价格 × 出口货物退税率

例1中的当期免抵退税额(97 650)是当期出口货物所含进项税额中能够用于抵顶和退税的部分。实际上,出口货物所含进项税额究竟是多少,是很难弄清楚的问题,所以,就使用公式计算的方式确定免抵退税额是97 650元。

例1中可用于抵扣和抵顶的进项税额一共才是73 490元,而销项税额是96 000元,超过了可用于抵扣和抵顶的进项税额。于是,例1中,期末应缴纳的增值税为22 510元[=96 000-(80 000-6 510)]。

既然可用于抵扣和抵顶的进项税额一共只有73 490元,为什么又说出口货物所含进项税额97 650元已经全部用于抵顶销项税额呢?

这是因为出口货物所含进项税额和内销货物所含进项税额自产生之日起,就是混在一起的,二者无法加以区分,这些进项税额自其形成的会计期间开始,就已经在抵减销项税额了,到了本期,早已经抵顶得差不多了,剩余部分自然就包括在本期的进项税额中。

抵免退税的账务处理是贷记"应交税费—应交增值税(出口退税)"明细科目97 650,贴上"出口退税"的标签,表明免抵退税额是97 650元;借记"应交税费—应交增值税(出口抵顶应纳税额)"明细科目97 650,贴上"出口抵顶应纳税额"的标签,表明出口货物所含进项税额97 650元的退税方式是用于抵顶销项税额(图4.30)。

图4.30 通过抵顶销项税额实现免抵退税

2. 出口货物所含进项税额抵顶后还有余额

例2 假设例1的化工生产企业在1月份一共销售了5吨化工产品,其中出口仍是4吨,但内销只有1吨。内销金额为200 000元(指销售价款,不含销项税额),内销金额为200 000元(指销售价款,不含销项税额),销项税额为32 000元(适用税率为16%),其他指标均和例1相同。则进项税额抵扣和抵顶销项税额后,还剩余41 490[=32 000-(80 000-6 510)]元。

例2的免抵退税的账务处理是贷记"应交税费—应交增值税（出口退税）"明细科目97 650，贴上"出口退税"的标签，提示免抵退税额是97 650元，对应借记两个科目，分别展示免抵退税的两个渠道。

其中，用内销货物的进项税额抵扣销项税额后，再用出口货物所含进项税额继续抵顶销项税额，之后剩余的进项税额为41 490元，小于免抵退税额97 650元，可判断该41 490元属于出口货物所含进项税额，应予退税，借记"其他应收款"科目41 490。并可知出口货物所含进项税额中已经用于抵顶销项税额的部分是56 160（=97 650-41 490）元，标记为"出口抵顶应纳税额"，借记"应交税费—应交增值税（出口抵顶应纳税额）"明细科目56 160（图4.31）。"有借必有贷，借贷必相等。"

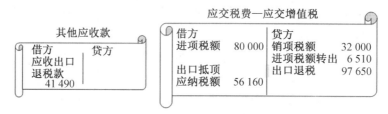

图4.31　通过抵顶销项税额和退税来实现免抵退税

例2中，本期的进项税额共抵扣和抵顶了32 000元销项税额，为什么说出口抵顶应纳税额是56 160元？

这是因为本期出口货物（651 000元）所含进项税额（97 650元）中的56 160元，是以抵顶销项税额的方式实现退税的，而且其抵顶是从原材料购入期间（以前期间）就开始进行了，截至本期期末，抵顶一共用掉了56 160元进项税额，尚余41 490元进项税额无从抵顶了，就以退现金的方式退税。

3. 出口货物所含进项税额全部未能抵顶

例 3　假设和例 2 唯一不同的就是 1 月末的进项税额比较多,多达 180 000 元。可用于抵扣和抵顶的进项税额在抵减销项税额后,还剩余 141 490 [=32 000−(180 000−6 510)]元。出口货物的当月免抵退税额仍然是 97 650 元。可见,出口货物所含进项税额几乎全部都在剩余的 141 490 元进项税额中。①

例 3 中,本期抵减销项税额之后剩余的 141 490 进项税额由两个部分构成,即内销货物所含进项税额和出口货物所含进项税额。其中,后者是可以退税的。

免抵退税额(97 650 元)就是出口货物所含进项税额,例 3 中剩余的进项税额 141 490 元超过了免抵退税额,这说明出口货物所含进项税额至今尚未有任何机会抵顶销项税额,一直留到现在,应当全部予以退税。剩余进项税额 141 490 中扣除免抵退税额 97 650 元后的余额 43 840(=141 490−97 650)元,就是内销货物所含进项税额,作为"当期期末留抵税额",将在下一期继续抵扣销项税额(图 4.32)。退税的账务处理,仍然要体现免抵退税额是多

图 4.32　免抵退税额全部退税

少。贷记"应交税费—应交增值税(出口退税)"明细科目 97 650,标上"出口退税"的标签,说明从进项税额中取出来 97 650 元,用于办理退税;借记"其他应收款—应收出口退税款"明细科目

---

①　关于免抵退税的 3 个例子中的数据,分别引自盖地编著的中国人民大学出版社 2019 年 1 月出版的《税务会计学》(第 12 版)第 205~207 页的例 6.11、例 6.12 和例 6.13。

97 650。

七、持有待售负债

企业处置资产组时,也会捎带着打包让买家承担少许负债,例如,承担其他应付款和应付账款等。这些负债因此获得了待处置资格,得到了和待售资产一样的名称,称为"持有待售负债"。

企业打包处置的资产和负债的组合称为处置组。负债进入待处置状态后,应由原科目转入"持有待售负债"科目,由一种负债转为另一种负债。

持有待售负债属于流动负债。

对处置组(包括资产和负债)进行处置时,按处置所得款项登记"银行存款"科目增加(借记),对应登记相关资产类科目减少(贷记)和登记"持有待售负债"科目减少(借记),处置所得款项和所处置净资产的差额就是处置损益,登记"资产处置损益"科目(图4.33)。

```
银行存款
 持有待售负债
  固定资产
   资产处置损益
```

图 4.33　处置持有待售负债

八、长期应付款

企业购买大型机器设备通常要分期付款,好几年才能支付完毕,计入长期应付款。

假设在第一年年初分期付款购置大型设备,且在第一年年初就取得了设备,设备的公允价值是 800,购置设备款分 3 年付清,在第一年年末、第二年年末和第三年年末各支付 320。下面用这个例子说明长期应付款的核算。

(一)初始计量

采购方取得的大型设备的初始账面价值(即固定资产原值)按历史成本计量,就是购买时的设备公允价值(800)。初始账面价值并不因一次性付款(800)或分期付款(960)而有所差别。

采购方因为分期付款而多支付的160,其性质是购买方的融资费用。

融资费用(160)在第一年年初形成之时称为"未确认融资费用"。采购方在此时尚不能确认为费用,因为根据权责发生制,在发生支付义务时,才能确认费用,因此,只有到了分期付款之日,也就是每年年末,采购方产生付款义务时,才能确认融资费用,记入"财务费用"科目。

第一年年初:登记"长期应付款"科目增加960(贷记),对应登记"固定资产"科目增加800(借记),按二者的差额登记"未确认融资费用"科目增加160(借记)(图4.34)。有借必有贷,借贷必相等。

固定资产	800	
未确认融资费用	160	
长期应付款		960

图4.34 以分期付款方式取得固定资产

第一年年初的长期应付款960分为800和160两个部分,前者对应固定资产原值,后者对应未确认融资费用。

资产负债表中并没有"未确认融资费用"的位置。资产负债表的"长期应付款"项目填列长期应付款减去未确认融资费用后的余额,刚好就是应付设备款的期末余额。因此,可以说"未确认融资费用"科目是"长期应付款"科目的备抵科目,备抵科目的性质和主科目相同,都属于负债类科目,但记账方向和主科目相反。

(二)确认融资费用

第一年年初的未确认融资费用(160),在以后的各年年末分期付款时,分别得到确认。

分期付款购买设备就是融资购买设备。相当于购买企业在第一年年初向设备制造商借款800,然后再支付800给制造商,提走设备,双方的买卖关系结清了。但双方的借贷关系还在,购买企业要在每年年末还款320,连续三年还清借款本息,了结借贷关系。

如果把借款本金800(设备公允价值)作为现值,将每年年末

还款 320 作为终值,就能计算出每年的融资利率。假设每年的融资利率为 i,则:

$$320(1+i)^{-1}+320(1+i)^{-2}+320(1+i)^{-3}=800$$

用内插法计算出 $i=9.69\%$。

知道每年的融资利率为 9.69%,就能在各年年末的分期付款额 320 中分离出应付借款本金和确认融资费用各是多少。

第一年年末,支付了 320。能够确认融资费用 78,偿还融资本金 242(表4.3)。

表 4.3　第一年年末的借款本金和融资费用

项　　目	金　　额
确认第一年的融资费用	$800i=78$
第一年年末的未确认融资费用	$160-78=82$
第一年年末偿还借款本金	$320-78=242$
第一年年末的未付借款本金	$800-242=558$

在第一年年末,登记"银行存款"科目减少 320(贷记),对应登记"长期应付款"科目减少 320(借记)。另外,还要确认第一年的融资费用,登记"财务费用"科目增加 78(借记),对应登记"未确认融资费用"科目减少 78(贷记)。

第二年年末,支付第二笔 320。其中,确认融资费用 54,偿还借款本金 266(表4.4)。

表 4.4　第二年年末的借款本金和融资费用

项　　目	金　　额
确认第二年的融资费用	$558i=54$
第二年年末的未确认融资费用	$82-54=28$
第二年年末偿还借款本金	$320-54=266$
第二年年末的未付借款本金	$558-266=292$

第三年年末,支付最后一笔 320。其中,确认融资费用 28,偿还借款本金 292(表4.5)。

表 4.5　各年年末的借款本金和融资费用

时间	偿还借款本金	确认融资费用	未付借款本金	未确认融资费用
第一年年初	—	—	800	160
第一年年末	242	78	558	82
第二年年末	266	54	292	28
第三年年末	292	28	0	0
合　计	800	160	—	—

九、预计负债

(一)源于或有负债

《企业会计准则第13号——或有事项》(财会〔2006〕3号)第二条规定:"或有事项是指过去的交易或者事项形成的,其结果须由某些未来事项的发生或不发生才能决定的不确定事项。"

或有事项可能产生的未来支付,称为或有负债。

或有负债也是过去的交易或者事项形成的、预期会导致经济利益流出的现时义务,符合负债的定义,但未必符合负债的两个确认条件。

例如,企业的担保责任,在签订担保合同时就属于在现行条件下已经承担的义务,是现时义务,符合负债的定义。但是,担保责任未必是"很可能发生"的,而且未必能"可靠地计量"。因此,担保责任是潜在的支付义务,是或有负债。或有负债主要有以下几种情形:

- 担保责任。
- 产品质量保证责任。
- 在作为被告的诉讼中可能败诉的支付义务。
- 债务重组中可能承担的支付义务,例如,债务重组中,债务企业的贷款利率由7%降至5%,如果重组后的第一年盈利,则该贷款利率将再恢复到7%。
- 预期履行成本超过预期经济利益的合同(亏损合同),例如,签订销售合同后,原材料价格上涨,预期支出超过预期收入,形成预期亏损。

● 矿山和化工厂等特殊行业的固定资产弃置所产生的预计整治环境和恢复生态的费用。

上述六种情形都是未来的支付义务,但可能发生,也可能不发生,属于潜在的支付义务。

资产负债表不反映或有负债。如果潜在支付义务变得很可能发生了,而且能可靠地计量了,就脱离"或有",转为应当确认的负债,但要换个名称,改称"预计负债"。

或有负债转为预计负债,要经过对未来支付可能性的量化判断(可能性在50%以上),但不同的会计人员的量化判断是有差异的,所以,在预计负债的确认上,必将仁者见仁,智者见智。

(二)计量

预计负债按未来支出的最佳估计数计量。如果预计未来支出的时间跨度很长,就按未来支出最佳估计数的现值计量。账务处理是按初始账面价值,登记"预计负债"科目增加(贷记),对应登记"营业外支出"科目增加(借记),但产品质量保证责任产生的预计负债,对应登记"销售费用"科目增加(借记)。

资产负债表日,应当对预计负债的账面价值进行复核。如果其账面价值已经不能真实反映未来支出的最佳估计数(或其现值)了,应当按当前最佳估计数(或其现值)来调整预计负债的账面价值。例如,我方担任被告的一项未决诉讼在以前的会计期间计入了预计负债,但在本会计期间,法院的调查取证结果出来了,结果对我方极为有利,我方败诉承担支付义务的可能性大大降低,或有负债就不属于"很可能发生"了,应当将预计负债调整为0。

十、递延收益

"递延收益"科目名为收益,其实并不是损益,和利润表无关,该科目记载企业因收到政府补助款而形成的对政府的负债。企业收到政府补助款时,登记"银行存款"科目增加(借记),对应登记"递延收益"科目增加(贷记),资产增加,负债也增加。

企业先作为负债处理,是因为政府补助不是白给的,企业收了补助款是要办事的。事情办好了,补助款才能转为利得,即递延到后期计入收益。事情办不好,补助款要退回给政府。所以,收到的政府补助款在初始入账时先记作对政府的负债。

《德国商法典》第250条第2款规定:"以收入构成结算日之后的一定时间的收益为限,在结算日之前,应当将收入作为递延项目列示于负债方。"

(一)两种核算方法:总额法和净额法

政府补助的会计核算,企业可以选择总额法或净额法,但一经选定就必须一贯地使用下去,不能变来变去。

总额法是把补助款全额转为利得,登记"递延收益"科目减少(借记),对应登记"其他收益"和"营业外收入"科目增加(贷记)。负债减少,利得增加。

净额法是在补助款可以转为利得时,不直接计入利得,而是对应冲减管理费用或营业外支出,即登记"递延收益"科目减少(借记),对应登记"管理费用"和"营业外支出"科目增加(贷记)。负债减少,费用和损失相应减少。

我们以前就遇到过净额法,只是那时候还没有意识到这种会计核算方法是净额法。例如,长期应收款在分期收款实现融资收益时,登记财务费用减少,就是按净额法核算。

按总额法核算,收益会更大,显得业绩更好,按净额法核算则不增加收益,更为低调。但两种核算方法对利润的影响是一致的。

(二)政府补助的分类和计量

根据不同的分类标准,政府补助主要有以下几种分类:

1. 日常活动补助和非日常活动补助

日常活动就是日常经营活动,就业培训、开发无形资产等就属于日常活动。日常活动补助,包括增值税的即征即退(和日常销售相关)、对企业扩大就业和培训职工的补贴(和日常生产经营相关)等。收到日常活动补助款时,登记"银行存款"科目增加(借记),对应登记"递延收益"科目增加(贷记)。在完成补助事项并通过政府审核期间,把负债转为收益,登记"递延收益"科目减少(借记),对应登记"其他收益"科目增加(贷记)。

非日常活动补助,是对营业外事项的补助,例如,对遭受自然灾害的补助。而且通常是营业外事项发生在先,收取政府补助款在后,所以,通常不存在退还补助款的问题,因而,可在收到补助款时直接计入利得。

收到非日常活动补助款时,登记"银行存款"科目增加(借记),对应登记分为两种情况,按总额法核算的,对应登记"营业外收入—政府补助"明细科目增加(贷记);按净额法核算的,对应登记"营业外支出—政府补助"明细科目减少(贷记)。

2. 与资产相关的补助和对费用损失的补助

与资产相关的补助有两种方式,一种方式是政府先给补助款,企业用补助款购建资产,收到补助款时先作为对政府的负债,登记"银行存款"科目增加(借记),对应登记"递延收益"科目增加(贷记),资产和负债同步增加。另一种方式是企业先建设厂房和购买设备及无形资产,在这些长期资产验收合格投入使用后,政府再发放补助款。

按总额法核算的,在所购买和建设的长期资产提取折旧或摊销的期间,根据收益和费用的配比原则,把负债逐期转为利得,登记"递延收益"科目减少(借记),对应登记"其他收益"科目增加(贷记)。

按净额法核算的,在所购建的长期资产达到预定可使用状态时,一次性将递延收益(负债)用于冲减长期资产账面价值。登记"递延收益"科目减少(借记),对应登记"固定资产"科目减少(贷记),负债和资产同步减少。长期资产的账面价值被冲减以后,其折旧总额或摊销总额也会减少,这将对利润产生积极的影响。

总额法是将递延收益逐期转为其他收益,净额法是将递延收益逐期转为长期资产折旧或摊销的减少额,两种核算方法对利润的影响是一样的。

补助的资产在其使用寿命终结前的出售、转让、报废,是对补助资产的处置。按处置所得款项登记"银行存款"科目增加(借记),对应登记是转销所处置资产的账面净值,并将二者的差额计入资产处置损益。同时,还应当结平"递延收益"科目,按递延收益余额登记"递延收益"科目减少(借记),把负债余额转为资产处置收益,对应登记"资产处置损益"科目的收益增加(贷记)。

有的政府补助和资产无关,例如对费用和损失的补助。这样的补助也有两种情形,一种情形是对已经发生的费用和损失的补助,例如,对企业遭受灾害的补贴等。企业收到补助款时,直接计入当期损益,不用先记递延收益(负债)。总额法下,对应登记利得。净额法下,对已发生费用的补助对应冲减管理费用;对已发生损失的补助则对应冲减营业外支出。

另一种情形是对未来可能发生的费用的补助。由于费用尚未发生,政府通常要求企业先提供相关项目的资金使用计划,该资金使用计划经审核通过后,政府才发放补助款。企业收到补助款时,先记入"递延收益"科目,在按资金使用计划实际支出补助款期间,按实际支出额将相应的负债(递延收益)转为利得(总额法)或冲减成本费用(净额法)。

(三)返还补助款给政府

企业使用不完或者使用不当的补助款,应当返还给政府。账务处理也分别按总额法和净额法核算。

1. 基于总额法的返还

企业返还使用不完的政府补助时,登记"递延收益"科目减少(借记),对应登记"银行存款"科目减少(贷记),资产和负债同步减少。

补助款按总额法核算的,通常在前期已经部分或全部转为利得了,因此要将利得退回。账务处理是登记"银行存款"科目减少(贷记),对应登记"其他收益"和"营业外收入"科目减少(借记)。

2. 基于净额法的返还

按净额法核算的,向政府返还使用不当的资产补助时,减少银行存款,对应地,把已按补助款冲减的资产账面价值予以回调。一种资产(银行存款)减少,另一种资产(补助资产)增加,不影响资产总额。

返还使用不当的费用和损失补助款时,登记"银行存款"科目减少(贷记),对应登记"管理费用"和"营业外支出"科目增加(借记),将原先对费用和损失的冲减予以回调,恢复至使用补助款之前的状态。

十一、递延所得税负债

税法规定按年度所得额(税法规定的应税收入扣减可扣除项目后的余额)计算应纳所得税额(以下简称"应纳税额")。应纳税额首先构成企业在年末的负债,下个年度实际缴纳所得税,是偿还负债。但在会计核算上,还应按权责发生制确认所得税费用。

经营成果(营业收入减营业成本及费用后的余额)是会计核算层面的概念。根据税法规定,有的营业收入不计入所得额,或者说,不属于应税收入,例如持有国债取得的利息收入;有的损失在计算所得额时也不能扣除,或者说,不计入扣除项目,例如缴纳的罚款、罚金及税收滞纳金等。经营成果按照税法的上述规定进行调整后,就得到了应税经营成果。应税经营成果是权责发生制的产物,按应税经营成果核算的纳税责任,就是所得税费用。

所得额是税法的概念,是所得税的纳税依据。应税经营成果和所得额二者本应一致。但是,二者的确认原则不一样,所得额的确认原则是税收优先原则,坚持权责发生制和收付实现制并举,哪个原则能先确认所得额,就确认哪个原则;而应税经营成果的确认原则始终是权责发生制。

按收付实现制确认的应税收入和按权责发生制确认的营业收入之间的差异,并不是数额上的差异,而是确认期间上的差异,一个在此期间确认,另一个在彼期间确认。按收付实现制确认的可扣除项目和按权责发生制确认的营业成本及费用之间的差异,也不是数额上的差异,也是确认期间上的差异,一个在此期间确认,另一个在彼期间确认。

不同的核算原则造成了所得额和应税经营成果在确认期间上的错位。相应地,按应税经营成果核算的所得税费用和按所得额计算的应纳税额之间,也存在确认期间的错位,有的年度,所得税费用大于应纳税额;有的年度,又会相反。

如果所得税费用大于应纳税额,多出的部分意味着什么呢?

基于权责发生制的视角,这多出来的部分是应税经营成果超过所得额的部分所对应的纳税责任,但因为税务部门只认按所得额计算的应纳税额,企业对于这部分纳税责任只好先挂着,记作对税务部门的负债,命名为"递延所得税负债",以后是要还的。

关于递延所得税负债的会计核算详见第六章第二节的相关介绍。

第五章　出资所有者权益

资产负债表把所有者权益分为实收资本、其他权益工具、资本公积(包括资本溢价和其他资本公积)、其他综合收益、盈余公积、未分配利润等项目。如果把来源相同的项目归为一类，就可以分为出资所有者权益和经营所有者权益，前者是股东出资形成的所有者权益，包括实收资本、资本公积和其他权益工具；后者是经营成果形成的所有者权益，包括其他综合收益、盈余公积和未分配利润。

德国人凯斯特在会计恒等式问世之后提出的会计等式——资产=负债+资本+(收入-费用)——指明了所有者权益的两个来源，一个是资本，即出资所有者权益，对应于股东投入的资产数额；另一个是"收入-费用"，对应于因经营盈亏而增加或减少的资产数额，也就是经营所有者权益。

两类所有者权益的来源不同，而且，在理解经营所有者权益之前，还必须弄明白作为经营成果的利润究竟是指什么。因而，有必要将所有者权益分为两章阐述，还要在两章之间穿插一章讲利润。

第一节　所有者权益、净资产和股权

所有者权益是站在公司的角度讲的，通常说公司的所有者权益是多少；净资产也是表述为公司的净资产是多少，但净资产更侧重说明资产和负债的比较结果；股权则是站在股东角度讲的，通常说股东的股权是多少。

一、所有者权益

我国《企业会计准则——基本准则》第二十六条规定："所有者权益是指企业资产扣除负债后由所有者享有的剩余权益。"所有者权益因此又可简称为权益。

从形式逻辑的角度考察,所有者权益的定义确有改进之处。根据形式逻辑关于定义的规则——定义项中不能直接或者间接地包括被定义项①——上述定义是用权益来定义所有者权益,或者说,是用权益来定义权益。该定义更像是给出了所有者权益的计算方法——资产总额减负债总额后的余额——而不是揭示所有者权益的概念内涵。

二、净资产

净资产和所有者权益在数额上相等,以至于一说到净资产,就会想到所有者权益,反之亦然。《企业会计准则》也常常对二者不加区分和交替使用。美国财务会计概念公告第6号《财务报表的各种要素》中,对所有者权益的定义是"所有者权益或净资产是某一个主体的资产扣除其负债的剩余部分"。

潘序伦(1893—1985)主张"没有信用,就没有会计",他被誉为"中国现代会计之父",他一生倡导"立信"(图5.1)。他提出:"资本为资产负债相抵之差数,又称为一个企业之财产净值。"②其所指的资本即企业之财产净值,就是所有者权益,也就是净资产。

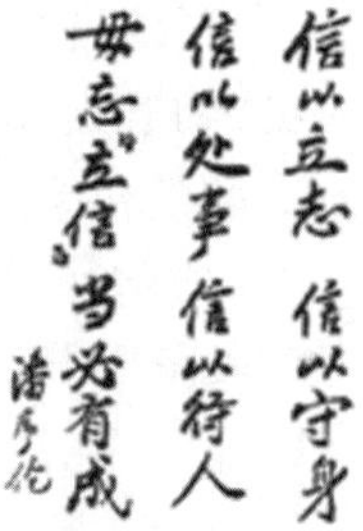

净资产是资产减负债的结果,也因此,才使用"净"的表达。但是,资产和负债相减的结果又是什么呢?

图5.1 潘序伦
题字:立信

例如,对于一件水果,很容易区分哪个部分是净重,哪个部分是毛重。但在总的资产中却无法辨认出哪些是净资产,哪些不是。资产可分为货币资产和非货币资产,可分为流动资产和非流动资产,但不能分为净资产和非净资产。

---

① 金岳霖.形式逻辑[M].北京:人民出版社,1979:54.
② 潘序伦.会计学(第一册)[M].上海:立信会计图书用品社发行,1951.

不妨假设负债为零,于是,资产总额=所有者权益=净资产。但在企业里看到的都是资产,看不到哪些是净资产,也看不到哪些是所有者权益。不能因为在没有负债的情况下,所有者权益和净资产与资产总额在数额上相等,就指着资产说:"它们是净资产,它们也是所有者权益。"

净资产表达的仅仅是资产和负债相减的结果,并不对应任何具体形态的资产。所有者权益所突出的是由所有者享有资产总额中扣除负债总额后的剩余部分,这属于股东的可期待利益。会计恒等式和会计报表中之所以使用所有者权益而不使用净资产的概念,是因为股东对企业的控制力和主导作用越来越强,这种强势自然而然体现在了文字上面。

三、股权

如果有人说某某公司是他的,准确地说,应该是他持有该公司的大部分股权,他是控股股东。股权是股东的财产权。根据《公司法》的规定,股权表现为股东的三项权利:资产收益权、参与重大决策权和选择公司管理者的权利。

(一)资产是公司的还是股东的

股东用财产(出资资产)换股权,出资财产归了公司,股东享有股权。

公司是独立的民事主体。既然资产是公司的,负债也由公司偿还,为什么"资产扣除负债后的剩余权益"即所有者权益,却不是公司的,而是由股东享有呢?

上述问题还可以更加简化:假设公司没有负债,那么,资产是公司的,而资产所对应的权益是股东的,既然公司不享有资产所对应的权益,又如何解释"资产是公司的"?

会计恒等式诞生于1880年。那个时候的企业都是合伙企业或个人企业,企业的所有者对企业债务承担无限责任,所有者的财产和企业的财产是混同的。对合伙企业来说,资产是合伙人的;负债首先用合伙企业的资产偿还,其次由合伙人偿还;因此,合伙企业的资产扣除负债后的余额,自然就归合伙人所有。

法人制度源于罗马法。1896 年的《德国民法典》确立了法人制度。法人制度产生于会计恒等式之后。会计恒等式的渊源是在法人制度产生以前的若干会计等式,从最早的帕乔利的复式簿记第一方程式到会计恒等式,都产生于法人制度设立之前。

会计准则把所有者权益定义为"资产扣除负债后由所有者享有的剩余权益",这个定义对于合伙企业是说得通的。对于法人企业而言,股东享有股权意味着股东能够通过董事会决定企业的资产使用和负债的偿还,以及决定经营成果的分配。可见,股东把出资财产让渡给公司之后,仍然享有对出资财产甚至公司全部资产的控制权。从股东依控制权而享有剩余权益的角度看,会计恒等式依然适用于法人企业。

在一个企业中,资产和负债都不能从企业角度来解释,而应该从企业所有者即业主所有权这个角度来解释。从这个角度来讲,资产是所有者的财产,负债是所有者的负资产。正资产和负资产相结合,其差额就是所有者的净资产,即业主产权。

——斯普拉格:《账户原理》

对于斯普拉格的论断,葛家澍教授认为:"斯普拉格对会计基本要素的讨论具有理论奠基意义,即使今天我们对负债和所有者权益这两个要素的认识水平,总体上也没有超出 100 年前斯普拉格的论证结论。"

股东让渡资产所有权,换来股权;实际上,股东又可以通过控制公司,进而控制公司的资产,所以,股东取得股权并不意味着失去了出资财产,而是将对出资财产的直接控制变成了间接控制。

(二)股权评估值和净资产评估值

股权和所有者权益或净资产的区别,表现在前者是股东的财产权,后者是公司的资产总额减负债总额后的余额,后者不是财产权。但股权的价值却多多少少和公司的所有者权益或净资产有一定的联系。

股权在交易之前常常要进行评估(评定估算)。股权的评估值会成为交易双方谈判的基础。一些规定常常出现"股权交易价格不得低于被投资方净资产评估值"的表述。那么,股权的评估值是否等于被投资方的净资产评估值呢?

1. 净资产评估值和企业价值

被投资方净资产评估值等于资产评估值减负债评估值后的净额;而股权的评估值却是对被投资方整体价值的评估,是考虑了被投资方的资产、负债以及影响生产经营的其他因素后的企业整体价值,股权的评估值绝不是被投资方各项资产的评估值的汇总。评估一个企业的资产不等于评估企业本身。

管理、科研、营销团队,以及所处行业、未来发展前景等重要因素对企业价值的影响很大,但这些因素的影响并不体现在净资产评估值中。恰恰是这些因素造成了企业价值(股权评估值)和净资产评估值的差异。

2. 不能用成本法评估股权

有限公司的股权往往没有活跃的交易市场,难以发现股权的公允价值。因此,常常把股权的评估值作为股权交易的基础价格。

《资产评估基本准则》(2017年10月1日起施行)和《资产评估执业准则——资产评估方法》(2020年3月1日起施行)均规定确定资产价值的评估方法包括市场法、收益法和成本法三种基本评估方法及衍生方法。其中,市场法也称比较法、市场比较法,是把可比参照物的市场价格作为确定股权价值的基础。例如,企业价值评估中的交易案例比较法和上市公司比较法。收益法是将股权的预期收益资本化或者折现,来确定股权价值。例如,现金流量折现法、股利折现法等。市场法和收益法都可以用于股权的评估。

《资产评估执业准则——资产评估方法》第十五条规定:"成本法是按照重建或重置被评估对象的思路,将重建或重置成本作为确定评估对象价值的基础,扣除相关贬值,以此确定评估对象价值的评估方法的总称。成本法包括多种具体的方法。例如,复原重置成本法、更新重置成本法、成本加和法(也称资产基础法)等。"第十七条还指出,"不可以用重置途径获取的评估对象"一般不适用成本法。

股权与机器设备或建设工程的区别,就是股权无法重建或者重置,因为不能把股权看作由部件组合成的整体,因而,股权评估不具有应用成本法的前提。但实践中有一种做法是把净资产评估值作为企业股权的评估值,相关评估报告称其使用的评估方法是成本加和法。成本加和法是把资产拆开,一项一项评估其组成结构,再把各个结构的价值加总得到该资产的评估值。

把净资产评估值当作股权评估值还至少不能解释以下问题:第一,两个企业的资产和负债是一样的,为什么这两个企业的价值会不一样?第二,如果一家企业的净资产评估值是负数,你要收购这家企业的股权,卖家——也就是这家企业的股东——为什么不用倒贴钱给你?第三,在被投资方的净资产评估值是负数的情况下,投资方持有的长期股权投资(按权益法核算)的账面价值为什么没有成为负数?

股权的评估值也可能低于被投资方的净资产评估值。如果把被投资方的资产一项一项地按其评估值出售,就可以得到等于净资产评估值的款项。但这种做法在实践中很难应用,因为把整体出售改为零售将产生不小的交易成本。

第二节 实收资本和资本公积

原始股东的出资额就是公司的实收资本数额。但非原始股东通常只能把出资额的一部分记入自己名下,另一部分出资额要归全体股东共有。

一、出资方式和实收资本

出资方式是指股东用什么样的财产出资,或者说,公司能够取得怎样的资产。

最常见的出资方式是货币出资。《公司法》规定股东还可以用实物作价出资、用知识产权作价出资、用土地使用权作价出资,以及用可以估价并可以依法转让的非货币财产作价出资。这几种出资方式就是法定出资方式。

可见,资产负债表中的很多资产并不能用于出资,例如,合同资产、合同取得成本、使用权资产、开发支出、长期待摊费用、递延所得税资产,以及待处理财产损益(借方余额)等。

合伙企业的出资方式则是灵活多样的,合伙人甚至可以用劳务出资,而且,以非货币出资的也可以不用评估作价,由全体合伙人协商确定出资额是多少就行了。因为合伙企业和公司的信用基础不一样。

公司是法人组织,以自己的财产为限对债务承担责任,公司偿还债务的责任不牵连到股东,这就是有限责任制。

有限责任制下,公司对其债权人和交易对象的信用基础就是公司的资产,所以,股东出资财产的价值必须是确定和可靠的,这就是资本确定原则。而且,用于出资的非货币财产必须是能够转让的,也就是说,能取得货币出资的效果。而合伙企业的债务最终由全体合伙人承担,合伙人的财产是合伙企业承担债务的信用基础,因而,不必严格约束合伙人的出资方式。

公司收到股东出资时,登记"银行存款""固定资产""无形资产"等科目增加(借记),对应登记"实收资本—股东甲"明细科目增加(贷记),股份公司则对应登记"股本"账户增加(贷记)。资产增加,所有者权益也增加。

股东出资的财产在和实收资本建立了初始联系以后,二者就迅速分开了,各走各的路,一个归入资产要素,一个属于所有者权益,今后互不相干。股东出资的财产在投入公司之后发生增值和贬值,甚至毁损了,也不能影响已经确定的实收资本数额,即使公司资不抵债甚至资产全无了,实收资本的数额仍然不受影响。

有限公司的注册资本,是指在公司登记机关登记的全体股东认缴的出资额;股份公司的注册资本,是指在公司登记机关登记的实收股本总额。所以,有限公司的股东出资,有认缴出资和实缴出资的区别;股份公司的股东出资都是实缴出资。

二、资本公积

资本公积包括资本溢价和其他资本公积。

(一)资本溢价

资本溢价是股东出资额超过实收资本中记入其名下的部分(股份公司称为"股本溢价")。资本溢价虽然也是股东的出资额,但却归全体股东共有,而且是共同共有,不是按份共有。

1. 形成过程

在公司成立并经营一段时间之后新进的股东,其出资额中往往有一部分不能归新进股东独有,而是要归全体股东共有,或者说,非原始股东取得同等股权要比原始股东付出更多的代价。

账务处理是按新股东的出资额,登记"银行存款"科目增加(借记),按出资额中记入新股东名下的部分对应登记"实收资本—新股东"明细科目增加(贷记),按资本溢价部分登记"资本公积—资本溢价"明细科目增加(贷记)。

中国石油天然气股份有限公司股票的面值为1元,但发行价却是16.70元。如果你按发行价购入1股,你的出资就是16.70元。但你名下的股份只有1股,股份面值是1元;你的另外15.70元出资就是中国石油天然气股份有限公司获得的溢价资产,记入公司所有者权益中的"资本公积—股本溢价"明细科目(图5.2),归全体股东共有。

银行存款	16.70
股本	1.00
资本公积—股本溢价	15.70

图5.2 资本溢价的产生

还有的资本溢价是在换股和债权出资中形成的。

换股是指一个公司的股东用其股权向另一个公司出资,换取后者的股权。

例如,甲公司向新股东发行股份,新股东用其持有的A公司股权出资,以此取得甲公司的股份。这就是换股——新股东用 A 公司的股权换取甲公司的股权。甲公司因此成为 A 公司的股东。甲公司在增资扩股之后,资产中的长期股权投资增加,所有者权益中的实收资本增加。甲公司取得的长期股权投资,其初始计量按公允价值入账,该公允价值超过增资扩股的面值的部分,就是甲公司取得的资本溢价(图 5.3)。

```
长期股权投资
  股本
  资本公积—资本溢价
```

图 5.3　增资扩股产生的资本溢价

债权出资是指公司的债权人将债权转为对公司的股权,其身份由债权人变成了股东。

- 德国禁止以对本公司的债权出资,允许以对第三人的债权出资。
- 意大利允许用任何债权出资,但要求出资股东提供担保。
- 美国规定出资形式由董事会根据商业判断做出,立法不限制。

例如,公司有 1 000 的债务,股东们经过协商,愿意向债权人增资扩股 450 来消灭 1 000 的债务。这 450 是增资扩股记入债权人名下的出资,假设增资扩股的股权公允价值是 600。

公司在债务重组中受益了:用公允价值 600 的所有者权益为代价,免除了 1 000 的负债,赚了 400。

债权人的 1 000 债权,实际上是当作 600 用掉了,债权人的出资额等于股权的公允价值 600,债权人的损失 400,对应着公司的营业外收入 400。债权人的出资额(600)超过记入其名下出资(450)的部分(150),就是公司在债务重组中取得的资本溢价(图 5.4)。

2. 转增资本

资本溢价可按股东的出资比例转为股东出资,按转增额登记

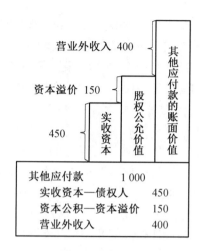

图 5.4　债权出资形成的资本溢价

"资本公积—资本溢价"明细科目减少（借记），对应登记"实收资本"或"股本"科目增加（贷记）。从一种所有者权益转为另一种所有者权益。

　　资本溢价转增资本之后，公司的资本无疑是增加了，但是，公司的所有者权益总额并不因此而改变，各股东的股权比例也没有变化，公司的财务状况还是老样子，口袋里的钱还是那么多。转增资本只是所有者权益内部结构的调整，资产和负债不受丝毫影响。

　　如果在转增资本时，当初实缴的资产没有了，比如房产毁损了，现金花掉了，但会计报表中所有者权益项下的资本溢价还保留着，这种情况下，相关资本溢价还能转增资本吗？

　　其实，资本溢价本身就是股东实际出资的结果，不能因为出资资产耗费了，就否定股东当初的贡献。资本溢价已经在股东出资时随同实收资本同步进入公司，所以，在转增资本时，只需要确定资本溢价的账面数额是否真实，并不需要另行验证出资资产。

　　因为能够转增为资本，资本溢价又可以称为"准资本"。

（二）其他资本公积

　　资本溢价之外的资本公积，均称为其他资本公积。

　　其他资本公积有三个主要来源：

（1）以权益方式结算的股份支付。职工薪酬采取股份支付方式的，其中以权益方式结算的，在期末按职工取得的权益，登记"管理费用"科目增加（借记），对应登记"其他资本公积"科目增加（贷记）。在职工行权时将其他资本公积的相关金额转为股本，从一种所有者权益转为另一种所有者权益。

（2）长期股权投资采用权益法核算的，如果被投资方发生除净损益、其他综合收益和利润分配以外的所有者权益变动（通常称为"其他权益变动"，其他权益变动主要包括被投资方接受其他股东的资本性投入、被投资方发行可分离交易的可转换公司债券中包含的权益成分、被投资方发生以权益方式结算的股份支付等），投资方的持股比例就会变化，影响长期股权投资的账面价值。应按长期股权投资账面价值的调整额，登记"长期股权投资—其他权益变动"明细账户，该调整额属于投资方的未实现收益或损失，所以，对应登记"资本公积—其他资本公积"明细科目。

（3）权益性交易。公司和股东之间的交易中，不影响损益而是直接引起公司所有者权益变动的，称为权益性交易。

权益性交易的经济实质是股东对公司的资本性投入。例如，股东对公司的捐赠和债务豁免等。权益性交易的账务处理是登记资产增加或负债减少，对应登记其他资本公积增加。

权益性交易是股东轻易能够做到的。股东可以轻易向公司捐赠，因为过后公司还要回赠给股东，但这样的往来和随意性不能影响利润表，所以，公司接受的股东捐赠计入其他资本公积。而公司接受的其他外部捐赠则是单向的，捐赠方的随意性也非常弱，所以，计入营业外收入，影响利润表。

三、库存股

库存股是指股份公司收购的本公司发行在外的股份。股份公司应将自己持有的库存股向市场出售或用于对员工的股份支付。

（一）回购股份的法定情形

股份公司自己不能持有自己的股份。就是说公司不能向自己出资，自己不能成为自己的股东。如果公司成为自己的股东，就破坏了公司治理结构。例如,公司的重大投资决策由股东决定,而股东就是公司,就变成公司的重大决策由公司决定,而公司做出决定又要经过股东,可股东又恰恰是公司自己,因此陷入了无法结束的循环。

但在下面几种情形下,《公司法》允许股份公司回购本公司的股份,回购的股份就形成了股份公司的库存股。

(1) 减少注册资本。

股份公司要减少注册资本,就得回购发行在外的股份。回购的股份应当在10日内注销。

(2) 吸收合并小股东。

小股东是指持有本公司少数股份的其他公司。股份公司吸收合并了小股东之后,小股东的资产和负债都归了股份公司,其中的资产就包括小股东持有的本公司股份,股份公司因此持有了自己的股份,这些股份应在六个月内转让或注销。

(3) 将股份用于员工持股计划和股权激励。

员工持股计划和股权激励是公司发放员工薪酬的一种方式,但所发放的股份只能来源于股份公司回购的本公司股份。用于该目的的回购股份应在三年内转让给员工或注销。

(4) 股东因反对股东大会做出的公司合并、分立决议而要求公司收购其股份。

成为一家股份公司的股东,通常是奔着股份公司的发展去的,例如,看好股份公司所处行业和高管团队以及公司的规模等。如果股份公司和别的公司合并了,或者一拆为二了,那就改变了股东当初投资时股份公司的基础状况,即改变了股东投资时的初衷。但小股东没有能力阻止股份公司的分立与合并,《公司法》就从公平原则考虑,赋予小股东退出公司的权利。

股份公司因此收购的小股东的股份应在六个月内转让或注销。

(5) 可转债转股的股份。

股份公司发行的可转债,其转股的会计解释是股份公司把负债转为所有者权益。转股的股份只能来源于股份公司回购的本公司股份。用于该目的的回购股份应在三年内转让或注销。

(6)为维护公司价值及股东权益而回购股份。

《深圳证券交易所上市公司回购股份实施细则》规定,符合以下条件之一的,上市公司可以回购股份:①公司股票收盘价低于其最近一期每股净资产;②连续20个交易日内公司股票收盘价跌幅累计达到30%。

有限公司的股东,也可以要求公司收购其股权。

《公司法》第七十四条　有下列情形之一的,对股东会该项决议投反对票的股东可以请求公司按照合理的价格收购其股权:(一)公司连续五年不向股东分配利润,而公司该五年连续盈利,并且符合本法规定的分配利润条件的;(二)公司合并、分立、转让主要财产的;(三)公司章程规定的营业期限届满或者章程规定的其他解散事由出现,股东会会议通过决议修改章程使公司存续的。自股东会会议决议通过之日起六十日内,股东与公司不能达成股权收购协议的,股东可以自股东会会议决议通过之日起九十日内向人民法院提起诉讼。

(二)库存股的账务处理

1. 回购

股份公司回购的本公司股份或股权就是库存股。回购的支付价款就是库存股的账面价值。按回购支付金额登记"银行存款"科目减少(贷记),对应登记"库存股"科目增加(借记)。资产减少,所有者权益同步减少。

发行在外的股份构成股份公司的股东权益,库存股增加,意味着发行在外的股份减少,也就是股东权益减少。所以,在资产负债表中,库存股是股本的抵减项目。

如果股份公司回购股份不是用于注销,而是用于员工持股计划、股权激励或可转债转股的,还要做股份备查登记:登记"股本—库存股"明细科目增加(贷记),对应登记"股本—记名或不记名的外在股份"明细科目减少(借记)。备查登记是记录有多少发行在外的股份暂时转为库存股,因为这些暂时的库存股很快又会转为发行在外的股份。

2. 注销

注销的账务处理是按所注销股份的面值登记"股本"科目减少(借记),对应登记是减少库存股的账面价值(贷记),通常是后者大于前者,但二者的差额不影响损益,因为注销股份是公司和股东之间的权益性交易,该差额用于冲减资本溢价,登记"资本公积—股本溢价"明细科目减少(借记)。资本溢价不足以冲减的,减少盈余公积,仍不够冲减的,再减少未分配利润(图5.5)。有借必有贷,借贷必相等。

注销库存股是所有者权益内部结构的调整,不涉及资产和负债的变动,不影响损益。

股本	100
资本公积—股本溢价	100
盈余公积	100
利润分配—未分配利润	200
库存股	500

图5.5 注销库存股

3. 股份支付

公司的员工持股计划或股权激励,如果采用权益结算方式,账务处理是在等待期的每年年末,按应计的职工权益登记"管理费用"或"生产成本"等科目增加(借记),对应登记"资本公积—其他资本公积"明细科目增加(贷记)。

职工于行权日实际行权时,公司把库存股结算给职工,库存股转为发行在外的股份,转销职工名下的其他资本公积。账务处理是按职工权益数额登记"资本公积—其他资本公积"明细科目减少(借记),按所结算的库存股账面价值,对应登记"库存股"科目减少(贷记),二者的差额,用于调整资本溢价,登记"资本公积—股本溢价"明细科目(图5.6)。一种所有者权益减少,另一种所有者权益增加,不涉及资产和负债的变动。

```
资本公积—其他资本公积
    库存股
    资本公积—股本溢价
```

图 5.6　行权日结算职工权益

同时,还要做股份备查登记:登记"股本—库存股"明细科目减少(借记),对应登记"股本—记名或不记名的外在股票"明细科目增加(贷记)。记录有多少库存股回归到发行在外的股份中。

4. 可转债转股

可转债转股的账务处理参见第四章第二节关于应付可转债的介绍。转股的股份来源于库存股时,还要做库存股回归发行在外股份的备查登记。

(三) 库存股的性质

库存股是股份公司用银行存款置换回来的,可用于特殊的支付,例如,用于权益结算的股份支付。库存股具有支付功能,因此它也算是能够给企业带来经济利益的资源。但是,在资产负债表中,"库存股"科目的余额(借方余额)并不是填列在资产项下,而是填列在所有者权益项下,成为"股本"和"实收资本"项目的减项。

股份对其持有人来说,毫无疑问是资产,但库存股并不是公司的资产。虽然库存股是用银行存款换来的,但股份公司回购股份并不是资产具体形态的转换。发行在外的股份成为库存股就像进入了中转站,中转站容留发行在外的股份,然后,再由其他受让人把库存股接走。

资产负债表中的"股本"项目,反映发行在外的股份。回购股份虽然减少了发行在外的股份,但账务处理不能直接减少股本,因为回购的股份还要转让给他人,继续保持其发行在外的身份。库存股也只是暂时脱离了"发行在外"的队伍,转让他人之后,就又回归"发行在外"的队伍了。因此,库存股是"股本"项目的抵减项目,"库存股"账户是"股本"账户的备抵账户。

第三节 其他权益工具

其他权益工具也是股东出资而形成的所有者权益,属于出资所有者权益,主要是股份公司发行的具有权益性质的优先股和永续债。

股份公司发行其他权益工具时,按筹资净额,登记"银行存款"科目增加(借记),对应登记"其他权益工具—优先股、永续债"明细科目增加(贷记)。

股份公司分派具有权益性质的优先股股利和永续债利息属于利润分配。分配利润给股东,意味着所有者权益减少,按分派的股利或利息数额,记载所有者权益减少,登记"利润分配—应付优先股股利、应付永续债利息"明细科目减少(借记),对应登记"应付股利—优先股股利、永续债利息"明细科目增加(贷记),所有者权益减少,负债增加,资产总额不变。实际支付股利和利息时,资产和负债将同步减少。

其他权益工具还包括可转债的权益成分,相关账务处理详见第四章第二节关于应付可转债的介绍。

第六章　利润

利润是经营成果的数字表现。

利润是时期指标,反映会计期间(期末和期初两个时点之间的时间段)的经营情况,即企业在会计期间里收获了什么。

第一节　利润表

早期的资产负债表和利润表是合二为一的,财务状况(时点指标)和经营成果(时期指标)做在同一张资产负债表中。例如,德国人戈特里布(1531年)编制的资产负债表就是这样设计的。德国人凯斯特提出的会计等式"资产＝负债＋资本＋(收入－费用)",建立了将利润表和资产负债表合二为一的理论基础,等式中的"收入－费用"就是利润。

把时期指标和时点指标放在一个会计等式或一张会计报表中,虽然容量大,但不能清晰地展示会计要素之间的关系。后来,损益指标变得越来越重要,人们越来越关心取得了多少经营成果。托马斯·琼斯(Thomas Jones)于1859年出版的《簿记和会计实务》一书中,建议"将收益表从资产负债表中分离出来,成为独立的报表"。亨德里克森(Hendrickson)也认为:"从强调资产负债表转变到强调收益表,是第一次世界大战前后至20世纪30年代中期发生于美国和欧洲最重要的变革之一。"利特尔顿教授也多次强调了损益的重要性,提出"收益表才能反映企业经营活动是成功还是失败这个主题"(《会计理论结构》第110页)。

一、利润表的减式结构

清光绪二十三年(1897年)终,中国通商银行帐略的开头有一段说明,说的就是年度经营成果,其实就是简要的利润表。

本银行自光绪二十三年四月二十六日（作者注：指农历日，对应公历1897年5月27日，以下日期均为农历日）开帐，至十二月底为止，除应给存户利息开销一切外，获净利规银157 074.02两。支七月初一日以前三厘股利规银6 372.97两。支七月初一日开办以来至年底止，八厘股利规银100 000两。余规银50 701.05两，拨入下届结算。谨将简明帐略刊布，以便存股诸君公览。

中国通商银行办事总董：朱佩珍、严信厚、严滢、陈猷

《企业会计准则——基本准则》第三十七条规定："利润是指企业在一定会计期间的经营成果。利润包括收入减去费用后的净额、直接计入当期利润的利得和损失等。"这里指出了利润的两个组成部分，前者是净额利润，后者是利得与损失。

《企业会计准则第30号——财务报表列报》（财会〔2014〕7号）规定的利润表格式（表6.1），就是按利润的两个组成部分设计的。

表6.1　利润表

年　　月

项　　目	本期金额	上期金额
一、营业收入		
减：营业成本		
税金及附加		
销售费用		
管理费用		
研发费用		
财务费用		
加：其他收益		
投资收益		
净敞口套期收益		
公允价值变动收益		
信用减值损失（损失以"-"填列）		
资产减值损失（损失以"-"填列）		
资产处置收益		

续表6.1

项目	本期金额	上期金额
二、营业利润		
加：营业外收入		
减：营业外支出		
三、利润总额		
减：所得税费用		
四、净利润		

注：利润表中的本期金额系指当月发生额，上期金额系指上年同期金额即上年对应月份的发生额。

二、净额利润

净额利润是指"收入减除费用后的净额"，准确地说，是营业收入减去营业成本及费用后的净额。净额利润由主营业务利润和其他业务利润构成（图6.1）。

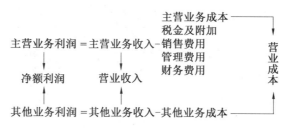

图6.1　净额利润的形成

（一）营业收入

营业收入由主营业务收入和其他业务收入构成。

主营业务收入是经营主营项目的收入；其他业务收入是经营非主营项目的收入，例如，销售多余原材料的收入、出租投资性房地产的收入等。

确认收入的原则是权责发生制。销售商确认营业收入的前提是发出了商品或者提供了劳务，即企业付出对价之后，才取得了收取货款的权利，才能确认营业收入。根据《企业会计准则第14

号——收入》第四条的规定:"企业应当在客户取得相关商品控制权时确认收入。取得相关商品控制权,是指能够主导该商品的使用并从中获得几乎全部的经济利益。"简单地说,就是把商品给人家了,不能再往回要了,就能确认营业收入了。

案例:填塞分销渠道

"每个产品的无价之宝就是制造者的荣誉和正直。"这是著名的百时美施贵宝制药公司(Bristol-Myers Squibb Co., BMS)的经营宗旨。

2002年10月,美国司法部和美国证券交易委员会(SEC)调查时发现,BMS和药品分销商在买卖协议中约定:只要BMS发货给分销商,无论分销商是否完成销售,BMS都取得了收取货款的权利。BMS按照这项约定将该收取货款的权利确认为销售收入。

BMS的做法被称为"填塞分销渠道"(channel stuffing),即只是把商品填塞在分销渠道中,并未实质性地完成销售。这种做法在药品制造行业较为普遍,药品制造商只要暗示药品将提价,就能诱使分销商大量进货。

根据美国证券交易委员会(SEC)1999年12月3日发布的101号会计公告《财务报告收入确认》(*Staff Accounting Bulletin: No. 101—Revenue Recognition in Financial Statements*)的规定,企业确认销售收入的交易必须同时符合以下4项标准:(1)具有说服力的买卖协议;(2)货物已经发出,劳务已经提供;(3)销售价格是固定的或者可以确定的;(4)收账能力能够合理地肯定。BMS的做法不符合第1项和第4项标准,买卖协议是经诱使而签订的,如果分销商所持大量药品难以正常变现,BMS的收账能力也就无法合理肯定。

分销商并不面对药品的最终消费者,分销商还得把药品卖给经销商,经销商再卖给最终消费者。美国证券交易委员会关于应当按交易实质(买卖协议具有说服力和收账能力能够合理肯定)来确认销售收入的做法,是对权责发生制的深刻领悟。

(二)营业成本

取得营业收入要付出代价,包括直接代价和间接代价。其中,直接代价称为营业成本,间接代价称为费用(包括销售费用、管理费用和财务费用等)。

营业成本又包括主营业务成本和其他业务成本。

主营业务成本反映发出商品的账面价值。依据收入和费用的配比原则,在经营成果的核算上,主营业务成本和主营业务收入相配比。

其他业务成本是指所出售原材料的账面价值、对外出租的固定资产和投资性房地产所计提的折旧等。其他业务成本和其他业务收入相配比。

《企业会计准则——基本准则》第三十五条规定:"企业为生产产品、提供劳务等发生的可归属于产品成本、劳务成本等的费用,应当在确认产品销售收入、劳务收入的期间,将已销售产品、已提供劳务的成本等计入当期损益。"

因此,营业成本和营业收入的配比,不但是金额的配比,更是确认期间的配比。

(三)税金及附加

除了应交增值税和应交所得税,以及进口商品的应交关税和应交消费税之外,企业其他的应交税费,包括消费税、城市维护建设税、资源税、教育费附加、房产税、城镇土地使用税、车船使用税、印花税等,均记入"税金及附加"科目,因为这些税费都由企业自己负担,无法转嫁他人,导致所有者权益减少,所以,计入税金及附加,影响损益。

(四)费用

费用是企业为取得整体营业收入而不是仅仅为销售个别商品所付出的代价,又称为间接代价,包括销售费用、管理费用、财务费用等,这3项费用统称为期间费用。

费用的确认原则也是权责发生制。在产生间接代价即发生支付义务的当期确认费用。间接代价包括实际付款,也包括未实际付款而形成的负债。

为了突出研发的重要性,利润表将研发费用从管理费用项目中分离出来,成为独立的费用项目。"研发费用"项目反映研究与开发无形资产过程中发生的费用化支出,以及自行开发无形资产的摊销额(购入无形资产的摊销,不计入研发费用),根据"管理费用—研发支出"明细科目以及"管理费用—无形资产摊销"明细科目的发生额分析填列。相应地,利润表中的"管理费用"项目就记载减除研发费用后的发生额。

财务费用除了记载利息支出和银行手续费外,还记载汇兑损益。外币货币性资产和外币货币性负债的初始账面价值按交易日汇率折算为人民币记账,但是到了资产负债表日,其账面价值均要调整为按资产负债表日汇率折算的人民币数额,财务处理上,按调整额登记资产类和负债类科目,对应登记"财务费用—汇兑损益"明细科目,反映汇率变动对损益的影响。

案例:支出费用化还是资本化

2002年3月,美国证券交易委员会(SEC)调查世界通信公司CEO伯纳德·J.埃贝斯(Bernard J. Ebbers)向公司借款问题。接替埃贝斯担任首席执行官的约翰·西奇莫尔(John Sidgmore)要求审计公司账目。结果发现,从2001年年初至2002年第一季度的五个季度里,公司应支付给其他电话公司的38亿美元的网络使用费没有列入当期营业费用,而是做了资本化处理,虚增了固定资产和当期利润;这笔38亿美元的网络使用费以固定资产折旧的形式延后并逐期进入利润表。

埃贝斯曾于1999年被《时代》周刊评为在数字技术领域具有重大影响的50人之一。2005年3月15日,纽约曼哈顿联邦地方法院陪审团一致裁定对埃贝斯的包括证券欺诈在内的9项指控全部成立。2005年7月13日判处埃贝斯25年监禁,主审法官芭芭拉·琼斯(Barbara Jones)说:"我认识到这个刑期在某种程度上相当于终身监禁,但任何更轻的判决都不能反映出罪行的严重性。"

同时指出,63 岁的埃贝斯心脏状况不佳的事实不足以使他获得从轻处罚。她认为联邦法律对埃贝斯罪行的量罪准则是 30 年到终身监禁,考虑到埃贝斯以前的慈善行为,决定从轻判处 25 年。

三、直接计入利润的利得和损失

利润的第二个组成部分称为"直接计入利润的利得和损失",具体又分为三类:利得、损失、利得或损失。

- 利得:营业外收入、其他收益。
- 损失:资产减值损失、信用减值损失、营业外支出。
- 利得或损失;投资收益、公允价值变动损益、资产处置损益。

利得与营业收入的区别,在于获取利得不需要代价。损失和营业成本及费用的区别,在于损失的发生纯属意外和无奈,并不是为了贡献于利得和营业收入。

四、利润表的逻辑

- 利润表等式:收入−费用=利润
- 资产负债表等式:资产=负债+所有者权益

要在资产负债表中只更改一个项目,例如,只增加资产,就破坏了会计恒等式,除非再减另一项资产,或者同时增加负债和所有者权益。

而在利润表中只更改一个项目,例如,多记收入或者少计费用,并不破坏利润表的等式关系,因为利润会水涨船高,跟着错下去。

利润表呈现出和资产负债表不同的逻辑特征,因为利润这个重要的指标并不具有独立性,利润追随着收入和费用。无论收入和费用怎样记错,利润一定是按照利润表等式计算的结果。可以说,利润表等式只是利润的计算公式,而且这个计算公式并不属于会计等式,即不是基于会计方法产生的等式。

2009年9月23日,中国证券监督委员会通报了对某酒业公司立案调查的进展。2009年9月25日,《长沙晚报》报道:"2007年度,某酒业公司的控股子公司某酒业供销公司主营业务收入实际为725 066.15万元,但该酒业公司在其2007年的年报中,披露该供销公司的主营业务收入为825 066.15万元,由此导致年报披露的主营业务收入数据与实际数据不符,但该酒业公司未对上述重大差错予以及时更正公告。"

利润表就像出纳登记的现金日记账一样,使用的是单式记账法,和复式记账法没有关系。利润是否真实、是否正确,不是利润表本身能够感知的。虽然根据复式记账规则,收入和资产的增加额可以相互印证,费用和资产的减少额(或负债的增加额)也可以相互印证,但这样的相互印证只体现在具体的账务处理中,难以从宏观层面把握,无法在利润表中看出来,也无法在利润表和资产负债表的比较中看出来。

而会计恒等式的3个要素是各自独立的,例如,所有者权益是在账务处理中产生的相关账户余额,直接填入资产负债表;资产、负债也是将相关账户余额直接填入资产负债表。如果资产等于负债和所有者权益之和,就证明资产负债表没有问题,否则就存在错误。利润表最重要的指标——利润,是计算出来的,并不是直接取自相关账户,也就是说,利润这个指标在利润表中并不具有独立性。利润表的逻辑基础和资产负债表的逻辑基础完全不同。

五、利润表和资产负债表的关系

利润和资产与负债的区别,是时期指标和时点指标的区别,也是虚账户和实账户的区别。

利特尔顿认为:"复式簿记的主要贡献,在于设计出使虚账户(利润表科目)和实账户(资产负债表科目)之间保持勾稽关系的账户体系。"(《会计理论结构》第102页)

利润表和资产负债表的勾稽关系,源于下列会计要素之间的联系:

- 收入增加，是因为资产（银行存款和应收账款）增加了；
- 费用增加，是因为资产耗费了或者是负债增加了；
- 利润＝收入－费用，本年利润在期末转入所有者权益，实际上是将资产和负债的变化记作所有者权益的变化。

收入是应收账款及银行存款的增加额，但收入和应收账款及银行存款的余额却对不上；而且，应收账款的增加除了取得收入，还包括收回前期的应收账款。而银行存款的增加，既和收入相关，也受借款和还款的影响。于是，资产负债表的货币资金项目及应收账款项目的余额就无法和利润表的营业收入之间建立关联。

同样，费用反映资产的耗费数额或者负债的增加额。但从资产负债表中却不能发现相关资产的耗费数额和相关负债的增加额是多少。

能够在资产负债表和利润表之间建立联系的，只有资产负债表的未分配利润和利润表的净利润这两个项目。因为净利润要在会计期末从"本年利润"账户转入"利润分配"账户，成为"利润分配"账户的发生额。但"利润分配"账户的本年发生额，还包括从净利润中提取的盈余公积以及分配给股东的利润，后两个会计事项都会减少未分配利润。

第二节 所得税费用

利润总额－所得税费用＝净利润

所得税费用是按权责发生制确认的应计入本期损益的纳税责任。核算所得税费用，是为了计算出净利润，后者是计提盈余公积和股东分红的依据。

所得税费用的计算基础是按权责发生制核算的应税经营成果，应税经营成果是会计准则层面的概念；应纳税额的计算基础是按税法确定的应纳税所得额（以下简称"所得额"），所得额是税法层面的概念。所得税费用和应纳税额的差异源于应税经营成果和所得额的差异,后者差异能够帮助我们在应纳税额的基础上,计算所得税费用。

一、暂时性差异:应税经营成果和所得额的差异

(一)为什么称为暂时性差异

企业每一纳税年度的收入总额,减除不征税收入、免税收入、各项扣除以及允许弥补的以前年度亏损后的余额,为应纳税所得额。

——《中华人民共和国企业所得税法》

其实,所得额来源于会计核算的经营成果(利润总额),这也是税法和会计准则的联系,税法不可能抛开会计准则核算的经营成果去另行定义一个和会计准则没有任何联系的所得额概念。可以说,先有对经营成果的会计核算,后有关于所得额的税法规定。

通常情况下,会计核算上不作为经营成果的,税法通常也不计入所得额。例如,企业取得了银行贷款,增加了资产,该会计事项就不影响经营成果,当然也不计入所得额。会计核算上计入经营成果的,税法通常也计入所得额。

虽然取得经营成果是计算所得额的前提,但是税法可以有自己独立的规定,应税经营成果就是考虑税法独立规定后的应计所得税的经营成果。例如,免税收入[1]和不征税收入[2]均计入会计核算的经营成果,但不属于应税收入,不计入所得额,当然也不计入应税经营成果;支出的罚款、罚金、税收滞纳金等虽然影响经营

---

[1] 《中华人民共和国企业所得税法》第二十六条:企业的下列收入为免税收入:(一)国债利息收入;(二)符合条件的居民企业之间的股息、红利等权益性投资收益;(三)在中国境内设立机构、场所的非居民企业从居民企业取得与该机构、场所有实际联系的股息、红利等权益性投资收益;(四)符合条件的非营利组织的收入。

[2] 《中华人民共和国企业所得税法》第七条:收入总额中的下列收入为不征税收入:(一)财政拨款;(二)依法收取并纳入财政管理的行政事业性收费、政府性基金;(三)国务院规定的其他不征税收入。

成果,但在计算所得额时却不能扣除,因而,也要计入应税经营成果。

税法的这些独立规定,造成了所得额和经营成果之间的差异,称为永久性差异。永久性差异也是经营成果和应税经营成果之间的差异。经营成果减永久性差异等于应税经营成果。但是,应税经营成果和所得额之间仍然存在永久性差异之外的差异。

税法的基本原则是税收优先原则:一方面,在应税收入的确认上,对于那些没有收到现金的收入,按权责发生制确认为应税收入;对于先收款后发货的情况,也就是预收货款的情况,税法又改按收付实现制来确认应税收入。另一方面,对于扣除项目的确认,凡是会计核算确认为费用的,只要没有实际支付款项,税法要等到实际付款时再计入扣除项目,于是,会计核算确认的费用要延迟至后期实际支付时才能计入扣除项目。

于是,根据税收优先原则,后期的应税经营成果会提前计入本期的所得额。

例如,房地产开发商在第一年取得了预收房款,但会计核算不确认营业收入。根据权责发生制,只有交了房,预收房款才是开发商自己的,在第三年交房(发出商品)时才能确认营业收入,才产生应税经营成果。而根据税收优先原则,有预收房款就按收付实现制计算所得额,这就意味着第三年的应税经营成果要提前计入第一年的所得额。

企业销售未完工的开发产品取得的收入,应先按预计计税毛利率分季(或月)计算出预计毛利额,计入当期应纳税所得额。开发产品完工后,企业应及时结算其计税成本并计算此前销售收入的实际毛利额,同时将实际毛利额与其对应的预计毛利额之间的差额,计入当年度企业本项目与其他项目合并计算的应纳税所得额。
——《房地产开发经营业务企业所得税处理办法》

毛利额本是交房年度的应税经营成果,但却提前计入预收房款年度的所得额。在预收房款年度也只能先预计毛利额(=预收房款×预计计税毛利率），把预计毛利额计入所得额。

税法将第三年的应税经营成果计入第一年的所得额，但二者在数额上是一致的，只是确认期间不一致。

如果以整个三年作为房地产开发商的纳税期间，前3年应税经营成果和所得额就没有差异了。因此，二者在第一年的差异，以及二者在前两年的差异就称为暂时性差异。

税法在确认应税收入和扣除项目时，权责发生制和收付实现制谁能够先计所得额，就采用哪个原则；而会计核算营业收入和营业成本及费用时，始终不渝地坚持权责发生制。

如果考虑累计的所得额和应税经营成果，把累计的会计期间延续到足够长，称为较长期间，那么，较长期间的应税收入等于营业收入，较长期间的扣除项目等于营业成本和费用，因此，较长期间的所得额和应税经营成果就没有差异了。

(二) 暂时性差异的计量

1. 经营成果等于净资产的增加额

早期的会计核算以净资产的增加额为经营成果。会计期末和期初相比较，净资产增加了就是盈利，净资产减少了就是亏损。13—15世纪意大利商人使用的"资本"账户，其年末余额和年初余额的差额，就是当年的经营成果。

后来，开始核算销售收入和营业成本及费用，经营成果就等于营业收入减营业成本及费用后的净额，也就是利润表中的利润总额。

但毫无疑问收入是对销售活动所取得资产（应收账款和银行存款）数额的记载，资产增加，收入才增加。所以，西蒙·斯蒂文说："收入是对财产的验证。营业成本是对销售活动中发出库存商品的记载，费用是资产的耗费数额或负债增加额。资产和负债的变化在先，收入和费用的确认随后，或者说，净资产的变化在先，经营成果的确认在后。因此，经营成果的两种计量方法是同源的，计量结果是相同的。

但是，股东投资会增加净资产，股东分红又会减少净资产。这些和生产经营无关的权益性交易产生的净资产变动额不计入经营成果，在税法上也不计入所得额。

$$\text{经营成果} = \text{资产的账面价值增加额} - \text{负债的账面价值增加额} - \text{因权益性交易增加的净资产}$$

2. 用净资产的计税基础计算所得额

资产和负债的账面价值用于计算经营成果，相应地，资产和负债的税法价值（即税法确认的会计要素价值）就用于计算所得额。

资产的税法价值，在会计准则和税法中均称为"资产的计税基础"。

> 企业的各项资产，包括固定资产、生物资产、无形资产、长期待摊费用、投资资产、存货等，以历史成本为计税基础。历史成本，是指企业取得该项资产时实际发生的支出。
> ——《中华人民共和国企业所得税法实施条例》

例如，金融资产的公允价值增加，净资产就相应增加，经营成果也相应增加。但在税法上，金融资产的税法价值，也就是计税基础，是按历史成本确定的，金融资产公允价值的变化并不影响所得额。

> 企业持有各项资产期间资产增值或者减值，除国务院财政、税务主管部门规定可以确认损益外，不得调整该资产的计税基础。
> ——《中华人民共和国企业所得税法实施条例》

资产的初始计税基础等于其初始账面价值。

如果企业有负债，还应当考虑负债的计税基础（税法只规定了资产的计税基础，会计准则还规定了负债的计税基础）。如果企业收到了银行发放的贷款，"银行存款"的计税基础就增加，相应地，"短期借款"的计税基础也同步增加。这样，净资产的计税基础就不会有变化，也就不产生所得额。

$$\text{所得额} = \text{资产的计税基础增加额} - \text{负债的计税基础增加额} - \text{因权益性交易增加的净资产} - \text{永久性差异}$$

3. 暂时性差异的计算公式

如果把企业设立之初至计算期末的期间作为一个时间段,该时间段的应税经营成果就按下述公式(1)计算:

$$\text{时间段的应税经营成果} = \text{资产的期末账面价值比初始设立时的账面价值的增加额} - \text{负债的期末账面价值比初始设立时的账面价值的增加额} - \text{因权益性交易增加的净资产} - \text{永久性差异}$$

公式(1)

用该时间段(设立之初至计算期末)的净资产计税基础增加额计算所得额,就有了下述公式(2):

$$\text{时间段的所得额} = \text{资产的期末计税基础比初始设立时的计税基础的增加额} - \text{负债的期末计税基础比初始设立时的计税基础的增加额} - \text{因权益性交易增加的净资产} - \text{永久性差异}$$

公式(2)

该时间段(设立之初至计算期末)的应税经营成果和所得额之间的差异,即暂时性差异,就是公式(1)减公式(2)的结果,即下述公式(3):

$$\text{时间段的暂时性差异} = \text{资产的期末账面价值比期末计税基础增加的数额} - \text{负债的期末账面价值比期末计税基础增加的数额}$$

公式(3)

公式(3)和资产负债表结合起来,就能够计算每一项资产和负债的账面价值与计税基础的差异。

从时间段的暂时性差异是所得额大于还是小于应税经营成果的角度,暂时性差异分为可抵扣暂时性差异和应纳税暂时性差异。

在时间段的所得额大于应税经营成果的情况下,会计核算基于权责发生制认为,只有时间段的应税经营成果所产生的纳税责任才能计入所得税费用;时间段的所得额超过应税经营成果的部分(暂时性差异)所对应的纳税义务是收付实现制的产物,不能计入所得税费用。

不能计入所得税费用的纳税义务可以在今后的另一种相反情况下,即未来期间应税经营成果大于所得额的情况下,用来抵二者差额部分的未来应税经营成果(暂时性差异)所对应的纳税责任。这样的暂时性差异就称为可抵扣暂时性差异。

如果时间段的应税经营成果大于所得额,差额部分(即暂时性差异)是不需要在当期实际纳税的应税经营成果,但是,企业仍然基于权责发生制认为:"既然这是应税经营成果,就应该纳税,虽然税务机关不收,但我还是认为欠了它们的,先替它们存着。"这样的暂时性差异就称为应纳税暂时性差异。

如果时间段的所得额小于应税经营成果,少的部分是不需要纳税的应税经营成果,但会计核算上认为既然是应税经营成果,就应该纳税,这样的暂时性差异就称为应纳税暂时性差异。

对于每一项资产和负债,都要按如下方法确定各自的暂时性差异:

- 资产的账面价值大于计税基础,因此导致净资产账面价值大于计税基础,应税经营成果大于所得额,就形成了应纳税暂时性差异;反之,就形成了可抵扣暂时性差异。
- 负债的账面价值大于计税基础,因此导致净资产账面价值小于计税基础,应税经营成果小于所得额,形成了可抵扣暂时性差异;反之,就形成了应纳税暂时性差异。

各项资产、负债的账面价值与计税基础的差异应当汇总(表6.2),因为暂时性差异是按企业整体来计量的。

表6.2 暂时性差异汇总表

年 月 日　　　　　　　　　　单位:元

	账面价值	计税基础	应纳税暂时性差异	可抵扣暂时性差异
资产				
⋮				
负债				
⋮				
合计	—	—		

每一项资产和负债,都能计算出其账面价值和计税基础的差异是应纳税暂时性差异还是可抵扣暂时性差异;然后,汇总截至当期期末的应纳税暂时性差异和可抵扣暂时性差异各是多少。

4. 举例说明暂时性差异的计量

例1 固定资产耗费产生的暂时性差异

假设企业只存在固定资产耗费产生的暂时性差异,不存在其他的暂时性差异,就是把固定资产耗费的影响挑出来,单独观察。

在核算应税经营成果时,固定资产的会计耗费(包括会计折旧和减值准备)计入费用,费用是营业收入的抵减项目;在计算所得额时,固定资产的税法耗费(只有税法折旧)计入扣除项目。

如果把固定资产处置掉了,从固定资产的初始取得至处置完毕这个较长期间来看,固定资产耗费对较长期间的应税经营成果和所得额的影响均等于固定资产的处置损益。

假设在第一年年初购置了固定资产,其初始账面价值和初始计税基础均等于150,使用年限为5年,没有残值,固定资产的原值就是折旧总额。会计核算按加速法折旧,税法按直线法折旧。假设固定资产存续期间没有减值。在初始计量日之后的资产负债表日,固定资产耗费产生的暂时性差异无论从净资产层面还是从收入费用层面计算,结果是一致的(表6.3)。

表 6.3 固定资产耗费产生的暂时性差异

年份	耗费发生额		年末	固定资产净额		暂时性差异
	会计折旧	税法折旧		账面净值	计税基础	账面净值<计税基础可抵扣暂时性差异
			初始价值	150	150	—
第一年	50	30	第一年年末	100	120	20(第一年)
第二年	40	30	第二年年末	60	90	30(前两年)
第三年	30	30	第三年年末	30	60	30(前3年)
第四年	20	30	第四年年末	10	30	20(前4年)
第五年	10	30	第五年年末	0	0	0(前5年)
累计	150	150				

暂时性差异，就是从固定资产的初始计量日至计算年末的时间段即第一年、前两年、前3年、前4年、前5年的应税经营成果和所得额之间的差异，等于固定资产在计算年末的账面净值和计税基础之间的差异。固定资产的期末账面净值小于计税基础，说明如果仅仅考虑固定资产耗费的影响，则时间段的所得额大于应税经营成果，因此产生可抵扣暂时性差异。

例2 预计负债产生的暂时性差异

假设企业在第一年年末销售了一批产品，产品质量保证期为5年。第一年年末能够合理估计未来5年的质量保证期内很可能支付的质量保证金为1 000，第一年年末的账务处理是登记"预计负债"科目增加1 000(贷记)，对应登记"销售费用"科目增加1 000(借记)。在核算经营成果时，销售费用可以抵减营业收入。

质量保证金的实际支付情况是：第二年支付100，第三年支付200，第四年支付300，第五年支付0，第六年(最后一年)支付0，合计支付了600，在计算所得额时，实际支付的质量保证赔偿金可以计入扣除项目。

质量保证期的最后时刻即第六年年末是结算日，结算的结果是第一年年末的预计负债1 000，实际上多预计了400，也就是说，第一年的销售费用其实是多计了400，应该把多计的400退回去，退回的账务处理是在第六年年末登记"预计负债"科目减少400

（借记），对应登记"管理费用"科目减少 400（贷记）。这样，从 5 年的质量保证期这个较长期间来看，预计负债这个因素对于应税经营成果和所得额的影响就是一样的，都是 600 的扣除。

下面看各个时间段的暂时性差异。

第一年年末，预计负债的账面价值增加了 1 000，从净资产层面看，企业的应税经营成果因此减少 1 000。

根据税法的规定，质量保证金在实际支付时才能计入扣除项目，不能预先扣除，也就是说无论预计负债是多少，均不影响所得额，所以，预计负债的年初计税基础和年末计税基础均为零。单独考虑预计负债的影响，第一年的应税经营成果（-1 000）就小于所得额（0），二者的差异 1 000 就是可抵扣暂时性差异。表 6.4 列示了分别从净资产层面和收入费用层面计算的预计负债产生的暂时性差异。

表 6.4 预计负债产生的暂时性差异

	销售费用	税法扣除		账面价值	计税基础	账面价值>计税基础 可抵扣暂时性差异
第一年	1 000	0	第一年年末	1 000	0	1 000（第一年）
第二年	0	100	第二年年末	900	0	900（前两年）
第三年	0	200	第三年年末	700	0	700（前 3 年）
第四年	0	300	第四年年末	400	0	400（前 4 年）
第五年	0	0	第五年年末	400	0	400（前 5 年）
第六年	-400	0	第六年年末	0	0	0（前 6 年）
合计	600	600				

表 6.4 中，预计负债在各年年末的账面价值均大于计税基础，说明预计负债造成相应的时间段（第一年、前两年、前 3 年、前 4 年、前 5 年）的应税经营成果均小于所得额，产生了可抵扣暂时性差异。但在第六年年末，预计负债的账面价值等于计税基础，说明就前 6 年这个较长期间来看，预计负债对应税经营成果和对所得额的影响是一样的。

例 3 预收账款产生的暂时性差异

房地产开发商在第一年预收房款 1 000，假设预收房款的预计计税毛利率为 30%，第一年的预计毛利额就是 300（= 1 000 ×

30%）。但在会计核算上，基于权责发生制，第一年不确认营业收入，于是，第一年的应税经营成果(0)就小于所得额(300)，产生了可抵扣暂时性差异。

从净资产层面考虑预收房款的影响，则资产（银行存款）的账面价值增加1 000，负债（预收账款）的账面价值也增加1 000，净资产并没有变化。所以，预收房款这个会计事项不影响经营成果，也不影响应税经营成果。

计入第一年所得额的预计毛利额为300，又因为第一年预收房款导致资产（银行存款）的计税基础增加了1 000，所以，可以推理出预收账款的计税基础增加了700（＝资产的计税基础增加额1 000－净资产的计税基础增加额300）。

发生预收账款导致资产和负债的账面价值与计税基础同时增加，又因为所增加的资产（银行存款）的账面价值与计税基础相同，都是1 000，所以，预收账款产生的暂时性差异仅仅等于其自身账面价值和计税基础的差额（表6.5）。

表6.5　预收账款产生的暂时性差异

	账面价值	计税基础	账面价值>计税基础 可抵扣暂时性差异
第一年年末	1 000	700	300（第一年）
第二年年末	1 000	700	300（前两年）
第三年年末	0	0	0（前3年）

第三年，开发商因交房而清偿了负债（预收账款）1 000，预收房款1 000才真正归属开发商，所以，在第三年确认营业收入和营业成本及费用，产生了300的应税经营成果（假设实际计税毛利率＝预计计税毛利率），但第三年不产生所得额。第三年年末，预收账款的账面价值为0，计税基础也为0（通过交房还清了债务）。前3年（较长期间）的应税经营成果和所得额之间就没有差异了。

例4　交易性金融资产带来的暂时性差异

在会计核算上，交易性金融资产按公允价值计量，其公允价值变动计入经营成果。税法规定交易性金融资产的计税基础是历史成本，其公允价值变动不计入所得额。

到了处置交易性金融资产的时候,其处置损益(=处置价格-历史成本)既计入所得额也计入应税经营成果,因此,交易性金融资产在每个会计期间的公允价值变动是经营成果,也是应税经营成果。从交易性金融资产的原始取得至处置的较长期间来看,其对应税经营成果和所得额的影响就是一致的。

例如,第一年年初取得了交易性金融资产,第一年年末其公允价值上升了,则第一年年末的资产账面价值就大于计税基础(等于历史成本),第一年的应税经营成果就大于所得额,产生了应纳税暂时性差异。

如果到了第二年年末,交易性金融资产的公允价值下降了,而且下降到和其计税基础(历史成本)一样的水平。那么,就前两年而言,应税经营成果和所得额就没有差异了,但暂时的平衡并不意味着暂时性差异终结了,只要交易性金融资产没有处置,暂时性差异就不会消失。

第三年年末,交易性金融资产的公允价值继续下降,降到低于其计税基础的水平,则前3年的所得额(0)就超过了应税经营成果(负数),就产生了可抵扣暂时性差异。

(三) 只能用时期指标表达的暂时性差异

净资产层面的暂时性差异,等于净资产的期末账面价值和期末计税基础的差额,可称为第一种暂时性差异。第一种暂时性差异并非全部的暂时性差异,还有一种暂时性差异,其产生不是基于权责发生制和税收优先原则的差异,而且只能用时期指标表达,无法用时点指标表达,从计算方法上不能归入第一种暂时性差异,就不妨称之为第二种暂时性差异。

1. 广告费和业务宣传费支出的限额扣除和结转扣除

企业发生的符合条件的广告费和业务宣传费支出,除国务院财政、税务主管部门另有规定外,不超过当年销售(营业)收入15%的部分,准予扣除;超过部分,准予在以后纳税年度结转扣除。

——《中华人民共和国企业所得税法实施条例》

计算应税经营成果时,广告费和业务宣传费(以下统称"广告费")是在发生年度按发生全额计入费用的;但计算所得额时,广告费的扣除却是有限额的。

年度发生的广告费有实际支付款项和未实际支付款项两种情形。对于实际支付款项的,银行存款的期末账面价值和计税基础同步减少,净资产层面的应税经营成果和所得额也同步减少。对于未能实际支付款项而形成负债的,其他应付款(负债)的期末账面价值和计税基础将同步增加,净资产层面的应税经营成果和所得额也将同步减少。

可见,对于广告费,无论是支付现金还是形成负债,净资产的期末账面价值和计税基础之间总是同步变化且变动幅度完全一致,采用第一种暂时性差异的核算方法无法捕捉到广告费产生的暂时性差异。因此,就把这样的暂时性差异称为第二种暂时性差异。

会计核算经营成果时,广告费全额计入费用;但在计算所得额时却存在广告费的扣除限额。对于超过扣除限额的广告费,税法允许在以后年度结转扣除,于是,广告费发生年度的应税经营成果和所得额之间的差异就等于结转到以后年度扣除的广告费数额。

如果把广告费发生年度开始至结转扣除完毕年度为止的期间作为一个较长期间,则在广告费扣除这个问题上,较长期间的所得额和应税经营成果就没有差异了,二者都扣除了广告费全额。

假设第一年实际发生广告费(计入销售费用)1 000,根据税法规定计算出第一年的可扣除限额为800。

税法和会计准则均未规定费用的计税基础,但不妨借用这个名词来解释第二种暂时性差异,把费用的计税基础定义为税法允许计入扣除项目的部分。

第一年的广告费账面价值是1 000,广告费的计税基础是800,二者的差额200就是第一年的所得额大于应税经营成果的部分,就是第一年的可抵扣暂时性差异。第二年没有发生广告费,但广告费的可结转扣除额为200,所以,第二年的广告费计税基础是200,因此,前两年的所得额就和应税经营成果没有差异(表6.6)。

表 6.6　广告费产生的暂时性差异

	账面价值	计税基础	账面价值>计税基础 可抵扣暂时性差异
第一年	1 000	800	200(第一年)
第二年	0	200	0(前两年)
合计	1 000	1 000	

2. 公益性捐赠支出的限额扣除和结转扣除

企业发生的公益性捐赠支出,在年度利润总额12%以内的部分,准予在计算应纳税所得额时扣除;超过年度利润总额12%的部分,准予结转以后三年内在计算应纳税所得额时扣除。

——《中华人民共和国企业所得税法》

公益性捐赠支出的结转扣除只能结转 3 年。如果在 3 年内能够结转扣除完毕,其暂时性差异情形就和广告费是一样的。

如果在以后 3 年内未能结转扣除完毕,最后留存的不能结转扣除的公益性捐赠支出,其效果就和企业负担的罚金、罚款、税收滞纳金相同,即在计算所得额时不能扣除,计算应税经营成果时也不能扣除。最后留存的不能结转扣除的公益性捐赠支出应计入前 3 年的应税经营成果和所得额。这样,公益性捐赠支出无论能否在以后 3 年内结转扣除完毕,自其发生至结转扣除截止日的较长期间产生的暂时性差异为 0。

假设企业在第一年的公益性捐赠支出是 1 000,但税法允许的当年扣除额为 0(第一年亏损),并假设按税法规定计算的结转扣除额分别是第二年 300、第三年 200、第四年 100,到了结转扣除的截止日即第四年年末,仍留有 400 的公益性捐赠支出未能结转扣除。

公益性捐赠支出产生的暂时性差异等于其账面价值和计税基础之间的差异(表 6.7)。

表 6.7　公益性捐赠支出产生的暂时性差异

	计算应税经营成果的账面价值	计税基础	账面价值>计税基础 可抵扣暂时性差异
第一年	1 000	0	1 000（第一年）
第二年	0	300	700（前两年）
第三年	0	200	500（前 3 年）
第四年	-400	100	0（前 4 年）
合计	600	600	

计算第一年的应税经营成果时扣除了 1 000 的公益性捐赠支出，但计算第一年的所得额时对公益性捐赠支出的扣除为 0。所以，第一年的所得额就比应税经营成果多了 1 000，形成了可抵扣暂时性差异。

第二年没有发生公益性捐赠支出，但按税法规定计算的第二年的结转扣除额为 300。这样，前两年的所得额就比应税经营成果多了 700（=1 000-300），可抵扣暂时性差异在缩小。

第三年可结转扣除 200。于是，前 3 年的所得额就比应税经营成果只多 500（=1 000-300-200），暂时性差异进一步缩小。

第四年可结转扣除 100。也就是说，还有 400 的公益性捐赠支出不能再结转扣除了。

计算前 4 年的应税经营成果时，应当把最后不能再结转扣除的 400，也就是第一年多计入费用的 400，放回到前 4 年的应税经营成果中。至此，在公益性捐赠支出这个问题上，前 4 年（较长期间）的所得额和应税经营成果就保持了一致。

3. 可结转以后纳税年度的未弥补亏损

企业纳税年度发生的亏损，准予向以后年度结转，用以后年度的所得弥补，但结转年限最长不得超过五年。

——《中华人民共和国企业所得税法》

税法所指的"亏损"，并不是会计核算的利润总额即经营成果为负数，而是指按税法计算的所得额为负数。即该纳税年度的收入总额减除不征税收入、免税收入和各项扣除后的余额小于零。

自税法亏损年度的下一年度开始的连续 5 个年度,每个年度的所得额,应先弥补以前年度亏损,弥补以后的数额才是该年度的应纳税所得额。这是企业因第一年度税法亏损而获得的税收利益。

假设第一年的税法亏损是 1 000,而且,没有其他的暂时性差异。所得额最小是 0,也就是没有所得。那么,第一年的所得额(0)就大于应税经营成果(-1 000),产生了暂时性差异。可结转以后年度的未弥补亏损(1 000)就是第一年的暂时性差异,是可抵扣暂时性差异。

假设没有其他暂时性差异的影响,第二年、第三年、第四年、第五年的所得额和应税经营成果均为 200,第六年的所得额和应税经营成果均为 500,则第一年、前两年、前 3 年、前 4 年、前 5 年和前 6 年的暂时性差异见表 6.8。

表 6.8 未弥补亏损产生的暂时性差异

	应税经营成果	所得额		所得额>应税经营成果
		弥补亏损前	弥补亏损后	可抵扣暂时性差异
第一年	-1 000	0	0	1 000(第一年)
第二年	200	200	0	800(前两年)
第三年	200	200	0	600(前 3 年)
第四年	200	200	0	400(前 4 年)
第五年	200	200	0	200(前 5 年)
第六年	500	500	300	0(前 6 年)
合计	300	—	300	

如果在亏损年度以后连续 5 个年度能够将亏损弥补完毕,那么,亏损年度开始至弥补完毕年度的较长期间,仅考虑弥补亏损这个因素的影响,应税经营成果和所得额其实并无差异,二者都把税法亏损(-1 000)弥补完毕。

如果连续 5 年的弥补期结束时,还剩余未弥补亏损,则剩余未弥补亏损就作废了,不能再用来抵减以后年度的所得额了;该剩余未弥补亏损应加入前 6 年的应税经营成果中,会计核算的前 6 年的应税经营成果和所得额就保持了一致。

(四)两种暂时性差异的汇总计算

第一种暂时性差异和第二种暂时性差异,可以汇总在一张表格中(表 6.9)。

合计的可抵扣暂时性差异和合计的应纳税暂时性应当相抵,因为暂时性差异是企业层面关于时间段的所得额和应税经营成果的整体差异。二者相抵后的暂时性差异是企业最终的暂时性差异。

表 6.9 暂时性差异汇总表

年　月　日　　　　　　　　　　单位:元

	账面价值	计税基础	应纳税暂时性差异	可抵扣暂时性差异
第一种暂时性差异				
资产				
⋮				
负债				
⋮				
第二种暂时性差异				
广告费				
公益性捐赠支出				
未弥补亏损				
⋮				
合计				

二、所得税费用的核算方法

(一)归纳推理

会计核算的所得税费用是指年度所得税费用。所得税的税率为 25%。

我们来做个推理。

因为:第 1 年的所得税费用 = 第 1 年的应税经营成果 × 25%,

而且,第1年年末的应纳税额=第1年的所得额×25%,所以:

$$\text{第1年的所得税费用} - \text{第1年年末的应纳税额} = \text{第1年的暂时性差异} \times 25\%$$

即

$$\text{第1年的所得税费用} = \text{第1年年末的应纳税额} + \text{第1年的暂时性差异} \times 25\%$$

又因为:第2年的所得税费用=第2年的应税经营成果×25%=(前两年的应税经营成果−第1年的应税经营成果)×25%,而且,第2年年末的应纳税额=第2年的所得额×25%=(前两年的所得额−第1年的所得额)×25%,所以:

$$\text{第2年的所得税费用} - \text{第2年年末的应纳税额} = (\text{前两年的暂时性差异} - \text{第1年的暂时性差异}) \times 25\% = \text{第2年新增的暂时性差异} \times 25\%$$

即

$$\text{第2年的所得税费用} = \text{第2年年末的应纳税额} + \text{第2年新增的暂时性差异} \times 25\%$$

进而,可以归纳推理(属于完全归纳推理)出第3年、第4年、第5年等以后每一个年度的所得税费用的计算公式:

年度所得税费用=年末应纳税额+本年新增的暂时性差异×25%

(二)当期所得税费用

为了使用"应纳税额"这个现成的指标,并使其成为所得税费用的核算基准,会计准则设计了一个名词,叫作"当期所得税费用",在数额上,当期所得税费用等于应纳税额。

"当期所得税费用"是一个完整的名词,不能理解为"当期的所得税费用",而后者恰恰是基于权责发生制的所得税费用。而且,当期所得税费用虽然名为费用,但并不是按权责发生制核算的费用。会计准则的设计是首先让当期所得税费用等于应纳税额，然后，引入递延所得税费用这个调整因素，再把当期所得税费用调整为按权责发生制核算的所得税费用。

(三) 递延所得税费用

年末应纳税额和年度所得税费用之间的差异(=本年度新增的暂时性差异×25%)就命名为"递延所得税费用"。

$$所得税费用 = 当期所得税费用 + 递延所得税费用$$

所得税费用围绕着当期所得税费用(应纳税额)上下波动，就像"商品价格围绕着价值上下波动"那样。递延所得税费用是正数还是负数，取决于年度新增的暂时性差异是可抵扣暂时性差异还是应纳税暂时性差异，以及这样的暂时性差异是增加了还是减少了。

1. 基于可抵扣暂时性差异的递延所得税资产的变动

时间段的所得额大于应税经营成果，就产生了可抵扣暂时性差异。基于可抵扣暂时性差异的纳税义务，会计核算上不计入费用，而是基于会计恒等式产生了一项新的资产——递延所得税资产。

可以在表6.3的右边增加"递延所得税资产"一栏(表6.10)。

表6.10　固定资产耗费产生的暂时性差异所生成的递延所得税资产

	可抵扣暂时性差异	递延所得税资产
第一年年末	20(第一年)	20×25% = 5
第二年年末	30(前两年)	30×25% = 7.5
第三年年末	30(前3年)	30×25% = 7.5
第四年年末	20(前4年)	20×25% = 5
第五年年末	0(前5年)	0

可见，时间段存在可抵扣暂时性差异导致计算期末形成了递延所得税资产。

如果年末的递延所得税资产比年初增加了，说明年末应纳税额中有一部分不计入所得税费用，说明当期所得税费用中的一部分并不是基于权责发生制核算的费用,就把这一部分命名为递延所得税费用(这里是负数)。当期所得税费用扣除递延所得税费用后的数额,才是基于权责发生制的所得税费用。

第一年年末的递延所得税资产增加了5,说明在权责发生制的视角下,第一年年末的应纳税额中有5是不能计入所得税费用的。第一年的所得税费用就等于当期所得税费用减去5,这个"减去5"就是调整额,就是递延所得税费用(图6.2)。这是把当期所得税费用中的一部分(也就是5)递延至以后期间,计入以后期间的所得税费用。

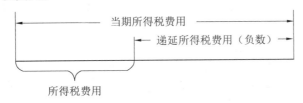

图6.2 第一年的所得税费用

例如,如果第一年年末的应纳税额是10,则第一年年末的账务处理就如图6.3所示。

图6.3 第一年年末的账务处理

如果递延所得税资产增加,即生成了递延所得税资产,说明应纳税额中有一部分不能确认所得税费用,而是对应形成了递延所得税资产。递延所得税资产增加,则对应产生的递延所得税费用是负数(又称为产生了递延所得税收益)。

递延所得税资产可以作为支付手段,支付后期的递延所得税费用。例如,在第四年年末,递延所得税资产的年末余额比年初减少了2.5,用于支付第四年的递延所得税费用(图6.4)。

假设第四年年末的应纳税额是10,则第四年的所得税费用就是12.5[=10+(7.5-5)]。其中,当期所得税费用(10)是用现金

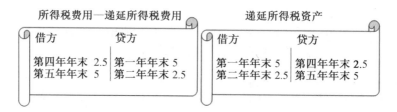

图 6.4　用递延所得税资产支付所得税费用

支付的,递延所得税费用(2.5)是用递延所得税资产支付的,第四年年末的递延所得税资产因此减少了 2.5。

第四年的所得税费用等于当期所得税费用和递延所得税费用之和(图 6.5)。

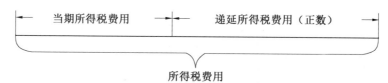

图 6.5　第四年的所得税费用

递延所得税资产减少,说明所得税费用中,也就是基于应税经营成果的纳税责任中,对应于应纳税额之后,还有余额,该余额对应着递延所得税资产的减少额,即该余额部分的所得税费用,是用递延所得税资产支付的。

2. 基于应纳税暂时性差异的递延所得税费用

如果时间段的汇总暂时性差异是应纳税暂时性差异,即时间段的应税经营成果大于所得额,在权责发生制的视角下,二者差额部分即应纳税暂时性差异也产生了纳税责任,也应计算税款,但是,税务部门并不征收,企业就把这部分税款暂时存着,作为对税务部门的负债,称为递延所得税负债。

如果年末的递延所得税负债比年初增加了,递延所得税负债的增加额对应产生了递延所得税费用,在递延所得税负债增加的年度,所得税费用=当期所得税费用+递延所得税费用。

如果递延所得税负债减少了,递延所得税负债的减少额对应形成了"负"的递延所得税费用(又称为递延所得税收益),因此,所得税费用=当期所得税费用–递延所得税费用。

三、直接影响所有者权益的暂时性差异

其他债权投资和其他权益工具投资这两项金融资产的账面价值按公允价值计量。因为它们是长期资产,其公允价值变动,在复式记账法下,不计入损益,而是直接计入所有者权益。账务处理是登记金融资产账面价值的变化,对应登记所有者权益类的"其他综合收益"科目。

根据税法的规定,金融资产的公允价值变动不计入所得额,但是,在金融资产处置时,处置损益要计入所得额。所以,就较长期间(金融资产的取得至处置期间)而言,金融资产的公允价值变动等于处置损益(处置价格–历史成本)。

这两种金融资产在会计期间的公允价值变动,属于未实现的应税经营成果。可以从净资产层面计算这两种金融资产在时间段(从金融资产的取得至计算期末)的暂时性差异。

$$\text{时间段的未实现的应税经营成果} = \text{两种金融资产的期末账面价值} - \text{历史成本}$$

$$\text{时间段的所得额} = \text{两种金额资产的期末计税基础} - \text{期末计税基础}$$

$$\text{时间段的暂时性差异} = \text{两种金融资产的期末账面价值} - \text{期末计税基础}$$

这两种金融资产的期末账面价值和计税基础之间的差异,就是时间段的暂时性差异。该暂时性差异应当单独计算,就是要从第一种暂时性差异中分离出来(表6.11)。因为其公允价值变动直接影响所有者权益,并不影响所得税费用。

表 6.11　直接影响所有者权益的暂时性差异

年　月　日　　　　　　　　单位:元

项目	账面价值	计税基础	应纳税暂时性差异	可抵扣暂时性差异
其他债权投资				
其他权益工具投资				
⋮				
合计			—	—

如果这两种金融资产的期末账面价值大于计税基础,则说明时间段的未实现经营成果(也是应税经营成果)大于所得额,产生了应纳税暂时性差异,反之就产生可抵扣暂时性差异。将这两种金融资产合计的应纳税暂时性差异和可抵扣暂时性差异相抵,最终的暂时性差异作为账务处理的依据。按最终的暂时性差异乘以所得税税率(25%)计算的数额作为期末的递延所得税资产或递延所得税负债,按递延所得税资产或递延所得税负债的本期变动额(=期末余额−期初余额),登记"递延所得税负债"或"递延所得税资产"科目,对应登记"其他综合收益"科目。

第七章　经营所有者权益

净利润(利润总额减所得税费用)要在会计期末转入所有者权益,属于来自经营盈亏的所有者权益,可称为经营所有者权益。经营所有者权益还包括在经营过程中取得的,但会计核算中不计入损益,而是直接计入所有者权益的利得和损失。

第一节　来自净利润的所有者权益

"本年利润"账户核算会计期间的盈亏。在会计期末,所有的损益类账户的余额要转入"本年利润"账户,"本年利润"账户借贷发生额相抵后的余额,也就是净利润,再转入"利润分配—未分配利润"明细账户(图7.1),"本年利润"账户结平。

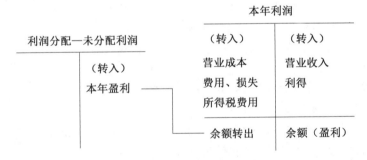

图7.1　结平"本年利润"账户

净利润是经营所有者权益的主要来源。净利润仅仅是经营成果的数字表现,从净利润中看不出在经营活动中,取得了或减少了哪些具体形态的资产,看不出来自盈亏的所有者权益对应怎样的资产和负债。这其实是一个大家都想回避的问题,大家都愿意接受由收入、营业成本及费用、利润这些数字来表示的经营成果,把经营成果数字化省去了太多描述上的麻烦。

经营所有者权益本身也是数字,但经营所有者权益的产生却是因为资产或负债进入或者离开了企业,无论是出资所有者权益,还是经营所有者权益,都和资产及负债的变动相对应。

每一笔营业收入对应的是银行存款还是应收账款,是明确的;每一笔营业成本及费用对应的是现金支出,还是负债或库存商品支出,也是确定的;但要回答利润对应什么,就困难了。

不妨从利润总额的两个组成部分入手,分别考虑净额利润和直接计入利润的利得和损失,这两个组成部分各自对应怎样的资产或负债。

首先,观察收入、费用分别对应怎样的资产和负债。例如,会计期间取得应收账款500(收入),发出商品300(营业成本),应付职工薪酬100(营业成本和销售费用),那么,净额利润就是100。但要回答这100的净额利润对应怎样的资产和负债,只能说应收账款增加了500,库存商品减少了300,应付职工薪酬增加了100。

如果收入进来的是应收款项,费用出去的是现金,尽管数额相等,也是不合算的。

利润的第二个组成部分——直接计入利润的利得和损失——又可细分为利得、损失、利得或损失三个部分。其中,利得对应的资产包括金融资产、银行存款、应收利息和应收股利等资产。损失对应于金融资产、银行存款等资产,或者对应于在当期没有实际支付款项而形成的负债。另外,交易性金融负债的公允价值变动额也对应登记为利得或损失。

可见,直接计入利润的利得和损失对应怎样的资产和负债,也是很难描述的。不过,想要罗列出一堆明细还是容易的,但要表达利润在总体上对应怎样的资产和负债,则是异常困难的,以至于只有用数字才能够准确(而不是清晰)地表达经营成果都是些什么。

第二节　其他综合收益

一、含义及属性

《企业会计准则第 30 号——财务报表列报》第三十三条规定:"其他综合收益,是指企业根据其他会计准则规定未在当期损益中确认的各项利得和损失。"

其他综合收益是企业在非日常活动中取得的尚未实现的利得和损失,不能确认为当期损益。例如,其他债权投资是非流动资产,其账面价值按公允价值计量,但其公允价值变动属于未实现利得和损失,不能计入损益,应计入其他综合收益。

资产负债表和利润表通常是井水不犯河水,二者一个记载时点指标,一个记载时期指标。但是,其他综合收益却是一个例外,它既作为时点指标(反映期末余额)出现在资产负债表中,也作为时期指标(反映会计期间的发生额)出现在利润表中。

1980 年 12 月,美国财务会计准则委员会首次使用"综合收益"的概念,1997 年 6 月开始要求企业报告综合收益。2007 年,国际会计准则理事会制定的会计准则要求将综合收益反映在利润表中。我国《企业会计准则第 30 号——财务报表列报》第三十二条规定:"综合收益,是指企业在某一期间除与所有者以其所有者身份进行的交易之外的其他交易或事项所引起的所有者权益变动。综合收益总额项目反映净利润和其他综合收益扣除所得税影响后的净额相加后的合计金额。"

我国《企业会计准则第 30 号——财务报表列报》规定利润表(表 7.1,表 7.1 是表 6.1 的延续)应单独列示:(1)其他综合收益各项目分别扣除所得税影响后的总金额;(2)综合收益总额。

表 7.1　利润表

年　　月

项　　目	本期金额	上期金额
四、净利润		
五、其他综合收益的税后净额		
（一）不能重分类进损益的其他综合收益		
1. 重新计量设定受益计划变动额		
2. 权益法下不能转损益的其他综合收益		
3. 其他权益工具投资公允价值变动		
4. 企业自身信用风险公允价值变动		
⋮		
（二）将重分类进损益的其他综合收益		
1. 权益法下可转损益的其他综合收益		
2. 其他债权投资公允价值变动		
3. 金融资产重分类计入其他综合收益的金额		
4. 其他债权投资信用减值准备		
5. 现金流量套期储备		
6. 外币财务报表折算差额		
⋮		
六、综合收益总额		

二、分类

其他综合收益是不计入损益的利得和损失。但是，有一些其他综合收益在满足一定条件时能够转为已实现的利得或损失，并因此能够重分类进损益，由"其他综合收益"科目转入损益类科目；另一类其他综合收益则注定不能重分类进损益。利润表根据能否重分类进损益把其他综合收益分为两种。

（一）不能重分类进损益的其他综合收益

1. 重新计量设定受益计划净资产或净负债的变动额

具体说明见第四章第三节"五、应付职工薪酬"。

2. 长期股权投资的变动额中不能转损益的部分

长期股权投资按权益法核算的，对于被投资方因"重新计量设定受益计划净负债或净资产的变动"导致其自身所有者权益变动的,该变动计入被投资方的其他综合收益,且不能再重分类进损益。一脉相承,对于该项其他综合收益,投资方按持股比例享有的份额调整其长期股权投资账面价值,对应登记其他综合收益,投资方取得的该项其他综合收益份额也不能再重分类进损益。

3. 其他权益工具投资的公允价值变动

如果企业将一项金融工具指定为其他权益工具投资,则根据《企业会计准则第 22 号——金融工具确认和计量》第十九条的规定,该指定一经做出就不得撤销。也就意味着持有期间不能变更为交易性金融资产,不能让其公允价值变动影响损益。即使在该其他权益工具投资终止确认(例如转让出售)的时候,原对应登记的其他综合收益也不能转为损益,只能转入"利润分配—未分配利润"明细科目,以体现企业对当初做出的不可撤销指定是言而有信的。不可撤销指定就是承诺对该项股权投资划分为其他权益工具投资后,在账务处理上永远不影响损益。

4. 企业自身信用风险产生的公允价值变动

债券发行人发行的交易性金融债券,其公允价值受债券发行人自身信用风险变动的影响,例如,债券发行人自身信用风险下降了,其所发行的短期债券就更加有保障,该债券的公允价值就会上升,即债券发行人的交易性金融负债的公允价值也会上升,但这样的公允价值变动不能计入损益,应计入其他综合收益。债券发行人登记"交易性金融负债"科目增加(贷记),对应登记"其他综合收益"科目的损失增加(借记)。

发行人自身信用风险在一定程度上可以由发行人调控,为防止债券发行人借机调节损益,该其他综合收益不能再重分类进损益。

(二)将重分类进损益的其他综合收益

未实现利得和损失在满足一定的条件时,就成为已实现利得和损失,相关其他综合收益将重分类进损益。例如,处置相关资产的时候。

1. 长期股权投资确认终止时可转损益的部分

投资方在长期股权投资确认终止时,应将持有长期股权投资期间形成的其他综合收益中可转损益的部分转为投资损益,计入"投资收益"科目。

2. 其他债权投资的公允价值变动

其他债权投资公允价值变动计入其他综合收益。在转让该长期债券时,相关其他综合收益应转为投资损益。

3. 金融资产重分类中可转损益的其他综合收益

金融资产的初始计量,按管理模式和合同现金流量特征的不同,分别采用不同的计量方法。第一种方法是按摊余成本计量;第二种方法是按公允价值计量且其变动计入其他综合收益;第三种方法是按公允价值计量且其变动计入损益。

金融资产的重分类是指初始计量之后,在满足一定条件时对金融资产转换会计科目和改变计量方法。

例如,其他债权投资重分类为交易性金融资产,就要从第二种计量方法转为第三种计量方法。转换后的账面价值继续以公允价值计量,但应当将转换前计入其他综合收益的利得或损失转为损益(记入"公允价值变动损益"科目)。

如果其他债权投资重分类为债权投资,就要从第二种计量方法转为第一种计量方法,账面价值就由公允价值计量改按摊余成本计量,也应当将之前计入其他综合收益的利得或损失转出,但并不是转损益,而是用于调整该金融资产在重分类日的账面价值,即视为该债券自取得之日就按摊余成本计量(图7.2)。

```
债权投资
  其他综合收益
    其他债权投资
```

图7.2　金融资产重分类

4. 其他债权投资的信用减值准备

其他债权投资按公允价值计量,其减值计入损益,登记"信用减值损失"科目增加(借记),对应登记"其他综合收益—信用减值准备"明细科目增加(贷记)。

在处置其他债权投资时,相关其他综合收益就可以重分类进损益了。处置时,"其他综合收益—信用减值准备"明细科目的贷方余额转入"投资收益"科目。

5. 现金流量套期工具中属于有效套期的部分

有效套期部分在条件具备时可重分类进损益。

例如,当前是1月1日,螺纹钢的售价是每吨3 800元。贸易公司预计在6月30日销售1万吨螺纹钢,为了防止6个月后的销售价格跌到3 800元以下产生的现金损失,贸易公司就引入套期工具。1月1日在期货市场上按3 800元的价格买入一份6个月的1万吨螺纹钢"做空期货合约",期货螺纹钢的价格、质量、数量以及结算日均与预计售出的现货螺纹钢相同。

如果6月30日的现货螺纹钢价格跌到3 800元以下,销售现货就损失了现金;但执行"做空期货合约"就能够挽回损失。在6月30日按下跌后的现货价格购入螺纹钢,同时按3 800元的价格执行"做空期货合约",赚到的钱,刚好弥补现货销售的损失。这个"做空期货合约"就是"现金流量套期工具",6个月后销售现货螺纹钢就是"被套期项目"。

反之,如果6月30日的螺纹钢价格高于3 800元,则销售现货就赚了,但交割"做空期货合约"时,只能按市场价格(高于3 800元)买进并按3 800元卖出,产生了损失。因此,为防止未来的现货销售价格下跌而引进套期工具,只能做到未来现金流量的保值而不能挣到更多的钱。

下面来看看相关会计核算。

1月1日,贸易公司预期在6月30日销售1万吨螺纹钢,预期销售价格为每吨3 800元。为了未来防止销售价格下跌造成损失,贸易公司按每吨3 800元的价格买入6个月的1万吨螺纹钢"做空期货合约"。买入期货合约需要提交10%的交易保证金,所以,贸易公司需要在账户上存入交易保证金380万元。

1月1日这一天,现货螺纹钢的价格是每吨3 800元,螺纹钢"做空期货合约"在6个月后的交割价格也是每吨3 800元。可以说,"做空期货合约"在这一天的价值为0。

1月31日,螺纹钢的销售价格下跌至每吨3 700元,则螺纹钢"做空期货合约"的价格就上涨了100万元(=1万吨×100元)。企业持有的套期工具(做空期货合约)按公允价值计量,登记"套期工具—螺纹钢做空期货合约"明细科目增加100万元(借记),对应登记"其他综合收益—套期储备"明细科目增加100万元(贷记)(图7.3)。资产增加,所有者权益也增加。这增加的100万元其他综合收益,就是1月31日的"现金流量套期储备金额"。

| 套期工具—螺纹钢做空期货合约 | 100万元 |
| 其他综合收益—套期储备 | 100万元 |

图7.3 套期工具的公允价值变动

资产负债表日的现金流量套期储备金额,按下列两项中的绝对值较小者确定:

● 套期工具(期货合约)自套期开始时的累计利得(或损失)。
● 被套期项目(现货商品)自套期开始时的预计未来现金流量现值的累计变动额。

套期工具盈利,被套期项目就损失;反之,套期工具损失,被套期项目就盈利。无论哪一种情况下的盈利,都是套期的贡献,都称为现金流量套期储备金额。

6月30日,现货螺纹钢价格下跌至3 500元,套期工具的公允价值比1月31日又上升了200万元,账务处理是登记"套期工具—螺纹钢做空期货合约"明细科目增加200万元(借记),对应登记"其他综合收益—套期储备"明细科目增加200万元(贷记)。

6月30日是现货螺纹钢的成交日,也是做空期货合约的交割日。销售现货螺纹钢登记"银行存款"科目增加3 500万元(借记),对应登记"主营业务收入"科目增加3 500万元(贷记)。

交割做空期货合约是在6月30日按每吨3 500元买入现货螺纹钢1万吨,再按3 800元的价格执行做空期货合约,取得300万元收益。账务处理是登记"银行存款"科目增加300万元(借记），对应登记"套期工具—螺纹钢做空期货合约"明细科目减少300万元（贷记）（图7.4）。

```
银行存款                    300 万元
   套期工具—螺纹钢做空期货合约   300 万元
```

图 7.4　交割做空期货合约

"皮之不存，毛将焉附"，交割期货合约后，还要将积攒的 300 万元现金套期流量储备金额转为主营业务收入，登记"主营业务收入"科目增加 300 万元（贷记），对应登记"其他综合收益—套期储备"明细科目减少 300 万元（借记），结平套期储备。

贸易公司的主营业务收入包括销售现货螺纹钢的收入和执行螺纹钢做空期货合约的收入，二者分别是 3 500 万元和 300 万元。

按执行套期工具（期货合约）的预期盈余（套期盈利）是否超过销售现货商品的损失，可以把套期分为有效套期和无效套期。如果套期盈利不能覆盖现货损失，或者刚好覆盖，就是有效套期，这也正是套期的目的——保值；如果套期盈利覆盖现货损失后还有余额，则该余额就是实现套期目的之后取得的已实现利得，该已实现利得是套期之外的收益，并不是套期的目的，称为无效套期。

持有套期工具（期货合约）期间所产生的利得或损失中，属于有效套期的部分，记入"其他综合收益—套期储备"明细科目，在交割期货合约的时候，相关其他综合收益将重分类进损益；而属于无效套期的部分，发生时直接计入当期损益。

6. 外币会计报表折算差额

如果企业有境外的子公司（符合控制条件），在资产负债表日合并境外子公司的会计报表时，需要将境外子公司的会计报表折算为按人民币（以下简称"本币"）记账，再进行会计报表合并。

关于折算方法，《企业会计准则第 19 号——外币折算》（财会〔2006〕3 号）第十二条是这样规定的：

● 资产负债表的资产和负债项目，按资产负债表日的即期汇率折算，所有者权益项目除"未分配利润"项目外，其他项目采用发生时的即期汇率折算。

● 利润表中的收入和费用项目,采用交易发生日的即期汇率折算;也可以采用按照系统合理的方法确定的、与交易发生日即期汇率近似的汇率(又称为即期汇率的近似汇率)折算。

如果境外子公司报表项目的折算汇率都一样,则外币报表和本币报表之间只是折算汇率的倍数关系。但会计准则对于会计报表的不同项目,安排了不同的折算汇率;而且境外子公司折算为本币的资产负债表,仍要符合会计恒等式:资产=负债+所有者权益。因此,就产生了境外子公司的外币资产负债表的折算差额。

$$\text{外币资产负债表折算差额} = \text{本币资产总额} - \text{本币负债总额} - \begin{pmatrix} \text{本币实收资本} \\ \text{本币资本公积} \\ \text{本币盈余公积} \\ \text{本币未分配利润} \\ \text{本币其他综合收益} \end{pmatrix}$$

$$\text{本币未分配利润} = \text{年初本币未分配利润} + \text{利润表转来的本币净利润} - \text{本币提取的盈余公积}$$

境外子公司的外币报表折算差额属于未实现利得或损失,计入其他综合收益,记入境外子公司的折算资产负债表的其他综合收益项下单设的"外币报表折算差额"项目。

被合并的境外子公司的外币报表折算差额,在合并资产负债表的时候,该折算差额按母公司和少数股东的持股比例分别计算,其中归属母公司的折算差额填列在合并资产负债表的其他综合收益的外币报表折算差额项下;归属少数股东的折算差额,填列在合并资产负债表的少数股东权益项下。

母公司合并资产负债表的外币报表折算差额属于将重分类进损益的其他综合收益。其重分类进损益的机会是在母公司处置境外子公司股权的时候,按处置比例将合并资产负债表中相应的

"外币报表折算差额"由其他综合收益转为处置损益。

7. 存货和自用房地产转换为投资性房地产

房地产开发商建造的房产是作为商品出售的,属于存货,计入"库存商品"科目,称为存货房地产。存货房地产的账面价值按"历史成本和可变现净值孰低"计量;企业自用的房地产属于固定资产,按历史成本计量。

如果开发商改变存货房地产的用途,不再用于销售,而是用于出租;如果企业自用的房产(固定资产)也不再自用了,也用于出租,则二者均转换为投资性房地产,而且是转为以公允价值计量的投资性房地产,那么,自转换日开始,房地产的计量属性应由历史成本转为公允价值。

在转换日,如果房地产的公允价值小于原固定资产和存货房地产的账面价值,转换就造成了资产总额的减少,这是改变资产计量方法形成的损失。根据稳健性原则,应当反映该项损失,记入"公允价值变动损益"科目。

在转换日,如果房地产的公允价值大于原固定资产和存货房地产账面价值的部分,就造成了资产总额的增加,这仍然是改变资产计量方法形成的利得,但该利得不能影响损益,应当记入"其他综合收益"科目。该项其他综合收益就属于将重分类进损益的其他综合收益,在处置该项投资性房地产的时候,相关其他综合收益应转为当期损益。

三、其他综合收益的税后净额

经营成果包括计入损益的经营成果,还包括直接计入所有者权益的经营成果(其他综合收益)。

虽然税法规定的所得额不并包含资产公允价值的变动。但是,由于相关资产的处置损益要计入所得额,所以,会计准则认为资产公允价值变动属于应税经营成果,应税经营成果和所得额之间,从资产取得至处置的较长期间来看,是不存在差异的。

会计核算上将企业基于权责发生制视角下的纳税责任,作为对税务部门的负债处理,按其他债权投资的公允价值上升部分

（应纳税暂时性差异）乘以所得税税率计算的数额作为对税务部门的负债，登记"递延所得税负债"科目增加（贷记），但对应登记并不是"所得税费用—递延所得税费用"明细科目，这是因为其他债权投资的公允价值变动，在会计核算上不影响损益，而是影响所有者权益，所以，对应登记"其他综合收益"科目减少（借记）。

其他综合收益的税后净额，并不是其他综合收益发生额扣除实际应交所得税后的净额，因为此时尚不存在所得税的实际扣除，只有到了资产处置的时候，资产处置损益才计入所得额，计征所得税。其他综合收益的税后净额是指其他综合收益发生额扣除相关递延所得税负债增加额并加上相关递延所得税资产增加额后的净额（图7.5）。

图7.5　其他综合收益的税后净额

其他综合收益的税后净额 = 其他综合收益的本期发生额 − 新增递延所得税负债 + 新增递延所得税资产

净利润是已实现利得和损失，其他综合收益是未实现利得和损失。利润表已经发展为综合收益表了：既反映已实现利得和损失，也反映未实现利得和损失。

第三节　利润分配

会计期间的净利润（或净亏损）最初体现为"本年利润"科目的期末余额。但"本年利润"科目是过渡性账户，期末余额要转入"利润分配"账户，成为会计期间新增经营所有者权益（有正有负）的主要部分，另一部分新增经营所有者权益就是直接计入所有者权益的利得和损失。

"利润分配"科目下设的明细科目，包括"提取盈余公积""盈余公积补亏""应付现金股利""转作股本的股利"等,这些明细科目的期末余额均转至"未分配利润"明细科目。这样,最终的经营成果就体现为"利润分配——未分配利润"明细账户的期末余额。

根据资本维持原则,在分配利润之前要从净利润中提取盈余公积。

一、盈余公积

盈余公积包括法定盈余公积和任意盈余公积,二者在《公司法》中分别被称为法定公积金和任意公积金,少了"盈余",多了"金"字。名称虽不同,含义却一样。但法定公积金、任意公积金又和住房公积金不一样,后者是货币资金,是资产,而前两者是所有者权益。

(一)提取盈余公积

《公司法》规定,按当年税后利润的10%提取法定公积金;经股东会(或股东大会)决议,还可以从税后利润中提取任意公积金。

税后利润是《公司法》中出现的概念。《公司法》说分配税后利润,而不说分配净利润;说用当年利润弥补亏损,而不说用利润总额弥补亏损;说从税后利润中提取法定公积金和任意公积金,而不说从净利润中提取。但《公司法》并没有对什么是利润和什么是税后利润做出解释。

从文义上看,"税后利润"显然是想表达利润总额扣减企业所得税后的余额。那么,是扣减所得税费用还是扣减应纳税额呢,二者是不一样的。对这个问题的回答还涉及如何确定盈余公积的提取基数。

不妨认为税后利润就是净利润。下面的阐述仍然使用净利润的概念。

净利润体现在"利润分配"账户中。从净利润中提取盈余公积时,按提取额登记"利润分配——提取盈余公积"明细科目减少(借记),对应登记"盈余公积"科目增加(贷记)(图7.6)。一种所有者权益减少,另一种所有者权益增加。这个账务处理是对所有者权益的内部调整,只是把左口袋的放入右口袋。

```
┌─────────────┐
│   利润分配   │
│   盈余公积   │
└─────────────┘
```

图 7.6　提取盈余公积

盈余公积是净利润的一部分,提取盈余公积意味着将净利润的一部分指定了用途,并命名为盈余公积。

(二) 使用盈余公积

盈余公积不是资产,是所有者权益,盈余公积的用途主要是转增资本和弥补亏损。

1. 转增资本

盈余公积是全体股东的共有权益。盈余公积转增资本是把该共有权益按股东出资的比例转至每位股东名下,由全体股东共有转为每位股东按份单独所有,这也是股东分红(利润分配)的方式之一。但这种分红方式不是分配当年的净利润,而是分配以前年度的净利润,因为盈余公积来源于历年的净利润。

国家税务总局关于盈余公积金转增注册资本
征收个人所得税问题的批复

(国税函〔1998〕333号)

青岛市地方税务局:

你局《关于青岛路邦石油化工有限公司公积金转增资本缴纳个人所得税问题的请示》(青地税四字〔1998〕12号)收悉。经研究,现批复如下:

青岛路邦石油化工有限公司将从税后利润中提取的法定公积金和任意公积金转增注册资本,实际上是该公司将盈余公积金向股东分配了股息、红利,股东再以分得的股息、红利增加注册资本。因此,依据《国家税务总局关于股份制企业转增股本和派发红股征免个人所得税的通知》(国税发〔1997〕198号)精神,对属于个人股东分得再投入公司(转增注册资本)的部分应按照"利息、股息、红利所得"项目征收个人所得税,税款由股份有限公司在有关部门批准增资、公司股东会决议通过后代扣代缴。

1998 年 6 月 4 日

盈余公积转增资本时,登记"实收资本"科目增加(贷记),对应登记"盈余公积"科目减少(借记),这是所有者权益的内部调整。

盈余公积转增资本后,每位股东名下的出资额虽然增加了,但持股比例未变,公司的所有者权益总额未变,股东的财富未变,公司的资产总额未变。

2. 弥补亏损

如果公司在本年年初(上年年末)的累积净利润("利润分配"账户的余额)为负数,说明以前年度(公司自成立以来至上年年末为止的期间)的累积经营成果为亏损。会计核算上就称为"以前年度亏损",说明公司自成立以来的运营没能维持住资本,反而造成了资本减损。

根据资本维持原则的要求,存在以前年度亏损的,股东不能分红。只有以前年度亏损得到弥补了,资本得到维持了,才能分配利润。

弥补以前年度亏损,首先用留存的历史净利润弥补,即动用盈余公积弥补,这相当于把历年从净利润中提取的盈余公积再放回去,让盈余公积回归净利润;其次,如果盈余公积余额不足以弥补的,再用当年利润弥补,缩减当年的可分配利润。

盈余公积弥补亏损时,登记"盈余公积"科目减少(借记),对应登记"利润分配—盈余公积补亏"明细科目增加(贷记)(图7.7),从一种所有者权益转为另一种所有者权益。

```
盈余公积
利润分配
```

图 7.7　盈余公积弥补以前年度亏损

盈余公积弥补亏损,对于资产总额、负债总额和所有者权益总额均没有影响。

下面看一个弥补亏损的例子(图7.8)。

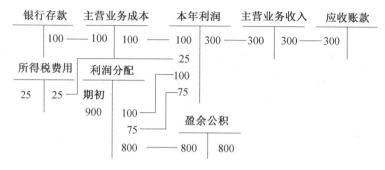

图7.8　以前年度亏损的弥补

在图7.8中,未分配利润的年初余额为亏损900,首先,用盈余公积余额800弥补亏损,弥补后还有100的未弥补亏损,再用本年利润弥补。本年利润总额为200,弥补亏损100之后,剩余100还需要扣除所得税费用25,余额75就成为本年提取盈余公积的基数,再扣减所提取的盈余公积7.5(=75×10%)后,就是本年的可分配利润。

二、调整年初未分配利润

在固定资产盘盈、投资性房地产由成本模式转换为公允价值模式,以及发现以前年度记账差错的情况下,就涉及调整未分配利润的年初余额。下面用固定资产盘盈来举例说明。

假设盘盈固定资产的入账价值为400,则登记"固定资产"科目增加400(借记),对应登记"以前年度损益调整"科目的收益增加400(贷记)。下一步,要考虑税的问题。

盘盈利得400所对应的应交所得税为100(所得税率为25%),按净利得300(=400−100)的10%提取盈余公积30,则"以前年度损益调整"科目的贷方余额就剩下了270(=400−100−30),会计期末,该贷方余额270应转为调整未分配利润的年初余额(图7.9)。

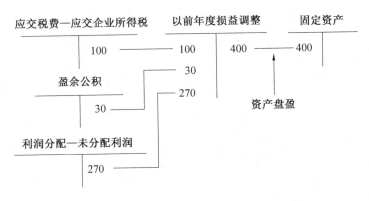

图 7.9 资产盘盈利得调整未分配利润年初数

第三章讲到固定资产盘盈的时候,因涉及盈余公积和应交税费,就没有深入地讲账务处理。固定资产盘盈的账务处理分为四个步骤:

第一步:登记盘盈固定资产。登记"固定资产"科目增加(借记),对应登记"以前年度损益调整"科目的收益增加(贷记),反映盘盈利得。

第二步:核算与盘盈利得相应的所得税。登记"应交税费—应交企业所得税"明细科目增加(贷记),对应登记"以前年度损益调整"科目的损失增加(借记),冲减盘盈利得。

第三步:按盘盈的税后利得的 10% 提取盈余公积。登记"盈余公积"科目增加(贷记),对应登记"以前年度损益调整"的损失增加(借记);冲减盘盈利得。

第四步:结平"以前年度损益调整"这个过渡性科目,将其余额转入未分配利润,调整未分配利润的年初余额。通常按该科目的贷方余额借记"以前年度损益调整"科目,对应贷记"利润分配—未分配利润"明细科目的年初余额增加。

"以前年度损益调整"科目是过渡性科目,在资产负债表中没有独立列示,其性质是直接计入所有者权益的利得和损失。

三、利润分配的方式

股东出资可以理解为公司对股东的负债,公司以分红(分配利润)的方式来偿还该项负债。利润分配的方式包括分配现金利润和发放股票股利(有限公司是利润转增资本)两种方式。

(一)分配现金利润

公司董事会提出的现金利润分配方案经股东大会(或股东会)批准后,就成为一个会计事项,应进行账务处理,登记"利润分配——应付现金股利或利润"明细科目减少(借记),所有者权益减少,对应登记"应付股利"科目增加(贷记),负债增加。

在实际支付现金股利期间,登记"银行存款"科目减少(贷记),对应登记"应付股利"科目减少(借记)。资产和负债同步减少。

(二)发放股票股利

股份公司发放股票股利又称为送股,送股是把应分配的现金利润(股东要因此缴纳个人所得税)转为股东对公司的增资。

最早发放股票股利的是英国东印度公司(全称:伦敦商人在东印度贸易的公司,The company of Merchants of London Trading into the East Indies)。英国东印度公司成立于1600年,最初是从印度进口棉布、硝石、丝和靛青,并向印度出口铜、铅、锡。那时候,东印度公司的股东们合股经营贸易航运,并以每次航运作为一个经营周期。在每一个航次的航行结束时进行分红和退还股本,下一个航次开始时再重新确定股东和重新募集股本。英国和印度之间的一次航行要耗时一年半左右。1612年开始,股东们把一次航行结束应分配的现金股利留在公司,转为下一次航行的股本,作为股东对公司的永久性出资。1657年英国的护国主奥利弗·克伦威尔发布了"新公司成立的特许条例",确立了英国东印度公司永久性资本的法律地位。因为永久性资本的存在,东印度公司的股东们就可以在每年年末进行盈亏的结算和分配利润。

股票股利通常按持股比例发放,所以,发放股票股利并不改变股东的持股比例。账务处理是按发放股票即送股的股份面值登记"股本"科目增加(贷记),对应登记"利润分配——转作股本的股利"明细科目减少(借记)(图7.10)。

| 利润分配—转作股本的股利 |
| 股本 |

图 7.10　发放股票股利

发放股票股利是所有者权益的内部调整,所有者权益总额和资产总额并没有减少。因而,股份公司更倾向于发放股票股利而不是分配现金利润。

(三)利润转增资本

有限公司把应分配的现金利润(股东要因此缴纳个人所得税)转作股东对公司的增资,称为利润转增资本。账务处理是按转增数额登记"实收资本"科目增加(贷记),对应登记"利润分配—未分配利润"明细科目减少(借记)。这也是有限公司所有者权益的内部调整。

四、利润分配侵蚀资本的路径

《公司法》为了做到资本维持而对利润分配设置了两道防火墙:首先,分配利润之前要用法定公积金和当年利润弥补以前年度亏损,恢复以前年度亏损对资本的侵蚀;其次,分配利润之前还要提取法定公积金,形成盈余储备。两道防火墙似乎能够保证资本的维持。

《公司法》准予分配的利润是"公司弥补亏损和提取公积金后所余税后利润"。如果对当年税后利润没有进行分配,没有分配的税后利润就积累为后期的未分配利润,到了后期仍然可以分配,这是将当年可分配的税后利润推迟至以后年度分配,视同在当年进行了分配,所以,可分配利润通常是指资产负债表中所有者权益项下的未分配利润。

但分配给股东的并不是所有者权益,而是实实在在的现金,而且,分配现金给股东时,并不需要考虑利润的支撑资产是什么,未分配利润有现金支撑的部分,也有应收账款支撑的部分。在前期取得的营业收入是应收账款的情况下,分配前期利润时把现金

（而不是应收账款）分配给股东，一旦前期的应收账款成为坏账，则分配前期利润就相当于把资本分配给股东。

（一）对权责发生制的忽视

基于资本维持的考虑，如果未分配利润的年初余额是负数，则本年度取得的盈余应当首先弥补该负数，即弥补以前年度亏损。《公司法》规定了弥补以前年度亏损的顺序。首先，用法定公积金弥补。这是把以前年度积累的盈余储备释放回盈余队伍。其次，在法定公积金不足以弥补以前年度亏损的情况下，用当年净盈余弥补。

例如，公司在第一年的商品销售全部是赊销，取得的经营成果均为应收账款，但这并不妨碍按照权责发生制核算第一年的收入、费用和利润并进行利润分配。可是，第二年发现第一年的应收账款已经确定无法收回，成为坏账，坏账损失计入第二年的信用减值损失，并导致第二年为亏损。如果第二年的亏损和第一年的盈余相当，再把所观察的会计期间从一年放宽到两年，则公司在这两年内的经营成果实际上是盈亏平衡，并无盈余可分，但是股东却以分配第一年利润的名义分走了现金，公司的资本因而未能维持。

约翰·R. 康芒斯（John R Commons, 1939）有一句名言："利润生产者是所有其他阶层的出纳员。"（《会计理论结构》第25页）这个结论的前提是营业收入对应着现金，即使对应着应收账款，应收账款也是可以收回的，所以，康芒斯认为利润生产者（企业）就是做收款（销售）和付款（购货）的事情，就像出纳那样。

史蒂芬·吉尔曼（Stephen Gilman, 1939）在《利润的会计概念》一书中主张："只有实际收到现金或者其他流动性极强的资产时，收益才能实现。……在任何特殊情况下，收益实现都可以通过下列问题得到检验：商品的转让将带来现金或带来在正常营业过程中可转换为现金的资产吗？也就是说，商品出售是不是为了获得现金呢？"①

---

① GILMAN S. Accounting concepts of profits [M]. New York: Ronald Press Company, 1939: 102.

净利润的支撑资产主要是贡献于收入的现金和应收账款,还包括短期金融资产的公允价值变动等,但公司有盈余却没有挣到现金的情况并不罕见(表7.2)。

表 7.2　部分上市公司 2021 年度的净利润和现金流量净额

(单位:万元)

上市公司	净利润	现金流量净额	经营活动现金流量	投资活动现金流量	筹资活动现金流量	汇率变动的影响
巨人网络	98 953.91	−62 709.69	63 793.90	−48 351.19	−77 789.31	−363.09
中创物流	24 794.63	−1 602.23	6 561.80	−19 170.55	11 979.81	−973.29
宁波建工	44 252.54	7 053.25	−90 749.73	8 679.87	89 123.11	—
中恒集团	17 316.63	−19 120.15	−7 673.67	16 594.78	−27 949.97	−91.30

(数据来源:新浪财经)

表 7.2 的各个公司的现金净流入远远小于盈余,若是按盈余数额进行利润分配,就会遇到现金不足的困难。《企业财务通则》(财政部令第 41 号,2007 年 1 月 1 日起施行)第五十条规定:"企业以前年度未分配的利润,并入本年度利润,在充分考虑现金流量状况后,向投资者分配。"为什么会出现现金不足的情况呢?

利特尔顿指出:"在资本维持观念下(资本维持作为股利分派的界限),把资产重新计价所获得的盈余用于发放现金股利和把与客户交易所获得的盈余用于发放现金股利一样合乎逻辑。这两种不同性质的盈余在用词上所具有的相似性极容易使人产生混淆,以至于在 30 年代政府不得不出面干涉(即规定资产重新计价所产生的盈余不能作为计算现金股利的依据),以便帮助人们澄清这两种迥然不同的盈余。"(《会计理论结构》第 109 页)

利特尔顿认为用于分配的盈余起码应该是经营活动挣来的,因资产升值而产生的盈余并没有带来现金,将其并入盈余进行分配,让股东分走现金,无异于掩耳盗铃,走向了维持资本的反面。

在现金流量问题上,会计核算把投资活动和筹资活动从经营活动中分离出来,经营活动专指生产销售和提供服务的经营行为。有的公司虽然现金流量和净利润相当,但现金却主要来源于筹资活动(表 7.3)。

表 7.3　部分上市公司 2021 年度的现金流量和筹资活动现金流量比较

（单位：万元）

上市公司	现金净增加额	筹资活动现金流量净额
中创物流	-1 602.23	11 979.81
德邦股份	-22 855.86	15 554.59
新希望	578 356.53	2 228 328.48
金力永磁	66 245.52	121 773.74

（数据来源：新浪财经）

《公司法》还有一项规定，就是有限公司连续五年取得盈余却不分配利润的，小股东可以请求公司回购其股权。该项规定的出发点是保护小股东利益，但是没有考虑到盈余未获充分现金支撑的情况。

基于权责发生制核算的净利润和未分配利润虽然能够准确表达经营成果数额，但无法展示经营成果的具体形态是现金还是应收账款，导致利润分配规则忽视了对利润支撑资产的考虑，也就引发了利润分配侵蚀资本的风险。

（二）未实现损失的影响

会计核算的未实现收益或损失直接计入所有者权益，记入其他资本公积和其他综合收益，不影响损益。但如果存在未实现损失，即使公司已实现盈余，净资产仍可能小于股东出资（表 7.4）。

表 7.4　有盈余但净资产小于股东出资

（单位：元）

所有者权益（净资产）	期末余额
实收资本	1 000 000
资本公积	0
盈余公积	0
其他综合收益	-200 000
未分配利润	150 000
所有者权益合计	950 000

表 7.4 的未实现损失（其他综合收益-200 000）导致净资产（950 000）小于实收资本（1 000 000）。实收资本已经不能维持

了,但由于存在已实现盈余(即未分配利润 150 000),股东仍然可以分配利润。

英国《1985 年公司法》第 264 条对公众公司(指可以公开募股且股份可以自由转让的公司,也就是指股份公司,与之对应的是私人公司,也就是有限公司)的利润分配做了这样的限制:"若是分配后,净资产少于已催缴股本和不可分配的储备金的总和,则该公司不得分配。"实际上,这就意味着,公众公司必须在分配前从已实现的净利润中减去任何未实现的净亏损。

——吉南:《公司法》第 154 页

资产负债表的未分配利润为正数并不代表资本已经得到维持。资本维持的首要标志是利润分配之后,公司的所有者权益不低于股东的出资额(包括实收资本和资本溢价),表 7.4 展示了公司的净资产小于实收资本的情况,虽然存在未分配盈余,也不能分配利润;还要看是否存在未实现损失,把未分配盈余弥补未实现损失后的余额作为可分配利润,利润分配才不会侵蚀资本(表 7.5)。

表 7.5　净资产大于股东出资但存在未实现损失

(单位:元)

所有者权益(净资产)	期末余额
实收资本	1 000 000
资本溢价	200 000
盈余公积	500 000
其他综合收益	−200 000
未分配利润	250 000
合计	1 750 000

未实现收益或损失直接计入其他资本公积和其他综合收益,本来是不影响未分配利润的。但未实现损失却能够侵蚀净资产,尽管表 7.5 的净资产超出股东出资 550 000 元,但未分配利润(250 000)弥补未实现损失(−200 000)后的余额(50 000)才是可分配利润。

(三) 现金净利润和非现金净利润

有必要确定未分配利润中有多少获得了现金支撑，有现金支撑的未分配利润，才能够计入分配现金给股东的可分配利润。下面以净利润中的净额利润为例来说明现金净利润和非现金净利润的计算方法。

净额利润由现金净额利润和应收账款净额利润两个部分组成，前者是按现金收入口径计算的净额利润；后者是应收账款收入。假设公司在第一年销售商品取得了110的现金和90的应收账款，费用是100，净额利润就是100，则第一年的现金净额利润和应收账款净额利润计算方法如下：

$$\text{第一年的现金净额利润}(10) = \text{当年现金收入}(110) - \text{当年费用}(100)$$

$$\text{第一年的应收账款净额利润}(90) = \text{当年应收账款收入}(90)$$

计算现金净额利润时从现金收入中扣除费用全额而非仅扣除支付现金的费用，这是由于计入费用的负债要在后期用现金来偿还，所以，无须区分费用的形成是基于现金支出还是基于负债。

假设公司第二年的经营情况和第一年相同，唯一的区别就是第二年收回了第一年应收账款中的50。则第二年的现金净额利润和应收账款净额利润计算方法如下：

$$\text{第二年的现金净额利润}(60) = \text{当年现金收入}(110) - \text{当年费用}(100) + \text{收回以前应收账款}(50)$$

$$\text{第二年的应收账款净额利润}(40) = \text{当年应收账款收入}(90) - \text{收回以前应收账款}(50)$$

假设公司第三年的经营情况仍然和第一年一样，但是，在第三年不但没有收回以前年度的应收账款，而且还确定第二年的应收账款中的 50 成为坏账了。第三年的现金净额利润和应收账款净额利润计算方法如下：

$$\frac{\text{第三年的现金}}{\text{净额利润}(10)} = \frac{\text{当年现金收入}}{(110)} - \frac{\text{当年费用}}{(100)} + \frac{\text{收回以前应}}{\text{收账款}(0)}$$

$$\frac{\text{第三年的应收账}}{\text{款净额利润}(40)} = \frac{\text{当年应收账款}}{\text{收入}(90)} - \frac{\text{收回以前应}}{\text{收账款}(0)} - \frac{\text{以前应收账款的}}{\text{坏账损失}(50)}$$

前三年的现金净额利润和应收账款净额利润的核算见表 7.6。

表 7.6 前三年的现金净额利润和应收账款净额利润的核算

	第一年	第二年	前两年	第三年	前三年
净额利润	100	100	200 =100+100	50	250 =200+50
现金净额利润	10 =110-100	60 =110-100+50	70 =10+60	10 =110-100+0	80 =70+10
应收账款净额利润	90	40 =90-50	130 =90+40	40 =90-0-50	170 =130+40

如果使用非现金净盈余（例如，应收账款净额利润）弥补以前年度亏损，只能做到数字层面的资本维持，相当于用应收账款补亏掉的现金，看起来是等价交换，其实并不合算，一旦应收账款在后期成为坏账，则前期的相关非现金净盈余也就灰飞烟灭了，所谓净盈余弥补亏损自始至终就是一场梦。

如果收入对应的资产都是应收账款，利润就没有现金支撑。这种情况下的利润分配所动用的现金，只能来自借款或者股东的投资款。

未分配利润的另一个用途是转增资本。利润的支撑资产中的现金数额应该成为利润转增资本的上限。否则，在营业收入全部是应收账款的情况下，要分配利润，只能先分配应收账款给股东，股东再将应收账款投入公司用于出资，但应收账款出资又绕不开《公司法》关于非货币财产出资应当评估作价的规定。所以，利润转增资本的性质是股东以货币出资，也就是说，非现金净利润不能转增资本。

（四）现金法定公积金和非现金法定公积金

公司设立法定公积金是把净盈余的一部分指定为盈余储备，不再列入未分配利润。法定公积金的主要用途是弥补以前年度亏损，即填补已经是负数的未分配利润，即把盈余储备释放回利润中。弥补以前年度亏损不仅仅是数字上的弥补，更应该基于资本维持和分配利润的考虑，使用具有现金支撑的法定公积金来弥补。法定公积金来源于净利润，净利润的支撑资产就是法定公积金的支撑资产。

法定公积金的另一个用途是转增资本，这是所有者权益的内部调整，转增过程只进行账务处理，不需要做资产评估，这也说明法定公积金转增资本是股东以货币出资，不是应收账款出资，否则，必须对用于出资的应收账款进行评估作价。因此，不具有现金支撑的法定公积金（如支撑资产是应收账款）不能用于转增资本。

《公司法》规定法定公积金的计提基础是净利润，现金法定公积金和非现金法定公积金的提取基数则应当分别是现金净盈余和非现金净盈余。在会计核算方面，对于"本年利润"账户、"利润分配—未分配利润"明细账户和"盈余公积"账户，也应当按照现金支撑和非现金支撑分别进行明细核算。

《公司法》规定的法定公积金在《企业会计准则》中称为盈余公积，少了"金"字，但这一字之差却并非简称。例如，住房公积金就不能简称"住房公积"，因为住房公积金是现金，在会计要素上属于资产；而法定公积金不是资产，在会计要素上属于所有者权益。

（五）另一个对策

防止利润分配侵蚀资本的另一个办法就是对《公司法》规定的利润分配做出限制性解释，包括解释"利润"和"税后利润"这两个概念,把分配利润解释为分配现金净利润。

　　但这是一个法律解释问题,不但要借助适当的解释方法,还必须确定解释主体是谁。通常情况下,谁制定的法律由谁来解释,除此之外的解释,在未得到立法者授权的情况下,都可归入非正式解释,不算数。

　　利润是权责发生制的产物,利润不等于赚到的钱,《公司法》对这个问题未做明示,也未能考虑到未实现损失对资本的冲击。因此,利润分配能否侵蚀资本,就取决于股东自己怎样选择了。

结束语:更多科学还是更多艺术

按照美国学者维尔·杜兰特(Will Durant,1885—1981)的说法:"某个研究领域一旦产生了可以用精确的公式来表示的知识,它就进入了科学的行列。"①根据这个判断标准,会计的科学性是显而易见的。

复式记账法是会计方法中的基础方法,复式记账法和账户试算平衡的科学性甚至体现在一些名著的书名上。例如,爱德华·托马斯·琼斯(Edward Thomas Jones)于1796年出版的"对推动英式簿记的创新做出奠基性贡献"的著作——《琼斯的单式或复式英国簿记系统:在这个系统中,任何再小的错误也不可能略过而不被发觉。只要将其用于各类交易事项,有效的计算即可防止错误出现》②,后人将该书名缩写为《琼斯的英式簿记系统》(*Jones's English System of Bookkeeping*)。

会计的科学性体现在权责发生制原则、配比原则等基本原则中,以及提取折旧、摊余成本法、现值法、预期累计单位福利法等诸多会计核算方法中。

然而,复式记账法的弊端也潜伏其中。例如,即使将"应收账款"科目错写成"其他应收款"科目,或者将"其他业务收入"科目错写成"营业外收入"科目,甚至错写成任何一个科目,也不影响完成复式记账和账户的试算平衡。如果仅仅考虑作为会计基础方法的复式记账规则——有借必有贷,借贷必相等,那么,会计账户

---

① 杜兰特.哲学的故事[M].肖遥,译.北京:中国妇女出版社,2004:引言.
② 爱德华·托马斯·琼斯(Edward Thomas Jones,1767—1833):Jones's English System of Book-Keeping by Single or Double Entry, in Which It Is Impossible for an Error of the Most Trifling Amount to Be Passed Unnoticed; Calculated Effectually to Prevent the Evils Attendant on the Methods So Long Established.

就像计量经济学中的自变量和因变量那样,完全可以用字母来替代了。

会计处理方法有时候并不是唯一的,而是具有一定的可选择性,而且,最终的选择取决于相关人员的主观判断。例如,预计负债的确认、资产减值准备的提取、折旧方法等。

即使是对资产计量属性的规定,也不是一成不变的。例如,金融资产的计量属性是公允价值,但当经济危机到来时,银行家们又感觉到历史成本计量的好处了,又要变回去。企业自己也可以通过改变管理金融资产的业务模式和金融资产的合同现金流量的特征,来实现金融资产的重分类,改变金融资产的计量属性。

如果说会计追求真实,那么,就会看到变化着的真实、可选择的真实。会计工作追求的目标其实只有一个,就是不违反会计准则。

会计准则几经变更,足以说明旧准则已经显现出其不科学的一面,也预示着新准则将被更新的准则替代。会计准则的不稳定性,又让人很难认同会计是一门科学。1925年担任美国会计学会(AAA)会长的罗伊·伯纳德·凯斯特(Roy Bernard Kester,1882—1965)有一句名言:"会计原则是相对的而非绝对的。"利特尔顿(1952)也认为:"会计毕竟是人为的制度,因此永远不能成为真正的科学或者臻于完善。理想的会计系统是不可能设计出来的,任何一种会计系统的理想运行都是过高的期望。"(《会计理论结构》第159页)

1917—1918年担任美国注册会计师协会(AICPA)主席的乔治·奥利弗·梅(George Oliver May,1875—1961)在《财务会计过程的特点》一文中表达了这样的思想:"会计是一门艺术,而不是一门科学,它是一门具有广泛和多种用途的艺术。"[1]他还指出:"会计规则比起法律规则来,更是经验而不是逻辑的产物。"[2]

---

[1] 刊于《会计评论》(*The Accounting Review*)1943年第3期。

[2] GEORGE M. Financial accounting—a distillation of experience[M]. New York: MacMillan,1946:8.

对有些会计事项的处理,可以采用不同的会计政策。可以说,不同的会计人员在都遵守会计准则的前提下,做出的会计报表也是不一样的。

利奥·A.施密特(Leo A Schmidt)教授在《形式逻辑方法在会计师的日常工作中的实际应用》一文中指出:"在任何两种会计方法中,能更清晰描述和叙述目标情况的方法,才是正确的;在任何两种会计方法中,其表达事实的方式能产生更为明智的管理决策的方法才是正确的。"①

但是,选择哪一种会计方法和会计政策与决策者的偏好密切相关。因而,会计准则所允许的选择都是正确的,但未必都是科学的。

---

① 该文发表于《会计学杂志》1949年11月第4期,第378~380页,转引自利特尔顿的《会计理论结构》第228页。

参考文献

[1] 中华人民共和国财政部. 企业会计准则(合订本)[M]. 北京: 经济科学出版社,2017.

[2] 中华人民共和国财政部. 企业会计准则应用指南[M]. 上海: 立信会计出版社,2018.

[3] 中国注册会计师协会. 会计[M]. 北京:中国财政经济出版社,2019.

[4] 帕乔利. 簿记论[M]. 林志军,李若山,李松玉,译. 上海:立信会计出版社,2009.

[5] 利特尔顿. 会计理论结构[M]. 林志军,等译. 北京:中国商业出版社,1989.

[6] 亨德里克森. 会计理论[M]. 王澹如,陈今池,译. 施仁夫,陈乃寅,审校. 上海:立信会计图书用品社,1987.

[7] 安东尼. 会计基础[M]. 孙耀君,孟守毅,译. 哈尔滨:黑龙江人民出版社,1985.

[8] 潘序伦. 会计学(第一册)[M]. 6版. 上海:立信会计图书用品社,1951.

[9] 德意志帝国国会. 德国商法典[M]. 杜景林,卢谌,译. 北京:法律出版社,2010.

[10] 吉南. 公司法[M]. 朱羿锟,等译. 北京:法律出版社,2005.

后　　记

　　会计一直被认为是不大适合自学的。会计学著作也不像法学和经济学著作那样满载有趣味的文字，让人在阅读中不知不觉地进入记忆和思索。很多会计学教材也难以让读者明显地感受到会计的科学性和逻辑性。似乎会计准则怎么规定，会计就应该怎么学，至于这些规定的逻辑性和科学性究竟怎样，则较少看到相关的研究和讨论文献。

　　事实上，人们对会计问题远没有达到对法律问题和经济问题那样高的讨论热情。在闲暇时光里，人们非常愿意谈论一项经济政策或法院判决，但愿意和能够讨论会计的则少之又少。会计准则中也确实有一些非常好的规定载于很长的句子中，但表达方法远离常用的表达习惯，读起来并不顺畅，因此消耗掉很多人的学习热情。

　　逻辑性和科学性为我们有信心研究会计提供了最恰当的理由。学习会计准则，就是要努力挖掘其逻辑性。但是从实用的角度考虑，很多人的学习重点往往放在不折不扣地掌握会计准则的具体规定上面，无法顾及能够触发我们思考的源泉，忽视了会计学科的活力。

　　广西民族大学教授、注册会计师廖东声博士连续多年邀请作者给会计专业和税务专业的同学讲财务和税务问题，这是督促作者对会计基础知识下功夫的原因之一。江西理工大学法学院项波院长邀请作者为法学院的同学讲过"公司法和会计准则的冲突"，也促使作者在研究会计和法律相交叉领域的道路上不断探索。

　　西北大学法学院的王鸿貌教授对本书的写作体例做了精心的指导。作者曾经在王鸿貌教授发起的西北大学法学院"卓越法治人才特色实验班"中讲过"税务会计"课程，认识了听课的研究生马瑶，请她对本书做了通读。她不是学会计的，但是会计学的功底竟不算浅,所发现的问题和提出的建议能够深入会计学中公认的难点。

感谢中国政法大学财税法研究中心主任施正文教授和法律硕士学院院长许身健教授的推荐,让作者能够连续多年为法律专业硕士研究生讲一门32学时的"税务会计"选修课,听课的同学中有学过会计的,但更多的同学没有任何会计基础。作者在教学中深刻体会到自己弄明白和能够讲明白之间的巨大差距。

广西企业会计学会原副会长、广西大学教授梁淑红博士,在所得税会计的几个难点问题上,帮助作者走出了思考的困境。她的解答,让作者豁然开朗,如沐春风。中国电子技术标准化研究院的邱硕涵博士和中国科学技术协会的肖懿轩,细心通读了本书的最初稿,给出了大量批注意见,采纳这些意见提高了本书的可读性。大信会计师事务所的合伙人、注册会计师石晨起,在外币会计报表折算、设定受益计划等专门问题上,解答了作者的长期困惑。北京市国首律师事务所的黄钱卓尔特律师,有期货从业人员资格,在现金流量套期会计这个专门问题上,给了作者关键性的帮助。

北京市律师协会副会长张峥教授推荐作者在实习律师培训班讲"怎样阅读会计报表"。培训班的林欣蓉律师学的是会计专业,提出了很多有价值的建议。培训班的晏雪梅律师和逯凡律师对本书的表达风格、段落设计和总体构思也提出了好的建议。

在写作的后期,作者陆续得到了很多人的帮助。西北大学法学院的硕士研究生陈瑜和张晓瑜细心阅读了书稿,陈瑜指出了很多语言表达上的问题,张晓瑜学过会计,指出了一些逻辑上的问题,这些问题的改善让本书表达更加顺畅。浙江国圣律师事务所的陈姝曼律师,耐心地发现了很多导致阅读困难的障碍,对这些问题的解决提高了本书的逻辑性。

感谢哈尔滨工业大学出版社的李艳文老师和范业婷老师,是她们发现了本书的价值,让本书最终得以出版。

在会计学的相关著作中,解释会计准则和举例说明者多,研究其所以然者少,而后者恰恰是影响学习兴趣和促进学科建设的重要因素,当然也是作者非常欠缺的。总之,在本书中努力展现学习会计的乐趣,是作者持之以恒的追求。衷心感谢各位读者耐心的阅读。

作　　者

2023 年 3 月 25 日

于东戴河